Romy Seidel

Die Tochter meines Vaters

ROMY SEIDEL

Die Tochter meines Vaters

Anna Freud –
In Wien fand sie die Liebe,
in London ihren Traum

Roman

PIPER

Mehr über unsere Autoren und Bücher:
www.piper.de

Wenn Ihnen dieser Roman gefallen hat, schreiben Sie uns unter Nennung des Titels »Die Tochter meines Vaters« an empfehlungen@piper.de, und wir empfehlen Ihnen gerne vergleichbare Bücher.

In der Reihe »Bedeutende Frauen, die die Welt verändern« liegen vor:
Band 1: Laura Baldini, Lehrerin einer neuen Zeit (Maria Montessori)
Band 2: Romy Seidel, Die Tochter meines Vaters (Anna Freud)

MIX
Papier aus verantwortungsvollen Quellen
FSC® C083411

ISBN 978-3-492-06254-1

Lektorat: Uta Rupprecht
Satz: Uhl + Massopust, Aalen
Gesetzt aus der Adobe Devanagari
Druck und Bindung: CPI books GmbH
Printed in the EU

Die Wiener Jahre I

1922–1924

1

Wien, Berggasse 19
im Sommer 1922

Anna setzte sich auf und streckte den Rücken.

Seit Stunden hatte sie hoch konzentriert an einer englischen Übersetzung für den Psychoanalytischen Verlag gearbeitet, bei dem ihr Vater Geschäftsführer war.

Sie stand auf, ging zum Fenster und ließ die Schultern kreisen. Vielleicht könnte sie noch einen kleinen Spaziergang machen, die frische Luft würde ihr guttun. Sie war schon viel zu lange in diesem stickigen Zimmer.

Anna ging zurück zum Schreibtisch, schob die Blätter zusammen und überlegte kurz, sie gleich zu ordnen.

Nein, das konnte sie auch morgen noch tun. Für heute war es genug.

Als es klopfte, hatte Anna die Türklinke bereits in der Hand und öffnete die Tür. Sie musste über das erschrockene Gesicht ihrer Tante lachen. »Herrschaftszeiten, Anna, hast du mich erschreckt!«

»Ich bin gerade fertig geworden und will mir ein bisschen die Beine vertreten.«

Ihre Tante wirkte immer streng und missbilligend, was wohl vor allem an ihrer stets dunklen, hochgeschlossenen

Kleidung und der Falte zwischen ihren Augen lag. Wenn man sie näher kannte, wusste man, dass sie alles andere als strikt oder gar miesepetrig war.

»Dein Vater möchte mit dir sprechen, Annerl.«

Was mochte er auf dem Herzen haben? Es war eine ungewöhnliche Zeit für eine Unterredung mit ihm. Normalerweise hatte er bis in die frühen Abendstunden Patienten.

»Wir sehen uns dann zum Essen.« Ihre Tante verschwand wieder.

Anna nahm ihre Strickjacke vom Garderobenständer und begab sich zum Arbeitszimmer des Vaters.

Die Wohnung der Freuds – eigentlich waren es zwei Wohnungen, die man zusammengelegt hatte – hatte fast zwei Dutzend Räume, darunter sogar ein eigenes Wohnzimmer für die Tante.

Annas zwei Zimmer befanden sich im südlichen Teil, gleich neben dem Esszimmer. Ihre Stube hatte sie mit einem bequemen Sofa, einem Sekretär und einem Bücherregal in Nussbaum eingerichtet. In einer Ecke stand ein urgemütlicher Ohrensessel samt Hocker, in dem sich herrlich lesen und handarbeiten ließ. Vor dem Fenster hingen helle Vorhänge, die sich sacht im Wind bauschten, wenn ein Flügel geöffnet war. Zusammen mit farbenfrohen Bildern an den Wänden, vor denen man gern stehen blieb, hatte Anna sich inmitten der elterlichen, eher düsteren und dadurch etwas ungemütlich wirkenden Wohnung ein behagliches, helles Zuhause geschaffen. Die Räume des Vaters – Arbeits- und Sprechzimmer sowie ein Behandlungs- und ein Wartezimmer – lagen im westlichen Flügel.

Anna legte kurz das Ohr an die Tür und lauschte.

Nichts. Alles war still. Sie klopfte und betrat auf sein lautes »Nur herein!« hin den Raum.

Ihr Vater saß am Schreibtisch. Im Aschenbecher lag eine dampfende Zigarre, das Jackett hatte er ausgezogen und über die Stuhllehne gehängt. Das Fenster war geschlossen wie meistens. Anna neckte ihn gern, dass er sich ganz offenbar nichts aus frischer Luft mache.

»Darf ich?« Sie machte einen Schritt zum Fenster und wartete auf sein Nicken.

»Meinetwegen.« Er schrieb weiter.

Es war nicht ganz leicht, sich den Weg zum Fenster zu bahnen. Das Zimmer war vollgestellt mit Möbeln, Lampen, Teppichen, die teilweise übereinanderlagen, sowie zahllosen Andenken, die ihr Vater von seinen Reisen mitgebracht hatte. Auf allen Tischen und Regalen standen Statuetten, manche davon verkörperten griechische Götter. Die Sammelleidenschaft war eine Marotte ihres Vaters, wenn er in einem Geschäft eine Figur sah, konnte er einfach nicht weitergehen, ohne sie wenigstens kurz in die Hand zu nehmen. Und das bedeutete dann, dass er sie haben wollte.

Anna stieß mit der Hüfte an ein Beistelltischchen, und die Holzfigur darauf kam ins Schwanken. Mit einer Hand griff sie reflexartig danach.

Als Kind hatte sie einmal einen vollen Aschenbecher umgestoßen und die ganze Zigarrenasche auf dem kostbaren Teppich verteilt. Ihr Vater hatte furchtbar mit ihr geschimpft, wie tollpatschig sie sei, und sie war heulend aus dem Zimmer gelaufen.

Sie öffnete einen Fensterflügel und setzte sich auf den Stuhl vor seinem Schreibtisch.

»Du wolltest mich sprechen, Papa?«

Er schob das Blatt Papier von sich, nahm die Zigarre auf und rauchte einen Moment. Blinzelnd schaute er den grauen Schwaden nach, die an die Decke stiegen, dann räusperte er sich. »Ich mache mir Sorgen, Anna.«

»Sorgen? Und worüber?«

»Um dich.«

Sie ahnte, was er meinte. Er sorgte sich, weil sie noch immer daheim bei Eltern und Tante lebte und gar nicht daran dachte, sich etwas Eigenes zu suchen. Und er sorgte sich, weil sie bislang keinen einzigen Gedanken an eine Heirat verschwendete. Wen sollte sie auch heiraten?

Es gab durchaus den einen oder anderen Interessenten, Ernest Jones zum Beispiel, ein guter Freund der Familie. Er war Neurologe und arbeitete ebenfalls als Analytiker. Als er vor einiger Zeit begonnen hatte, sie zu umwerben, war ihr ganz mulmig geworden. Es war mehr als deutlich, was er sich von ihr erhoffte, auch wenn er ihr nie einen Antrag gemacht hatte. Das war auch gar nicht nötig, in jedem seiner Sätze hatte eine meist versteckte, dann und wann auch ganz offene Botschaft gelegen. Irgendwann war es ihr zu viel geworden, und sie hatte ihm gesagt, dass er ihr als Freund, und nur das, lieb und teuer sei.

Daraufhin hatte er sich von ihr zurückgezogen und die vermeintliche Schmach erst Wochen später überwunden. Seitdem hatten sie nie mehr von Ehe gesprochen, und wenn es nach Anna ging, blieb das auch so.

In den Augen ihres Vaters blitzte es kurz auf. Entweder er war belustigt oder verärgert, so genau konnte sie das manchmal nicht sagen.

Sie spürte das Bedürfnis, sich zu rechtfertigen, konnte sich aber gottlob zurückhalten.

Ihr Vater rauchte weiterhin schweigend, dann stand er auf und ging zum Fenster. »Die Wahrheit ist: Deine Mutter hat mich gebeten, mit dir zu reden. Sie macht sich nämlich weit mehr Sorgen als ich.«

Anna verdrehte die Augen. Um ihre Mutter ging es also. Wieso schickte sie den Vater vor? Warum sprach sie nicht selbst mit ihr?

»Sie fragt sich, ob du dich denn gar nicht nach einem eigenen Leben sehnst?«

»Aber ich führe ein eigenes Leben. Ich habe meine Räume und meine Arbeit.«

Anna war die Jüngste von sechs Geschwistern – drei Brüdern und zwei Schwestern –, das Nesthäkchen, das immer um Aufmerksamkeit und Liebe gekämpft hatte. Schon als Kind hatte sie sich für die Arbeit ihres Vaters interessiert, hatte seine Schriften und Bücher gelesen und irgendwann begonnen, mit ihm über die Analyse zu diskutieren. Auch später, als sie Lehrerin an einem Lyzeum war, hatte sie das Interesse für die psychoanalytische Arbeit nie verloren und schließlich eine dreijährige Lehranalyse beim Vater gemacht.

Vor drei Monaten war sie in die Wiener Psychoanalytische Vereinigung aufgenommen worden und nahm dort an den Sitzungen und Vorträgen teil. Außerdem erledigte sie die geschäftliche Korrespondenz und die Übersetzungen ins Englische im Psychoanalytischen Verlag. War denn das kein eigenes Leben? Zählten bei einer Frau immer nur Heirat und Gründung einer Familie?

Ihr Vater betrachtete sie ernst. Seine Augen konnten sein

Gegenüber mitunter recht finster und durchdringend mustern.

»Wann fährst du eigentlich zu Frau Lou?«, fragte er unvermittelt, und Anna war überrascht über den plötzlichen Themenwechsel.

»Kommenden Montag.«

Lou Andreas-Salomé war eine gemeinsame Freundin, Anna hatte sie über ihren Vater kennengelernt. Lou war Schriftstellerin und arbeitete seit einigen Jahren auch als Analytikerin. Sie war bereits über sechzig, genauso alt wie Annas Mutter. Dennoch kam sie Anna sehr viel jünger und lebendiger vor.

Ihr Vater setzte sich wieder an seinen Schreibtisch.

War sie entlassen, oder wollte er ihr noch weiter auf den Zahn fühlen?

Er schrieb weiter und zündete sich nebenbei eine neue Zigarre an. Die alte glomm noch als kleiner Stummel im Aschenbecher. »Ich möchte dir ein Buch für Frau Lou mitgeben. Wenn du so gut sein und mich daran erinnern willst?«

Anna erhob sich und strich sich die Dirndlschürze glatt. »Das mache ich. Wir sehen uns beim Abendessen. Ich gehe noch ein bisschen an die frische Luft.«

Er nickte nur und sah nicht einmal auf, als sie die Tür hinter sich schloss.

2

Am Montag darauf

Die Sonne schien, kaum eine Wolke war am Himmel. Bestes Reisewetter.

Anna war vergnügt und beschwingt aufgestanden, hatte sich rasch angezogen und war ins Esszimmer gegangen, um eine Kleinigkeit zu frühstücken. Viel Appetit hatte sie morgens nie.

Ihr Vater war bereits in seinem Arbeitszimmer, Mutter und Tante schienen noch zu schlafen.

»Soll ich Ihre Reisetasche nach unten bringen, Fräulein Anna?«, fragte Mizzi, das Stubenmädchen, ein sehr junges, hübsches Ding mit Apfelbäckchen und blond gelocktem Haar.

»Das ist nicht nötig, Mizzi, aber danke.« Anna trank ihren Kaffee aus und überlegte, sich für später etwas zu essen einpacken zu lassen. »Aber wenn Sie der Köchin Bescheid geben würden, dass sie mir Reiseproviant zurechtmacht?«

Mizzi knickste. »Aber natürlich, Fräulein Anna.«

Anna stellte Teller und Tasse zusammen, wie sie es immer machte, auch wenn Mizzi meinte, das sei nun wirklich nicht nötig. »Ich bin in meiner Stube, falls mich jemand sucht.« Sie musste noch das eine oder andere einpacken.

Anna verließ das Esszimmer und ging nach nebenan. Sie lüftete gründlich ihre Zimmer, suchte ihre restlichen Sachen zusammen und überprüfte, ob sie auch nichts vergessen hatte. Sie würde den ganzen Juli bei Lou verbringen.

Mit ihrem leichten Regenmantel über dem Arm betrat Anna die Halle des Wiener Westbahnhofs. Sie brauchte einen Moment, um sich auf den Lärm einzustellen; die lauten Stimmen und das Rufen der Leute, die schrillen Töne der Trillerpfeifen und das Schnaufen und Rattern der ein- und ausfahrenden Züge.

Beim Weitergehen wäre sie um ein Haar über einen kleinen Jungen gestolpert, der auf der Erde saß, die Arme um die Knie geschlungen. Er weinte herzzerreißend.

Sie hockte sich vor ihn hin. »Was hast du denn, Bub?«

»Meine Mama…«, schluchzte er. »Ich hab meine Mama verloren.«

Anna widerstand dem Drang, den Kleinen an sich zu ziehen, um ihn zu trösten. »Komm, wir setzen uns dort drüben hin.« Sie zeigte auf eine Bank rechts von ihnen. »Du kannst nicht hier sitzen bleiben, früher oder später fällt jemand über dich.«

Sie lächelte, als er das Gesicht hob und sie treuherzig ansah. »So wie ich beinahe.«

Der Junge rappelte sich auf und wischte mit dem Hemdsärmel über das feuchte Gesicht.

Er stand kaum, als ein Schaffner herbeigeeilt kam. »Du Lümmel! Was fällt dir ein, dich hier herumzutreiben!« Er wollte den Jungen schon am Ohr ziehen, Anna konnte gerade noch dazwischengehen.

»Ich bitt Sie, lassen S' doch den armen Jungen!«

»Aua!«, heulte dieser auf, obwohl der Schaffner ihn noch gar nicht zu fassen bekommen hatte.

»Aber er kann hier nicht herumsitzen!«, schimpfte der Schaffner. »Die Passanten fühlen sich belästigt.«

»Weil ein kleiner Junge weinend dasitzt?« Anna schüttelte ungläubig den Kopf. »Ich kümmere mich um ihn, gehen Sie nur weiter Ihrer Arbeit nach.«

»Sind Sie sicher?« Der Mann schaute sie skeptisch an. »Ich kann auch den Schutzmann holen.« Er zeigte irgendwohin.

»Lassen Sie nur«, versicherte sie. »Wenn ich ihn brauche, hole ich ihn selbst.«

»Schön, Sie müssen's ja wissen.« Er brummte noch etwas vor sich hin, was sie nicht verstand, und trollte sich.

Anna setzte sich auf die Bank, stellte die Reisetasche zu ihren Füßen ab und wartete, bis der Junge sich neben sie gesetzt hatte. »Und jetzt erzählst du mir in Ruhe, was geschehen ist. Einverstanden?«

Er schniefte, und sie gab ihm ein frisches Taschentuch aus ihrer Reisetasche. »Meine Mama …« Mit dem Tuch wischte er sich über Nase und Augen. »Wir wollen heute mit dem Zug zur Omama fahren. ›Geh ruhig schon mal vor‹, hat die Mama gesagt, ›ich komme gleich nach.‹ Ich bin nämlich schon acht und darf allein zum Bahnhof gehen. Ich hab hier gewartet, aber die Mama ist nicht gekommen, und dann ist der Zug wieder losgefahren.« Ein heiseres Schluchzen. »Was, wenn sie allein eingestiegen ist? Weil sie mich nicht gefunden hat?«

Anna war zutiefst erleichtert. Ein Missverständnis, so sah es jedenfalls aus. Alles würde sich aufklären. Für einen

Augenblick hatte sie geglaubt, der Junge meinte mit »verloren« gestorben. »Wie heißt du denn?«

»Johannes.«

»Ich heiße Anna. Deine Mama ist ganz bestimmt nicht ohne dich gefahren, Johannes.«

Er schaute sie mit großen braunen Augen vertrauensvoll an, und ihr Herz zog sich vor Mitgefühl zusammen. Sie erinnerte sich noch gut daran, wie verloren sie sich als Kind oft vorgekommen war. Sie war das Kind, das eigentlich nicht mehr kommen sollte, nicht geplant war. Ihre Geschwister hatten eine Einheit gebildet, zu der sie nicht gehörte, egal, wie sehr sie sich auch abstrampelte.

Sie wollte dem Kleinen noch etwas Tröstendes sagen, als hinter ihnen eine aufgeregte Frauenstimme zu hören war: »Haben Sie meinen Jungen gesehen? Wo ist denn bloß mein Bub?«

Johannes war aufgesprungen. »Mama!«

Anna stand auf und sah, wie eine zierliche, dunkelhaarige Frau die Arme um ihn schlang und sein Haar mit Küssen bedeckte. »Johannes! Ich dachte schon, du wärst in den Zug gestiegen und allein losgefahren.«

Er machte sich los. »Das dachte ich auch, aber von dir.«

Sie lächelte. »Da haben wir beide ja Glück gehabt, was?«

Johannes zeigte auf Anna. »Die Frau hat sich um mich gekümmert.«

»Wirklich? Das ist aber nett von Ihnen. Vielen Dank.«

»Das war doch selbstverständlich. Ich habe nur versucht, ihm die Angst zu nehmen.«

Die Frau ergriff ihre Hand. »Ich danke Ihnen von Herzen. Ich hoffe, Sie haben jetzt nicht Ihren Zug verpasst.«

»Nein, keine Sorge, ich war sehr früh hier.« Anna deutete nach rechts, wo ihr Zug soeben schnaufend einfuhr. »Da kommt er auch schon.« Sie nahm ihre Reisetasche. »Wiederschauen, Johannes, gib auf dich acht, ja?«

Wie immer hatte Anna ihr Strickzeug dabei, und während sie mit dem Ärmel für Lous Kleid begann, dachte sie über ihre Begegnung mit Johannes nach. Das Erlebnis hatte sie berührt, und es wirkte nach. Ein Kind sollte sich immer sicher und aufgehoben fühlen. Es konnte so leicht aus der Bahn geworfen werden, und die Probleme, die sich daraus ergaben, waren oft schwerwiegend.

Die Stricknadel glitt durch die Maschen, Anna musste kaum hinschauen. Das liebte sie so am Handarbeiten: Ihre Gedanken gingen auf die Reise, und praktisch »nebenbei« entstand ein hübsches Kleidungsstück.

Wie hilflos der Junge war, und wie dankbar er mich angeschaut hat, als ich mich um ihn gekümmert habe, dachte sie. Und wie gut es sich angefühlt hatte, für ihn da zu sein.

Nach dem zweiten Umsteigen hatte Anna beide Ärmel für das Kleid fertig. Dann aber waren ihr die Augen zugefallen.

Sie träumte von Johannes. Hand in Hand standen sie am Bahnsteig und warteten auf den Zug. »Was, wenn die Mama nicht kommt?«, fragte er sie mit großen Augen.

»Ich bin ja da«, erwiderte sie. »Ich werde dich nicht allein lassen. Du kannst mir vertrauen.«

Als sie wach wurde, blinzelte sie und wusste nicht gleich, wo sie war.

Ach ja, im Zug nach Göttingen.

Sie war allein im Abteil. Manchmal genoss sie es, mit einem anderen Reisenden zu plaudern, meistens jedoch war ihr die Stille lieber.

Wie lange hatte sie geschlafen? Sie warf einen vergeblichen Blick auf ihr Handgelenk. Die Armbanduhr hatte sie zu Hause liegen lassen, wahrscheinlich auf dem Nachtschrank.

Anna packte ihr Strickzeug in ihre Reisetasche, rutschte näher ans Fenster und lehnte die Stirn an die kühle Scheibe.

Es war Sommer, unverkennbar. Die Wiesen und Weiden waren saftig grün, Mohn, Kornblumen und wilde Margeriten wucherten am Rand der Weizenfelder, und der Himmel hatte dieses ganz besondere, wuchtige Blau.

Anna liebte das Ländliche. Jedes Jahr wieder, wenn sie das Leben in der Stadt gründlich überhatte, sehnte sie sich nach grünen Weiden, nach Bergen, auf denen Enzian wuchs, und Tälern, in die sich kleine Dörfchen kuschelten. Ihrer Familie ging es nicht anders, deshalb zogen sie jedes Jahr für Wochen, wenn nicht Monate hinaus aufs Land in die Sommerfrische.

Sie musste an ihren ersten Besuch bei Lou denken, drei Monate war er jetzt her. Die lange Heimfahrt hatte sie genutzt, um sich auf ihren Vortrag in der Psychoanalytischen Vereinigung vorzubereiten, den sie wenige Wochen später halten sollte und der zugleich ihre Aufnahme dort bedeuten würde. Ein Vortrag mit dem Titel *Schlagefantasie und Tagtraum*, eine Fallstudie zum Verhältnis zwischen Vater und Tochter. Ein Thema, mit dem Anna sich auskannte, für das sie geradezu prädestiniert war.

Sie war schrecklich nervös gewesen, was nicht nur darin begründet war, dass sie grundsätzlich Angst hatte, vor Publikum zu sprechen. Vor allem wollte sie ihren Vater nicht enttäuschen. Ihm, dem berühmten Analytiker, zu genügen war für Anna von jeher der Grund gewesen, sich ins Zeug zu legen und alles zu geben.

Sie wurde jäh aus ihren Gedanken gerissen, als der Schaffner durchs Abteil ging. »Die Fahrkarten bitte, mein Fräulein.«

Seine Uniform roch nach nassem Hund.

Während er die Karte entwertete, tat sie das, was sie vor Jahren zum Spaß begonnen hatte, als ihr langweilig war: Sie überlegte, was für einen Hund er wohl haben mochte und welchen Namen er ihm gegeben hatte.

Einen Pudel, dachte sie. Nein, eher einen Dackel. Einen Rauhaardackel, der ihn ungeduldig an der Haustür empfängt, wenn er heimkommt. Vielleicht bringt er ihm sogar die Pantoffeln und die Zeitung. Und sein Name ist …

»In wenigen Minuten fahren wir in den Göttinger Hauptbahnhof ein.« Er gab ihr die Fahrkarte zurück. »Bitte sehr, mein Fräulein.«

Seppi? Sie musste sich ein Grinsen verkneifen. Unsinn, wir sind nicht in Süddeutschland, hier nennt man seinen Hund ganz bestimmt nicht Sepp oder Seppi. Dann vielleicht Waldi oder Bello.

Anna nahm ihren Mantel vom Nachbarsitz und wankte etwas steif- und breitbeinig, um die Balance zu halten, zur Tür.

Der Zug hielt ratternd an, und die Bremsen quietschten so laut, dass sie das Gesicht verzog. Am liebsten hätte sie sich die Ohren zugehalten, nur hatte sie leider keine Hand frei.

»Ich wünsche einen schönen Aufenthalt in Göttingen.«

Der Schaffner tippte an seine Mütze und öffnete die Waggontür.

Sie bedankte sich. »Danke sehr, den werde ich gewiss haben.«

Sie stieg die zwei Stufen zum Bahnsteig hinunter und musste achtgeben, nicht auf ihren Rocksaum zu treten. Sie legte den Mantel auf die Reisetasche, blickte sich zur Orientierung kurz um und ging los.

Lou hatte angeboten, sie abzuholen, doch Anna hatte ihr geschrieben, das sei nicht nötig.

Als sie aus dem Bahnhof kam, blieb sie stehen und schaute in den Himmel. Keine Wolke war zu sehen.

In ihren Beinen kribbelte es, vom langen Sitzen war sie ganz eingerostet. Bis zu Lous Haus, dem Loufried, wie ihre Freundin es nannte, war es nicht allzu weit.

Unterwegs blieb Anna ein paarmal stehen, um sich ein besonders hübsches Haus oder einen Garten anzusehen.

Als sie wieder mal nach kurzem Innehalten weiterging, kam plötzlich jemand aus einem Seiteneingang und wäre beinahe in sie hineingelaufen.

»Ich bitte vielmals um Verzeihung, mein Fräulein.« Ein junger Mann im Tweedjackett und mit brauner Kappe auf dem rötlichen Haarschopf sah sie entschuldigend an.

»Ist ja nichts passiert.«

»Sie sind aus Österreich.« Er lächelte flüchtig. »Nicht zufällig aus Linz?«

»Nein, aus Wien.«

»Ich habe eine Tante in Linz.« Er mochte ungefähr in ihrem Alter sein. Vielleicht ein Student, der nicht heimgefahren war? Im Sommer war Göttingen wie ausgestorben, während es zu den Semesterzeiten vor jungen Menschen wimmelte. »Studieren Sie hier?«, fragte er interessiert.

»Nein, ich besuche eine Freundin.«

»Ich studiere westasiatische Sprachen.« Er wippte auf den Zehenspitzen, beide Hände in den Hosentaschen.

»Bei Professor Andreas?«

»Ja. Kennen Sie ihn?«

»Er ist der Mann meiner Freundin.«

Er strahlte. »Ach, tatsächlich? Na, was für ein Zufall.«

Anna stieg ein Geruch von Tabak und Mottenkugeln in die Nase, und sie musste niesen.

»Gesundheit. Grippe?«

»Heuschnupfen.« Sie zog ihr Taschentuch aus der Rocktasche und wollte weitergehen.

»Gestatten Sie, dass ich Sie begleite?«

»Das ist nicht nötig, aber vielen Dank.«

»Wie Sie meinen. Meine besten Grüße an Herrn Professor Andreas.«

Anna drehte sich im Gehen um. »Ich werde es ausrichten.«

Als sie weiterging, atmete sie auf. Sie hatte schon befürchtet, dass er sich nicht abwimmeln ließ.

Nach einem Fußmarsch von einer guten Viertelstunde sah Anna von Weitem das Loufried vor sich, eingebettet in Felder und Wiesen. Sie lächelte freudig und ging etwas schneller.

Das Haus war von einem herrlich blühenden Garten mit Obstbäumen, Sträuchern und Blumenrabatten umgeben.

An der Pforte des schmiedeeisernen Zauns hing ein Schild mit der Aufschrift *Loufried*. Es duftete nach Süßkirschen.

Anna stellte ihre Reisetasche ab und atmete tief durch.

Wie schön, wieder hier zu sein!

Sie schob die Pforte auf und nahm eine Bewegung am Fenster wahr. Das Küchenfenster, wie sie wusste. Bestimmt stand Lou hinter der Gardine.

Kurz darauf wurde die Haustür aufgerissen, und Lou stürmte heraus, die Arme ausgebreitet. »Da bist du ja! Willkommen, meine liebe Anna!«

Sie umarmten sich, als hätten sie sich eine Ewigkeit nicht gesehen. Lous Hündin sprang zwischen ihnen hin und her und bellte aufgeregt.

Anna ließ ihre Freundin los und hockte sich hin, um auch die Hündin zu begrüßen. »Du wirst immer runder, meine Kleine.«

Anna war »hundenarrisch«, genau wie ihr Vater, doch bislang hatten sie ihre Mutter nicht von einem häuslichen Vierbeiner überzeugen können. »Wenn ihr unbedingt einen Hund anschaffen wollt, bitte sehr. Dann werde ich eben ausziehen.«

»Martha …« Ihr Vater hatte mit der Zunge geschnalzt.

»Ich mein's ernst, Sigmund«, hatte sie erwidert. »Ein Hund oder ich.«

Wofür Anna sich entscheiden würde, hatte sie besser nicht gesagt.

»Wollen wir gleich ins Haus gehen?«, fragte Lou. »Oder möchtest du erst eine Runde durch den Garten drehen?« Sie schmunzelte und winkte ab. »Nein, schon gut. Ich kenne deine Antwort.«

3

Später saßen sie sich gegenüber, auf dem Tisch brannte eine Kerze. Die Vögel im Garten waren ganz still geworden, als wollten sie nicht stören. Aber es lag wohl an der Nachmittagshitze, die sich wie eine Glocke über die Stadt gestülpt hatte.

»Du wirst in diesem Jahr siebenundzwanzig, wenn ich nicht irre.« Lou seufzte leise. »Ich erinnere mich noch verteufelt gut daran, als ich noch so jung war. Ich war frisch verheiratet, und mein erstes Buch war erschienen.«

Anna lächelte über diesen seltenen Moment, in dem ihr der große Altersunterschied bewusst wurde. »Wo ist eigentlich dein Mann?«

»In Leipzig. Wir haben das ganze Haus für uns.«

Lou bewohnte die obere Etage des Hauses, ihr Mann die untere. Eine unkonventionelle, aber konsequente Lösung, wenn man bedachte, dass auch ihre Ehe, die eher einer Kameradschaft glich, äußerst ungewöhnlich war.

Lou lief aus dem Zimmer und kam kurz darauf mit einem Buch zurück. Sie legte es auf den Tisch und schenkte Anna frischen Tee nach.

Anna nahm das Buch und blätterte darin: Rainer Maria Rilkes *Duineser Elegien.* Sie hatte den Dichter bereits kennengelernt, einen zurückhaltenden, scheuen, etwas verhuschten Mann mit sehnsüchtigem, verträumtem Blick. Er und Lou waren eine Zeit lang ein Liebespaar gewesen. Begonnen hatte es damit, dass sie seine Muse und Seelenverwandte war, und geendet hatte es – zumindest für ihn – in einer kleinen Tragödie. Lou war gegangen, weil sie sich wie zerrissen gefühlt hatte.

»Es ist das Beste, was Rainer je geschaffen hat«, sagte Lou leise, und Anna meinte, Traurigkeit und Wehmut in ihrer Stimme zu hören.

Den ersten Teil der *Elegien* hatte sie Anna im letzten Jahr handgeschrieben zum Geburtstag geschenkt. Für Anna ein kostbares Geschenk, das sie wie einen Schatz hütete.

»Aber erzähl doch mal, Anna«, bat Lou. »Wie geht es bei euch daheim?«

»Sehr gut. Viel gibt's gar nicht zu berichten, ich habe dir ja beinahe täglich geschrieben.«

»Was ist mit deinem Roman?«

Anna errötete. Ach je, ihr Roman. Vor etwa zwei Jahren hatte sie die Idee gehabt, aus den vielen kleinen Geschichten, die sie schrieb, einen Roman zu machen. Die Hauptfigur in diesen Geschichten hatte sie Heinrich Mühsam genannt; ein junger Mann, der etliche von Annas Eigenschaften besaß und ihre Träume und Hoffnungen teilte.

Doch immer, wenn sie sich hingesetzt hatte, um daran zu schreiben, hatte ihr Hirn, in dem es ansonsten vor fantasievollen Ideen nur so sprühte, sich verweigert. Das Blatt vor ihr blieb leer, bis auf wenige Stichworte und ein paar Kritzeleien. Offenbar war sie nicht zur Schriftstellerin geboren.

»Das Wort ›Roman‹ scheint wie ein Damoklesschwert über mir zu schweben.«

»Du musst loslassen, Anna. Sag dir einfach, du schreibst eine etwas längere Geschichte.«

»Du meinst, ich müsste mein Gehirn nur austricksen?«

Lou zuckte mit den Schultern. »So in etwa, ja.«

Ich kann mich nicht selbst überlisten, dachte Anna. Das hatte sie schon viel zu oft versucht und war bislang jedes Mal gescheitert.

»Heinrich Mühsam, das bist du. Das wissen wir doch beide, oder etwa nicht?«

Anna fühlte sich ertappt, was albern war, vermutlich hatte Lou sie von Anfang an durchschaut.

»Lass deinen Heinrich den Weg gehen, den du selbst am liebsten gehen würdest. Lass ihn tun, was *du* tun möchtest.« Lou zwinkerte ihr verschwörerisch zu. »Das ist das Schöne an Romanfiguren. Man kann sie so sein lassen, wie man selbst gerne wäre.«

»Heinrich ist aber ein *Mann*«, erinnerte Anna sie.

»Und wenn schon. Was würde dein Heinrich machen? Womit würde er sein Brot verdienen? Wie würde er leben?«

Diese Fragen konnte Anna rasch beantworten. »Er würde in einem niedlichen Landhaus irgendwo rund um Wien wohnen, vielleicht in der Steiermark, da gefällt's mir auch. Mit einem Garten voller Levkojen und Malven, mit Hühnern und frechen Gänsen. Und er hätte natürlich einen Hund.«

»Und eine Familie?«

»Nein, eher nicht«, antwortete sie zögernd. Lous Fragen waren ihr ein bisschen unangenehm. »Wenn man sich eine

Familie wünscht, bedeutet das, dass man heiraten muss. Und das kann ich mir überhaupt nicht vorstellen.«

»Wer redet denn von dir?« Lou lachte.

Anna wusste nicht, was sie sagen sollte.

»Was ist mit Ernest Jones?«

Musste Lou wieder damit anfangen?

»Mit Ernest ist rein gar nichts«, antwortete Anna ein wenig spitz, um klarzustellen, dass sie nicht vorhatte, mehr als unbedingt notwendig über ihn zu reden.

Lou verschluckte sich vor Lachen an ihrem Tee. »Nicht böse sein, aber die Versuchung war einfach zu groß. Ich wollte dich nur ein bisschen necken. Du wärst auch viel zu schade für einen Mann wie ihn.«

»Ach ja?«

»Versteh mich nicht falsch, ich mag Jones, er ist intelligent und ehrgeizig, aber ich fürchte, er braucht eine Frau, die zu ihm aufblickt und dafür sorgt, dass er anständig gekleidet das Haus verlässt.« Lou zwinkerte ihr zu. »Und dafür wärst du eindeutig zu schade. Du hast ganz andere Qualitäten.« Noch immer grinsend erhob sie sich. »Ich hole frischen Tee.«

»Ich kann das doch machen.«

»Meinen Knochen tut es gut, wenn ich sie bei Laune halte.«

Während Anna am Tisch sitzen blieb und Lous Hündin, die unter dem Tisch lag, gedankenverloren kraulte, geschah es: Plötzlich sah sie sich am Schreibtisch sitzen – in ihrer eigenen Praxis. Wenn sie schon vorher darüber nachgedacht hatte, dann war es nicht bis in ihr Bewusstsein durchgedrungen.

Lou kam wieder herein und stellte die Teekanne auf den Tisch. »Du siehst aus, als hättest du einen Geist gesehen.«

»Keinen Geist. Ich habe mich am Schreibtisch gesehen, in meiner eigenen Praxis.«

Lou hob verwundert die Augenbrauen. »Ach ja? Seit wann denn das?«

Anna zuckte die Schultern. »Ich weiß nicht, vielleicht sitzt die Idee schon eine ganze Weile hier oben drin.« Sie tippte sich an die Stirn. Sie schwieg eine Weile, dann sagte sie nachdenklich: »Anfangs könnte ich meinem Vater Patienten abnehmen. Und dann …« Sie verstummte.

»Und dann?«, hakte Lou nach.

Plötzlich hatte sie wieder Johannes vor Augen, sah ihn auf der Erde sitzen, die Arme um die Knie geschlungen und weinen. *»Ich hab meine Mutter verloren.«*

Sie erinnerte sich an das, was sie zu seiner Mutter gesagt hatte. *»Ich habe nur versucht, ihm die Angst zu nehmen.«*

»Wer weiß.« Sie lachte betont heiter. »Bis es so weit ist, fließt sicher noch eine Menge Wasser die Donau hinunter.«

Am Abend machten die beiden einen Spaziergang. Lous Hündin lief voraus, die Nase dicht am Boden, und wieder wünschte Anna, sie hätte auch einen Hund, mit dem sie frühmorgens zum Donauufer gehen konnte.

An einem kleinen Waldstück blieben sie stehen. Ein frischer Wind war aufgekommen, der ein wenig Abkühlung brachte. Über ihnen brauten sich schwere, dunkle Wolken zusammen. Regenwolken.

Lou zeigte nach vorn. »Wollen wir uns dort auf die Bank setzen?«

Sie nahmen Platz, und Anna streckte sich. »Es ist herrlich hier. Du bist zu beneiden.«

Lou hob das Gesicht in die Sonne. »Manchmal beobachte ich die Wolken und denke, dass es spannend sein muss, sich mit dem Wetter zu beschäftigen.«

»Für mich wäre das nichts«, meinte Anna. »Weil ich trotz allen Wissens nichts daran ändern könnte. Ich kann die Wolken nicht verschieben, sie nicht dazu bringen, es endlich regnen zu lassen. Ich kann den Wind nicht steuern, die Sonne nicht abdecken, wenn sie mir zu sehr ins Gesicht scheint. Ich müsste alles hinnehmen, und das liegt mir nicht.« Sie schob ihren Rock bis zum Knie hoch.

»Wie läuft es im Verlag?« Lou hatte die Augen geschlossen und die Hände im Nacken verschränkt.

»Papa macht sich Sorgen, weil das Papier knapp wird und die Preise so immens steigen.«

»Beschäftigst du dich noch mit Traumdeutung?«

»Ein bisschen schon.«

»Erzähl mir von deinem letzten Traum«, bat Lou.

»Ich stehe vor meiner Klasse, und die Kinder lachen mich aus, weil ich im Nachthemd erschienen bin. Und in riesigen Filzpantoffeln.«

»Und du? Was machst du? Lachst du mit?«

Anna schüttelte den Kopf. »Dazu schäme ich mich viel zu sehr. Aber die Kinder haben ihren Spaß. Sie wollen sich vor Lachen ausschütten und zeigen immer wieder auf mein Nachthemd und die Pantoffeln.« Sie runzelte die Stirn, weil ihr soeben ein weiteres Detail eingefallen war. »Ich hatte langes Haar, das mir bis zur Hüfte ging. Seltsam.«

»Vielleicht fehlt dir die Arbeit als Lehrerin. Hast du als Kind auch manchmal geträumt, du könntest fliegen?«

»Manchmal. Es war wunderbar, einfach abzuheben und

loszufliegen. Schade, dass man es als Erwachsener irgendwann … « Anna suchte nach einem passenden Wort. »Verlernt?«

»Ich glaube, das liegt am Urvertrauen, das wir als Kind haben. Dieses beruhigende Gefühl, dass uns nichts etwas anhaben kann. Dass wir immer aufgefangen und beschützt werden.«

Anna schwieg. Flugträume hatte sie sehr selten gehabt.

»Neulich habe ich geträumt, dass ich durchs Treppenhaus irre und unsere Wohnung nicht finden kann«, sagte sie nach einer ganzen Weile. Der Traum war noch immer erstaunlich lebendig, für ihren Geschmack viel zu sehr. Sie war gelaufen und gelaufen, treppauf, treppab, bis sie sich schließlich auf eine Stufe gesetzt und gedacht hatte, dass sie jetzt einfach dort sitzen blieb, bis jemand sie fand.

Sie überlegte, ob sie Lou auch von ihrem Vater-Traum, wie sie ihn nannte, erzählen sollte. Immer wieder träumte sie, dass sie unsichtbar für ihn war. Er saß in seinem Arbeitszimmer und schrieb etwas, sie kam herein, und er starrte die offene Tür an. »Ist da jemand?«, fragte er, und Anna antwortete mit zaghafter Piepsstimme: »Ich bin's doch, Papa. Siehst du mich denn gar nicht?«

Es war auch vorgekommen, dass er an ihr vorbeigehen wollte und sie sich ihm in den Weg stellte, damit er sie bemerkte. Doch er ging durch sie hindurch, und sie wollte schreien, aber kein Ton kam aus ihrer Kehle.

In anderen Träumen ragte sein Schatten drohend und unheilvoll hinter ihr auf. Sehen konnte sie ihn nicht, nur spüren, doch das genügte. Manchmal war sie im Traum so erschrocken, dass sie sich nicht mehr rühren konnte.

Häufig schreckte sie aus diesen Träumen hoch und konnte nicht wieder einschlafen.

Nein, besser, sie erzählte Lou nichts davon. Ihre Freundin würde es missverstehen und etwas hineindeuten, was nicht stimmte.

Sie gingen erst spät zu Bett, aber Anna konnte dennoch nicht einschlafen. Sie war unruhig und aufgekratzt.

Eine eigene Praxis. War es das, wovon sie insgeheim träumte? Warum hatte sich dieser Wunsch in ihrem Unterbewusstsein versteckt, warum kam er erst jetzt hervor und überraschte sie?

Was würde ihr Vater dazu sagen? Vermutlich: »Genügt dir deine Arbeit als Sekretärin, Korrekturleserin und Übersetzerin nicht?«

Anna verschränkte die Arme vor der Brust und stellte sich ans Fenster. Sie wurde im Dezember siebenundzwanzig und war noch immer auf der Suche nach sich selbst. Nach ihrem eigenen Weg. Die Analyse bei ihrem Vater war mit der Hoffnung und vielleicht auch mit der Erwartung verbunden gewesen, herauszufinden, wer sie war und wer sie sein wollte.

Wusste sie es inzwischen? War eine eigene Praxis ein erster Schritt?

4

Die folgenden Wochen waren herrlich. Sie gingen täglich spazieren, lagen im Garten unter dem Birnbaum, kochten Obst ein, bereiteten Marmelade aus Kirschen und Gelee aus Johannisbeeren zu, philosophierten und lachten viel.

An manchen Tagen waren sie albern wie kleine Kinder, dann wieder ernst und nachdenklich.

An einem der letzten Tage im Juli – Anna würde in Kürze wieder abreisen – dösten sie im Garten, ein Handtuch über dem Gesicht. Es war schwül, kein Lüftchen wehte.

Anna war eingenickt und schreckte hoch, als ein plötzlicher Windstoß über sie hinwegfegte und Rilkes *Elegien* aufblätterte, die neben ihr auf dem Tisch lagen.

»Ich glaube, wir bekommen ein Gewitter.« Lou war bereits aufgestanden. »Wir sollten zusammenpacken. Komm.«

Sie hatte kaum ausgesprochen, als die ersten dicken Regentropfen auf sie niederprasselten. Anna schnappte sich ein Handtuch und hielt es sich über den Kopf. Lou klemmte sich den Rilke unter den Arm und lief zum Haus. Die Hühner gackerten aufgeregt und rannten kopflos durcheinander.

Anna versuchte, sie in Richtung des kleinen Stalls zu scheuchen, der in der hinteren Ecke des Gartens stand.

»Achtung, die Weiße versucht zu flüchten!« Lou lachte lauthals, als Anna die Verfolgung der Ausreißerin aufnahm und dabei das Handtuch wie beim Stierkampf einsetzte.

Zu zweit schafften sie es schließlich, die Hühner einzufangen und in den Stall zu bringen. Da waren sie bereits nass bis auf die Haut.

Wenig später setzte Lou in der Küche Teewasser auf, während Anna den Tisch deckte. Die Regentropfen trommelten ein Stakkato und hinterließen dünne Streifen auf der Fensterscheibe.

Lou kam herein, das nasse Haar unter einem Handtuchturban, und zeigte auf Annas dunkelgrüne Wollstrümpfe, die farblich nicht zu dem Rock passten, den sie ihr geliehen hatte. »Das ist neuer Pariser Chic, nehme ich an?«

»Ich gehe immer mit der Mode, das weißt du doch.«

»Ich bewundere deinen Geschmack.« Lou stellte das Tablett auf den Tisch.

Anna setzte sich und zog sich einen zweiten Stuhl heran, um die Füße daraufzulegen. Sie rührte in ihrer Tasse, obwohl sie gar keinen Zucker genommen hatte. »Ich habe dann und wann einen … seltsamen Traum. Von meinem Vater.«

Herrje, sie hatte doch gar nicht davon anfangen wollen! Was war denn nur in sie gefahren? Ein solcher Traum war sicher nicht leichter zu ertragen, wenn man sich jemandem anvertraute.

Lou sah sie erwartungsvoll an. »Erzähl, bitte.«

Und das tat Anna.

»Ach, es ist verrückt«, endete sie und lachte betont heiter.

Was sollte Lou nun von ihr denken? Dass sie glaubte, unsichtbar für ihren Vater zu sein, dass sie Angst vor ihm hatte? So sehr, dass sein Schatten sie im Schlaf verfolgte?

In Lou erwachte sogleich die Analytikerin. »Du willst, dass er stolz auf dich ist, dass er dich beachtet, Anna. Dafür strampelst du dich ab, doch es scheint dich zu überfordern.«

Anna schwieg und verwünschte sich. Das hatte sie nun davon.

»Es gefällt dir nicht, was ich gesagt habe. Aber so ist es, Anna, glaub mir. Dein Vater steht über allem.« Lou trank einen Schluck Tee. »Darf ich dich ganz offen etwas fragen?«

Anna hatte das ungute Gefühl, dass nun eine Frage kam, die sie nicht gern beantworten mochte. Trotzdem nickte sie.

»Hast du dich als Kind einsam gefühlt?«

Ein wunder Punkt und ein heikles Thema. Anna spürte, wie sich ihr Magen zusammenzog.

Wenn sie ganz ehrlich war, hatte sie sich meistens einsam gefühlt. Sie war die Nachzüglerin gewesen, das ungeplante Kind.

Lou schien keine Antwort zu brauchen, denn sie nickte. »Und du hast noch immer daran zu knabbern.«

»Wie viel nehmen Sie pro Stunde, Frau Analytikerin?«, scherzte Anna.

»Mir kannst du nichts vormachen. Du hast etliche analytische Gespräche mit deinem Vater geführt, aber ich nehme an, dass ihr dieses Thema bewusst ausgeklammert habt.«

Anna nickte zögernd.

»Er wird es trotzdem wissen«, meinte Lou.

Anna erwiderte nichts. Sie musste plötzlich erneut an den kleinen Johannes denken und erzählte Lou von der Begegnung, froh, ein anderes Thema anschneiden zu können.

Weit gefehlt. »Und dieser Junge hat dich an dich selbst erinnert.« Lou nickte nachdenklich. »Ein einsames, verlorenes Kind, mutterseelenallein auf einem Bahnsteig. Ich glaube, wenn wir Kinder analysieren könnten …«

»Warum sollte man das nicht können?«, fragte Anna dazwischen.

»Weil es *Kinder* sind. Sie zu durchleuchten bräuchte einiges an Fingerspitzengefühl und eine Fertigkeit …« Lou verstummte, um kurz nachzudenken. »Nein.« Sie schüttelte den Kopf. »Wie sollte das gehen?«

»Sie müssten sich natürlich äußern können.«

»Äußern?«

»Sie müssen bereits sprechen, sich verständlich machen können.« Anna sagte bewusst nicht *müssten*, weil ihr mit einem Mal etwas durch den Kopf schwirrte. Wäre es nicht eine wundervolle Aufgabe, Kindern zu helfen, ihr Selbst zu finden oder aufzudecken? Ihnen die Angst zu nehmen, ganz gleichgültig, wovor? Hätte sie diese Fertigkeit, das Fingerspitzengefühl, von dem Lou sprach?

Sie schob den Gedanken beiseite, vorerst, und sagte: »Ich fürchte, ich war ein sehr anstrengendes Kind. Ich fand es schrecklich, unsichtbar zu sein, und habe alles dafür getan, um bemerkt zu werden.« Sie musste lachen, auch wenn es im Grunde gar nicht komisch war. »Ich war frech und vorlaut, einen präpotenten kleinen Teufel hat Papa mich genannt. Manchmal hat er fürchterlich mit mir geschimpft, dann wieder hat er sich rasch zur Seite gedreht, damit ich nicht sehe, wie er grinst.« Und das war ziemlich häufig passiert. »Meine Schwestern waren ungeheuer vernünftig und folgsam, Sophie noch dazu bildhübsch.« Anna schluckte. Ihre Schwester Sophie war tot, gestorben an der Spanischen Grippe. »Aber wäre ich genauso brav gewesen, hätte Papa mich gar nicht wahrgenommen.«

»Glaubst du?«, fragte Lou.

»Ich bin mir sicher.«

»Deshalb hast du den Clown gespielt.«

Anna zuckte mit den Schultern. »Ich war weder folgsam noch vernünftig oder hübsch. Ich war immer nur... ich. Anna.«

Am Morgen ihres Abschieds spazierte Anna durch das Haus und anschließend durch den Garten. Sie sagte den Blumen, Bäumen und Hühnern Lebewohl, strich über Blüten und Blätter.

Lou stand bereits an der Pforte, Annas Reisetasche neben sich. »Bist du fertig?«

Anna nickte und hakte sie unter. »Ich wünschte, ich könnte noch bleiben.«

Aber sie freute sich auch auf Wien. Der Gedanke an eine eigene Praxis ließ sie nicht mehr los. Und ein weiterer Gedanke hatte sich dazugemogelt: Sie könnte sich der Kinder annehmen.

»Wo ist deine Hündin?« Sie blickte sich suchend um.

»Sie bleibt besser hier. Sie mag den Stadtlärm nicht und bekommt es mit der Angst zu tun, wenn viele Menschen um sie herum sind.«

Anna hielt Lou die Pforte auf und nahm ihr die Reisetasche ab. »Uns bleibt noch genug Zeit, um langsam zu schlendern und dabei zu plaudern.«

Vor dem Bahnhofsgebäude angekommen blieben sie kurz stehen.

Kutschen warteten davor, die Pferde schnaubten, irgendwo weinte ein Kind, und eine Frau schimpfte ungehalten und ziemlich unflätig.

Anna hob den Kopf und lächelte. Über ihnen wölbte sich wieder ein blauer, wolkenloser Himmel, wie bei der Hinfahrt.

»Es war wundervoll bei dir, Lou, ich danke dir von Herzen.«

»Ich danke dir, Anna. Ich war in bester Gesellschaft.«

Ob Lou vorhatte, sich gleich hier zu verabschieden? »Ich bin furchtbar schlecht im Abschiednehmen«, hatte sie irgendwann gesagt.

»Du bringst mich doch noch zum Zug?«

»Natürlich.« Lou ging, plötzlich ganz schweigsam, neben ihr her und hielt ihr die schwere Eingangstür auf.

Ein Schwall abgestandener Luft schwappte ihnen entgegen. Es roch nach Schweiß, ungewaschenen Füßen und Tabak.

»Pfui Teufel«, kommentierte Lou und rümpfte die Nase.

Als sie auf dem Bahnsteig standen, umarmten sie sich.

»Wann kommst du wieder?«, fragte Lou.

»Nächsten Frühling?«

»Abgemacht.« Lou zog ein Taschentuch hervor und tupfte sich die Augen.

»Du weinst doch nicht etwa?«, fragte Anna gespielt streng.

»Nein, nein. Es liegt am scheußlichen Wind, der hier pfeift.«

»Ich könnte dir wollene Unterhosen stricken.«

»Ja, bitte. Mit einem Bändchen unten am Saum, damit ich sie zusammenschnüren kann, wenn es ganz besonders kalt ist.«

»Selbstverständlich.«

Der Zug fuhr ein, und Lou gab ihr einen Kuss auf die Wange. »Pass auf dich auf, und herzlichste Grüße an deine Eltern.«

Anna stieg ein und suchte sich ein Abteil mit wenigstens zwei freien Plätzen. Sie hatte Glück und fand eins, das noch ganz leer war, stellte ihre Reisetasche ab und schob das Fenster hinunter.

Lou stand am Bahnsteig, die Stola, die Anna ihr zum letzten Geburtstag gestrickt hatte, um die Schultern geschlungen.

Anna zog ein Taschentuch aus ihrer Manteltasche und schwenkte es. »Auf bald, Lou!« Der Zug setzte sich in Bewegung, und sie winkte weiter, bis Lou nicht mehr zu sehen war.

Dann sank sie auf die Holzbank und seufzte leise. Sie würde sich noch lange an diesen Besuch erinnern.

Als kleines Mädchen hatte sie sich gewünscht, besonders schöne Erinnerungen festhalten und in einer Schachtel verschließen zu können, um sie jederzeit hervorholen und sich daran erfreuen zu können.

Wahrscheinlich hatte sie schon damals geahnt, dass man sich als Erwachsener nur selten an die schönen Dinge erinnerte, die weniger schönen dafür in bester Erinnerung behielt.

Anna deckte sich mit ihrer Strickjacke zu und versuchte, es sich so bequem wie möglich zu machen. Vielleicht konnte sie ein bisschen schlafen.

5

Tatsächlich war sie nach dem letzten Umsteigen in einen tiefen, traumlosen Schlaf gefallen.

Den Kopf am Fenster, zugedeckt mit ihrer Lieblingsstrickjacke, schreckte sie hoch, als jemand sie antippte. »Wir fahren gleich in den Bahnhof ein.«

Eine alte Dame mit schneeweißem Haarknoten und einem überaus freundlichen Lächeln stand über sie gebeugt vor ihr.

Anna blinzelte schlaftrunken. »Ich bin eingeschlafen.«

Und dann erinnerte sie sich wieder: Sie und die alte Dame hatten sich unterhalten. Dabei war sie unglaublich müde gewesen, hatte immer wieder ein Gähnen unterdrücken müssen und war offenbar schließlich ganz eingenickt. Womöglich mitten in der Unterhaltung.

»Ich habe eine Weile gebraucht, Sie wach zu bekommen.« Die alte Dame schmunzelte und nahm eine Tasche aus dem Gepäcknetz. »Sie haben einen gesunden Schlaf.«

Anna rappelte sich auf, schlüpfte in ihre Strickjacke – sie hätte gerade kaum sagen können, welche Jahreszeit war –, packte das Strickzeug in die Reisetasche und ging mit unsicheren Schritten zur Tür.

Die Bremsen quietschten fürchterlich, und der Zug kam ruckelnd zum Stehen.

»Vielen Dank, dass Sie mich geweckt haben«, sagte sie zu der alten Dame und half ihr beim Aussteigen.

Auf dem Bahnsteig verabschiedeten sie sich voneinander, und Anna blieb noch einen Moment stehen, um richtig wach zu werden.

Ein vorbeieilender Mann rempelte sie unsanft an, und sie taumelte gegen einen Schaffner, der mit der Trillerpfeife in der Hand dastand und darauf achtgab, dass Ordnung beim Ein- und Aussteigen herrschte.

»Passen S' gefälligst auf!«, rief der Schaffner dem Mann nach, der bereits weitergelaufen war. Dann wandte er sich Anna zu, die noch immer ganz benommen dastand. »Alles in Ordnung, mein Fräulein?«

»Ja, ja. Ich bin nur … auf der Fahrt eingeschlafen und noch etwas durcheinander.«

Mit einem Mal kam es ihr unwirklich vor, dass sie am Tag zuvor noch in Göttingen bei Lou gewesen war. Ihr kam es vor, als wäre sie urplötzlich in eine andere Welt katapultiert worden.

Mit schweren Beinen ging sie durch die Bahnhofshalle und musste achtgeben, nicht zu stolpern. Sie trat ins Freie und atmete die frische Luft ein. Ah, das tat gut!

Es nieselte, und sie überlegte, ob sie ihren Regenmantel aus der Tasche holen sollte. Während sie unentschlossen dastand, tropfte ihr der stärker werdende Regen bereits in den Blusenkragen.

Ein Mann im dunklen Mantel kam auf sie zu, das Gesicht von einem Regenschirm verdeckt. Sie wollte rasch beiseitetreten, weil sie befürchtete, dass er sie anstieß, doch er blieb vor ihr stehen und hob den Schirm an, sodass sie sein Gesicht sehen konnte.

»Papa!«, sagte sie erfreut. »Wie lieb, dass du mich abholen kommst.«

Ihr Vater griff nach Annas Tasche. »Ich war gegen Mittag schon mal hier, und man hat mir gesagt, dass die Züge wegen des Streiks Verspätung haben. Die ganzen Streiks in diesem Jahr können einen wahnsinnig machen.« Er hielt seinen Schirm über sie, während sie losgingen. »Wie war die Reise?«

»Bis auf die Verzögerung durch den Streik…« Sie gähnte. »Nach dem letzten Umsteigen bin ich eingenickt und habe bis hierher geschlafen. Gottlob hat eine nette alte Dame mich geweckt.«

»Und wie war es bei Frau Lou?«

Anna hakte sich bei ihm ein. »Herrlich, Papa. Wir haben erzählt und erzählt, lange Spaziergänge gemacht, und gelacht haben wir auch viel. Sie lässt dich herzlich grüßen. Und sie dankt dir sehr für das Buch.«

»Sie wird mir schreiben, wie es ihr gefallen hat.«

Es ging um ein Werk von Schopenhauer, einem Philosophen, der ihren Vater sehr geprägt hatte.

»Möchtest du zu Fuß gehen? Trotz des Wetters?«, fragte er.

Sie nickte. Der Nieselregen störte sie nicht, sie musste sich dringend bewegen.

»Schön, von mir aus.« Ihr Vater ging ebenfalls gern zu Fuß, aber sie ahnte, dass er heute doch lieber die Tram genommen hätte.

Eine Weile gingen sie schweigend nebeneinanderher, bis Anna die Stille durchbrach. »Ich würde gern etwas mit dir besprechen, Papa.«

»Hat das nicht Zeit bis später?«

»Ja, schon«, erwiderte sie zögernd.

»Sagen wir, morgen Vormittag?«

»Hast du keine Patienten?«

»Nur einen und drei am Nachmittag.«

»Gut, dann also morgen.«

Bis dahin konnte sie ihre Gedanken ordnen und sich auf das Gespräch vorbereiten.

Anna war gleich nach dem Abendessen schlafen gegangen und in der Nacht aus einem Traum erwacht, in dem sie vor dem kleinen Johannes gekniet hatte, der sich weinend an sie klammerte und etwas von »furchtbare Angst« sagte.

Sie war ganz ruhig gewesen, hatte ihn gehalten und ihm über den Rücken gestrichen. »Schsch, alles wird gut, Johannes. Ich bin da, um dir zu helfen.« Nie zuvor hatte sie sich so stark, so voller Kraft und Mut gefühlt. Sie konnte dem Jungen helfen, sie würde ihm die Angst nehmen und ihn auch stark machen, für das weitere Leben.

Mit einem wunderbar warmen und zuversichtlichen Gefühl war sie wieder eingeschlafen, und als sie am Morgen aufstand, spürte sie noch immer ein angenehmes Brennen in der Brust.

Anna zog das Dirndl vom Tag zuvor an, es war nur ein wenig zerknautscht, aber für einen Spaziergang würde es reichen.

Der Regen hatte aufgehört, und so ließ sie den Schirm daheim.

Während sie in Richtung Donau schlenderte, die Hände auf dem Rücken, malte sie sich ihre eigene Praxis aus: ein Schreibtisch am Fenster, zwei bequeme Sessel davor und daneben vielleicht die hübsche Stehlampe aus ihrer Stube. *Ich habe nur versucht, ihm die Angst zu nehmen.* Da waren sie wieder, die Worte, die sie am Bahnsteig zu Johannes' Mutter gesagt hatte.

Langsam spazierte sie weiter, die Worte tanzten noch immer vor ihrem geistigen Auge. Schon hörte sie das Schnattern der Enten und Gänse, die sich am Donauufer tummelten. Als sie näher kam, sah sie einen Schwan, der durchs Gras watschelte und hier und da etwas aufpickte. Er strahlte Gelassenheit und Würde aus.

Anna setzte sich auf eine Bank und legte einen Arm auf die Lehne. Die Donau lag dunkel und still vor ihr, irgendwo gluckerte es.

Es würde ein sonniger Tag werden, und Anna war, als spürte sie noch immer die beruhigende, wohltuende Wärme aus ihrem Traum in sich – und eine eigenartige Gewissheit, auf einem Weg zu sein, der genau richtig für sie war.

Eine Praxis für Kinder. Das ist mein Weg.

Anna lächelte. Sie würde Visitenkarten drucken lassen:

Anna Freud, Analytikerin für Kinder, Berggasse 19.

Als sie in der Ferne die Kirchturmuhr neun Uhr schlagen hörte, machte sie sich auf den Heimweg.

Als Anna kurz darauf über den Tandlmarkt ging, auf dem jüdische Händler allerlei Altwaren anboten, rief ihr ein junger Mann zu: »Ich hätt da einen herrlichen Anzug, mein Fräulein. Wenn S' schauen möchten?«

Anna ging zu ihm und lächelte in sich hinein. Sie kannte Samuel und seine Familie seit vielen Jahren, die Silbermanns wohnten nur ein paar Häuser weiter. Wann immer sie und Samuel sich begegneten, scherzten sie miteinander.

»Ein Anzug, so, so. Und was, glauben Sie, sollte ich damit, mein Herr?«

Samuel tat so, als würde er Maß nehmen, breitete die Arme aus, kniff die Augen zusammen und bat sie, sich einmal um die eigene Achse zu drehen. »Tja, Sie sind ein hoffnungsloser Fall, würde ich sagen. Viel zu klein und zu zierlich. Und dann diese Waden!« Er schnalzte kopfschüttelnd mit der Zunge. »Aber mit der Hose könnt's gehen. Weil, ich hätt da auch noch ein Paar hübsche Hosenträger.« Er verbeugte sich tief, sein schwarzer Hut fiel auf die Erde und rollte unter den Stand seines Nachbarn. Samuel rannte hinterher, schnappte ihn sich und setzte ihn schwungvoll wieder auf.

Anna lachte. »Hosenträger, ja? Sind alle Händler so?«

»Wie denn?«

»So einfallsreich. Wie geht es dir, Samuel? Und deinen Eltern? Ist dein Vater wieder gesund?«

»Ja, es geht ihm besser.«

»Ist der Anzug etwa von ihm?«

Samuel schüttelte den Kopf. »Der ist von meinem Bruder. Und wie geht's daheim, Anna? Alle gesund?«

Sie nickte. »Seit wann verkaufst du hier?«

»Es ist eine Ausnahme.« Er lehnte sich an seinen Stand, an dem in zierlichen silbernen Buchstaben *Jakob Silbermann & Söhne* stand. »Wenn ich erst mal diesen scheußlichen Anzug los bin, bin ich ein gemachter Mann.«

Anna musste wieder lachen. Sie rang den Wunsch nieder, ihm von der Praxis zu erzählen, die sie einrichten wollte, von ihrer Idee, sich Kindern anzunehmen. Bevor sie es in die Welt hinausposaunte, sollte sie mit ihrem Vater darüber sprechen. Sie wollte seine Meinung hören, vielleicht hoffte sie auch auf seine Zustimmung, gleichgültig, wie albern das war. »Es war schön, dich wiederzusehen, Samuel. Grüße deine Eltern und deinen Bruder.«

Er tippte sich an seine Kappe. »Das mache ich, Anna. Grüß mir auch die deinen.«

Als Anna in die Berggasse kam, stand die Sonne leuchtend am Himmel. Einen kurzen Moment blieb sie am Haus nebenan vor dem Schaufenster der Fleischerei Kornmehl stehen und betrachtete die Auslage. Sie und ihr Vater hatten gewitzelt: »Die Kornmehls wären besser Bäcker geworden.«

Anna zog im Gehen den Hausschlüssel aus der Rocktasche und schloss die Tür auf. Es war erstaunlich still im Treppenhaus, dafür roch es bereits nach herzhaftem Mittagessen.

In Gedanken versunken lief sie die Stufen hinauf, und als sie vor ihrer Wohnungstür stand, musste sie Luft holen.

Seltsam, der Schlüssel passte nicht ins Schloss. Anna versuchte es erneut – und zog ihn schließlich heraus, nachdem ihr das Türschild mit der Aufschrift *Mathias* ins Auge gesprungen war. Ach, herrje, sie hatte sich an der Wohnungstür der Nachbarn unter ihnen zu schaffen gemacht!

Kopfschüttelnd ging sie weiter. Als sie vor ihrer Wohnung ankam, wurde die Tür geöffnet, und ihr Vater kam heraus. »Anna. Wo kommst du denn her?«

»Ich war spazieren. Und ich habe versucht, bei den Mathias' einzubrechen.«

Er hob die Augenbrauen, winkte dann aber ab. »Das kannst du mir später erzählen. Ich muss los, bin schon spät dran.«

Er sah blass aus, und als Anna sah, wie er sich über die Stirn strich, fragte sie ihn, ob er sich nicht gut fühle.

»Kopfweh, schon beim Aufstehen.«

»Hoffentlich hast du dir nicht auch die Influenza eingefangen.«

»Nein, nein. Vielleicht liegt's am Wetter.« Er rieb sich erneut die Stirn. »Ich habe einen Patientenbesuch zu machen. Wartet nicht mit dem Essen auf mich.«

»Wirst du so lange fortbleiben?«

»Gut möglich.« Er setzte im Gehen seinen Hut auf.

»Und unser Gespräch?«

Er blieb stehen und sah sie verwundert an. Dann nickte er. »Ach, richtig, das hatte ich ganz vergessen. Wir verschieben es auf heute Abend. Nach dem Essen.«

Anna blickte ihm nach. Sie spürte einen Anflug von Enttäuschung und Ärger, weil er vergessen hatte, dass sie ihn um eine Unterredung gebeten hatte.

Dann rang sie beides nieder, betrat die Wohnung und hängte ihren Schlüssel ans Brett neben der Tür.

6

Ihr Vater hatte sich gleich nach der Vorsuppe in sein Arbeitszimmer zurückgezogen. »Ich habe keinen Hunger. Wenn ihr mich entschuldigen wollt.«

Anna hatte kurz überlegt, ob es klüger wäre, das Gespräch zu verschieben, aber da er nichts davon gesagt hatte, klopfte sie nach dem Essen an seine Tür. Hoffentlich hatte er es nicht wieder vergessen.

»Ja?«

»Ich bin's, Papa.« Sie öffnete die Tür.

Er saß nicht an seinem Schreibtisch, sondern lag auf der Couch, die Augen geschlossen, die Hände auf dem Bauch gefaltet. Die Überdecke hatte er achtlos zur Seite geschoben.

»Noch immer Kopfweh?«, fragte sie leise.

Er nickte nur.

»Ich hatte dich um ein Gespräch gebeten«, begann sie. »Darf ich hereinkommen?«

»Es scheint wichtig zu sein«, brummte er. »Gestattest du, dass ich liegen bleibe?«

»Natürlich.« Sie setzte sich in den gemütlichen Ohrensessel neben der Couch. Wie sollte sie beginnen? Und wo?

»Nun?«

»Ich habe mir überlegt, eine eigene Praxis zu eröffnen.«

Er reagierte nicht, öffnete weder die Augen noch sagte er etwas.

»Ich könnte dir anfangs hier und da Patienten abnehmen. Du klagst doch immer, dass sie dir die Tür einrennen.«

Er machte »Hm« und schwieg weiterhin.

Was ungewöhnlich war, normalerweise hielt er nie mit seiner Meinung hinter dem Berg, schon gar nicht, wenn es um sie oder ihre Geschwister ging. So manches Mal hatte sie sich gewünscht, er behielte seine Gedanken, seine Ansichten für sich. Nun jedoch hoffte sie, er würde etwas sagen wie: »Du hast meine volle Unterstützung«, oder auch: »Wie kommst du auf so einen unsinnigen Gedanken?« Dann könnte sie sich wenigstens erklären.

Plötzlich sagte er in die Stille hinein: »Die Wohnung ist groß genug. Wenn es dir wirklich ernst ist, könntest du aus deiner Stube ein Sprechzimmer machen.«

»Es ist mir sehr ernst«, betonte sie. »Ich denke darüber nach, mich auf die Arbeit mit Kindern zu spezialisieren.«

Ihr Vater hatte sich ruckartig aufgesetzt, seinem Kopfweh zum Trotz, und starrte sie entgeistert an. »Wie bitte? Kinder?«

Sie musste an das Gespräch mit Lou denken. Würde er jetzt auch sagen, dass man Kinder nicht analysieren konnte?

Sie beschloss, etwas weiter auszuholen und ihm von Johannes zu erzählen. »Als ich nach Göttingen fuhr …«

»Wird das eine längere Geschichte?«

»Nein.« Sie hob das Kinn. »Ich habe am Bahnhof einen

kleinen Jungen getroffen, der seine Mutter verloren hatte. Er wirkte so unendlich traurig …«

»Und da dachtest du, du solltest dich unglücklicher Kinder annehmen.«

»Ja«, erklärte sie. »Ich möchte Kindern helfen, ihre Angst zu verlieren und sie stark fürs Leben machen.«

Er nickte nachdenklich, und sie schöpfte Hoffnung. Hoffnung, dass sie sich verständlich gemacht hatte. Dass er ihren Wunsch, ihr Vorhaben nachvollziehen konnte. Dass er es vielleicht sogar genauso wichtig fand.

»Aber wie willst du Kinder analysieren, Anna? Denk doch mal nach.« Er redete, als würde sie häufiger etwas Unüberlegtes tun. »Wie willst du an ihr Ich gelangen? Kinder können erst ab einem gewissen Alter vernünftig über sich selbst nachdenken.«

»Das weiß ich, Papa. Ich will ihnen helfen, sich zu öffnen und sich mitzuteilen, Selbstvertrauen zu entwickeln. Sie sollen lernen, zu wachsen und Hürden zu überwinden.« Sie betrachtete ihn und versuchte, in seinem Gesicht zu lesen. »Du hältst es für ein Hirngespinst.«

»Das habe ich nicht gesagt.«

Aber gedacht. »Lass es mich einfach versuchen, Papa.«

Jetzt lachte er. »Ich halte dich ganz bestimmt nicht davon ab, Anna. So gut solltest du mich kennen. Ich habe dich und deine Geschwister immer frühzeitig selbst Entscheidungen treffen, aber auch die Konsequenzen tragen lassen.«

Anna kam sich mit einem Mal wieder wie das kleine, unselbstständige Mädchen vor, das sie einst gewesen war. Das Mädchen, das nach der Anerkennung, Aufmerksamkeit und Liebe ihres Vaters lechzte.

»Wo ist mein kleiner, frecher Teufel geblieben?«, fragte er plötzlich, und seine Mundwinkel zuckten.

Anna war verunsichert. Wollte er sie hochnehmen? Wollte er die leisen Zweifel herauskitzeln, die tief in ihrem Inneren schlummerten?

»In einer dunklen Kiste unter der Erde.«

Jetzt lachte er schallend. »Und du findest, er gehört dorthin?«

»*Nur* dorthin«, betonte sie ernst. Sie räusperte sich. »Ich würde mir deine Unterstützung wünschen.«

Verstand er sie denn gar nicht? Begriff er nicht, worum es ihr ging?

»Ich werde gespannt abwarten, wie deine Arbeit vorangeht und sich entwickelt.«

Mit dieser Antwort musste sie sich wohl zufriedengeben. Nun, es war besser als nichts.

Anna stand auf. »Danke für deine Zeit, Papa. Soll ich die Vorhänge schließen?«

»Wenn du so gut sein willst.«

Anna machte die Tür hinter sich zu und lehnte sich von außen dagegen. Sie sollte sich endlich davon befreien, ihr Lebensglück von seinem Wohlwollen abhängig zu machen.

Sie würde ihm nicht nur beweisen, wie wichtig die Aufgabe war, die sie sich vorgenommen hatte. Sie würde ihm auch beweisen, dass sie eine gute Analytikerin war.

Am nächsten Morgen stand Anna in aller Herrgottsfrühe auf und begann im Geiste, ihre Praxis einzurichten.

Sie schritt durch ihr Wohnzimmer – ihre Stube, wie sie es nannte – und stellte sich den Schreibtisch quer zum Fenster vor, sodass sie nach draußen schauen und gleichzeitig sehen konnte, wer hereinkam. Ihre hübsche neue Couch schob sie in Gedanken an die eine Wand, das Bücherregal und den Sekretär an die andere. Dazwischen wäre noch Platz für den kleinen viereckigen Tisch.

Vielleicht müsste sie einen neuen Teppich kaufen, der alte hier war verblichen und abgenutzt.

Gedankenverloren ging sie umher, den Zeigefinger am Nasenflügel. Sie sollte auch eine Puppe und ein Plüschtier anschaffen. Manche Kinder konnten sich mithilfe eines Spielzeugs besser ausdrücken, das hatte sie bei ihren beiden Neffen erlebt, den Söhnen ihrer verstorbenen Schwester.

Der achtjährige Ernst, ein stiller, nachdenklicher und äußerst fantasiebegabter Junge, hatte nach dem Tod der Mutter wieder angefangen, ins Bett zu machen. Wann immer ihm das passierte, nahm er sein geliebtes Blechauto und stellte es ganz nach oben ins Regal. »Ich darf erst wieder damit spielen, wenn ich artig war.«

Sein jüngerer Bruder Heinz, genannt Heinerle, dagegen führte häufig Gespräche mit seinem Plüschbären. Zum Beispiel, wenn er Anna zum wiederholten Male um ein Plätzchen angebettelt hatte. Dann sagte er tadelnd zu Meister Petz: »Fang nicht schon wieder an. Die Tante Anna hat dir schon drei gegeben.«

Anna hatte sich nach Sophies Tod um die beiden Jungen gekümmert und beide Neffen sehr ins Herz geschlossen, zu Ernst aber spürte sie eine ganz besondere Verbindung. Er erinnerte sie in vielerlei Hinsicht an sie selbst, als sie ein kleines Mädchen gewesen war.

Ernst war bei seinem Vater in Hamburg geblieben, während Annas Schwester Mathilde sich Heinerles angenommen hatte. Sie und ihr Mann Robert waren kinderlos.

Es klopfte, und Anna fuhr zusammen. Sie hatte vollkommen die Zeit vergessen.

»Ja?«

Ihr Vater kam herein. »Hast du einen Moment?«

»Natürlich. Setz dich doch, Papa.«

Er nahm auf der Couch Platz und blickte sich um, als gestalte auch er im Geiste ihr künftiges Sprechzimmer.

»Ich möchte noch mal auf unser gestriges Gespräch zurückkommen«, begann er, und sie setzte sich in den Sessel gegenüber. »Hast du das alles auch wirklich gut durchdacht?«

Als sie nickte, sprach er weiter: »Ich war so frei und habe deiner Mutter davon erzählt.«

»Und ich ahne, was sie gesagt hat: ›Annerl verrennt sich da in was. Sie sollte lieber heiraten und Kinder bekommen.‹« Anna seufzte.

Er grinste belustigt. »Das mag sie gedacht haben, gesagt hat sie nichts dergleichen.«

»Und was denkst du?«, fragte sie herausfordernd.

»Wie ich gestern schon sagte: Ich werde mit Interesse und Spannung Anteil an deiner Arbeit nehmen.« Er erhob sich und griff in seine Jackentasche. »Keine Sorge, ich will nicht rauchen«, kam er ihr zuvor. »Ich suche nur … Ah, da ist er ja!« Er hielt seinen Federhalter hoch. »Den habe ich seit gestern Abend vermisst.«

Als er an der Tür war, drehte er sich noch mal zu ihr um. »Du solltest Visitenkarten drucken lassen.«

»Darüber habe ich auch schon nachgedacht.«

»Wenn du erlaubst, würde ich dir gern den ersten Satz schenken.« Er schloss die Tür hinter sich.

Und Anna blieb verdutzt zurück. Wollte er damit demonstrieren, dass er an sie glaubte?

7

Wien, Anfang des Jahres 1923

Ein eisiger Wind rüttelte an den Fenstern, als wollte er sie aus den Angeln reißen. Anna saß am Schreibtisch in ihrer Praxis. Eigentlich hatte sie an Lou schreiben wollen, doch sie musste noch eine Übersetzung fertigstellen.

Wenn doch nur der Winter schon vorbei wäre! Sie freute sich auf den Frühling, auch wenn sie dann wieder ihren Heuschnupfen bekommen würde.

Als erneut eine Böe am Fenster zerrte und es gleichzeitig an der Tür klopfte, fuhr sie zusammen. »Ja bitte?«

Ihr Vater kam herein und setzte sich auf einen der beiden Stühle, die vor ihrem Schreibtisch standen. Fast so, als wäre er ein Patient. Er schaute sich um. »Du hast es dir nett gemacht. Weswegen ich hier bin ... Dr. Hitschmann würde dir eine junge Patientin schicken.« Er war ihr Hausarzt und ebenfalls Mitglied in der Analytischen Vereinigung. »Sie ist elf Jahre alt und leidet unter Angstanfällen.«

Anna war aufgesprungen. »Meine erste kleine Patientin!«

»Bist du sicher, dass du es versuchen willst?«

Es ärgerte sie ein wenig, dass er wieder davon anfing.

»Ganz sicher, Papa. Kann das Mädchen benennen, woher diese Anfälle rühren?«

»Sie sagt, sie habe ein Zuckerl verschluckt und sich furchtbar erschreckt und geglaubt, ersticken zu müssen.«

Anna nickte. Das kannte sie, und da war sie vermutlich nicht die Einzige. Wer hatte nicht schon einmal ein Bonbon oder etwas anderes Kleines, Hartes verschluckt und befürchtet, daran zu ersticken? Nur reagierte nicht jeder mit einem so heftigen Schreck, aus dem schließlich ein Angstanfall hervorging.

»Dann kann ich Hitschmann Bescheid geben?«, fragte ihr Vater, und sie nickte.

Wäre Johannes nicht gewesen, säße sie vielleicht nicht hier an diesem Schreibtisch, in freudiger Erwartung ihrer ersten Patientin. Die Begegnung mit ihm war ihr ganz persönliches Schlüsselerlebnis, ein Erlebnis, das sie auf- und womöglich auch wachgerüttelt hatte.

»Nun, man wird sehen, wie du dich machst«, meinte ihr Vater, als er hinausging.

Anna verschränkte die Finger ineinander und versuchte, sich nicht von seinen Zweifeln beeindrucken zu lassen.

So gut sollte er sie kennen: Er hatte ihren Ehrgeiz angestachelt, nicht aufzugeben, selbst wenn es Momente geben würde, in denen auch sie zweifelte.

Am Abend war Anna gerade dabei, Lous Adresse auf den Umschlag zu schreiben, als ihre Mutter hereinkam und ihr einen Brief auf den Tisch legte.

Anna lachte kopfschüttelnd. Er war von Lou. Es war nicht das erste Mal, dass ihre Briefe sich kreuzten. »Auch sie kann meine Gedanken lesen.«

»Wer kann es denn sonst noch?«, fragte ihre Mutter.

Anna verkniff sich die Antwort. Ihre Mutter würde auch nicht weiter nachfragen, dazu kannte sie sie zu gut.

»Dem Himmel sei Dank, dass du nicht auch so viel Zeug in deiner Praxis herumstehen hast wie dein Vater.«

»Du musst seine Figuren ja nicht abstauben.«

»Ich würde mich auch schlichtweg weigern. War er vorhin bei dir?« Als Anna nickte, sagte sie: »Er hat schon wieder Kopfweh. Er gibt es nicht zu, aber mir kann er nichts vormachen.« Sie wischte geistesabwesend über Annas blank polierten Schreibtisch. »Hoffentlich sagt er für heute Abend ab.«

»Das wird er ganz bestimmt nicht tun. Du kennst ihn doch, Mama. Seine Mittwochsgesellschaften sind ihm nicht nur lieb und teuer, sie sind ihm heilig.«

Jeden Mittwochabend trafen sich ihr Vater und ein paar Kollegen aus der Analytischen Vereinigung in seinem Arbeitszimmer, um zu diskutieren und sich auszutauschen. Anna hatte sich einmal dazugesetzt, war aber rasch wieder geflohen. Schon nach einer halben Stunde war das Zimmer so verraucht gewesen, dass ihr die Augen tränten. Wie man sich mehrere Stunden dort aufhalten und sogar noch sprechen konnte, würde ihr ein Rätsel bleiben. Der Zigarrenrauch hing wie Nebelschwaden im Raum, in sämtlichen Sesseln und Stühlen, dem Sofa und den schweren Vorhängen. Sogar die Tapeten rochen danach.

Ihre Mutter schnalzte mit der Zunge und ging zur Tür. »Dann wird das Kopfweh wohl nicht so tragisch sein«, konstatierte sie und verließ das Zimmer.

Anna stand auf, um das Fenster zu öffnen. Unten auf dem

Gehweg stritten drei Frauen miteinander, es schien um den Weg vor dem Haus zu gehen, der nicht gefegt worden war.

Anna sehnte sich schon jetzt nach Sommer und Sonnenschein, nach grünen, saftigen Wiesen und einem klaren, kalten See, in dem sie schwimmen konnte.

Elsbeth, das Mädchen, das unter Angstanfällen litt, war sehr schüchtern. Sie saß ganz vorn auf dem Stuhl, als wollte sie sicherstellen, jederzeit mit einem einzigen Hechtsprung aus dem Zimmer fliehen zu können. Doch je mehr Anna sie behutsam fragte, desto mehr taute sie auf, bis sie schließlich stockend zu reden begann. Wie es gewesen war, als das Bonbon in ihrem Hals stecken geblieben war und sie verzweifelt versucht hatte, es hinunterzuschlucken. »Ich hatte solche Angst und wollte nach meiner Mutter rufen.« Sie fasste sich an den Hals. »Noch jetzt tut es mir hier weh, Fräulein Freud.«

»Du bist in Panik geraten. Glaub mir, das wäre jedem so gegangen. Du hast einfach nur mit einer außergewöhnlich starken Angst reagiert, und diese Angst wollen wir gemeinsam besiegen, ja?«

Elsbeth nickte zögernd.

»Wie ist das mit deinen Träumen? Träumst du auch davon, dass du ein Zuckerl isst und es stecken bleibt?«

Das Mädchen schüttelte den Kopf. »Ich träume immer nur, dass ich keine Luft mehr bekomme. Ich will schreien, meine Mutter rufen, aber ich kann nicht. Mein Herz schlägt furchtbar schnell, und ich habe schreckliche Angst, sterben zu müssen.«

»Wenn das Herz rasend schnell schlägt, glaubt man das

immer. Bist du noch nie so schnell gerannt, dass es ein paar Purzelbäume gemacht hat?«

Elsbeth kicherte, und Anna stellte fest, wie gelöst sie mit einem Mal aussah. »Ein Herz, das Purzelbäume schlägt... Das klingt lustig. Nein, ich renne niemals so schnell.«

»Und warum nicht?«

»Weil ich eh eine lahme Ente bin, wie mein Bruder sagt.«

»Brüder können ziemlich gemein sein, nicht?« Dass sie sich von ihren eigenen drei Brüdern nicht beachtet gefühlt hatte, klammerte Anna bewusst aus. »Hast du Probleme beim Einschlafen? Weil dein Herz so poltert?«

»Manchmal.«

»Stell dir einfach vor, du wärst ungeheuer schnell gelaufen, nur zum Spaß, weil du deinem Bruder davonrennen wolltest. Dein Herz schlägt Purzelbäume, du bist ganz außer Atem, aber es fühlt sich gut an. Sehr gut sogar. Du bist froh und erleichtert, weil du so schnell warst. Angst hast du nicht, warum auch? Es gibt keinerlei Grund für Angst.«

»Aber wenn ich doch Angst habe, dass ich sterben muss?«

Mit dieser Frage hatte Anna gerechnet. »Es ist wie ein Spiel, ein Traum, den du träumst, obwohl du wach bist. Du kannst ihn immer und überall träumen.«

Das Gesicht des Mädchens hellte sich auf. »Es ist wie eine Geschichte, die ich mir ausdenke?«

»Ganz genau. Du stellst dir alles sehr genau vor, so genau, dass dein Körper sich genau so verhält, als würdest du es wirklich erleben. Verstehst du, was ich meine?«

Elsbeth nickte eifrig. »Und ich darf keinem was davon erzählen.«

»Das liegt ganz bei dir. Wenn du möchtest, erzählst du

es deinen Eltern. Deinem Bruder würde ich es aber nicht sagen.« Anna tat so, als würde sie mit einem unsichtbaren Schlüssel ihre Lippen verschließen, und das Mädchen kicherte wieder. »Es ist dein Geheimnis. Ein Geheimnis, das dir helfen wird, keine Angst mehr zu haben. Komm nächste Woche wieder zu mir. Und bis dahin versuchst du, ganz viel zu träumen, versprochen?« Sie stand auf, um Elsbeth zur Tür zu bringen. »Für heute wollen wir es dabei belassen.«

»Ja, Fräulein Freud.«

Anna legte ihr die Hand auf die Schulter und spürte ein Glücksgefühl aufkommen.

»Möchten Sie nicht auch mit meinen Eltern sprechen?«

»Nur, wenn es dir wichtig ist.«

Das Mädchen schüttelte den Kopf.

»Manchmal ist es nützlich, auch mit den Eltern zu reden, aber ich glaube, in deinem Fall ist das nicht notwendig.«

Als sie wieder allein war, ging sie zum Fenster und atmete tief durch. »Gut gemacht, Anna Freud«, sagte sie zu sich selbst. »Ach, die Visitenkarten!«

Sie waren bereits seit ein paar Tagen fertig, Anna hatte ganz vergessen, sie abzuholen.

Mit einem Lächeln räumte sie ihren Schreibtisch auf, rückte die Stühle zurecht und nahm die Strickjacke vom Garderobenständer. Zeit für einen kleinen Abendspaziergang.

8

Wien, im Frühling desselben Jahres

Seit ein paar Monaten hatte Anna nun eine eigene Praxis. Häufig hatte sie vormittags mit Übersetzungen und Korrekturen für den Verlag zu tun, und nachmittags übernahm sie dann und wann einen Patienten ihres Vaters.

Wie in jedem Frühjahr wurde sie praktisch über Nacht von Heuschnupfen heimgesucht. In diesem Jahr war es besonders schlimm, an manchen Tagen konnte sie das Haus nicht verlassen. Dann stand sie sehnsüchtig am Fenster und blickte nach draußen. In der dunklen Wohnung festzusitzen war ihr ein Gräuel. Sie konnte sich nicht einmal an der Vorstellung ergötzen, dass die Familie im Sommer wieder aufs Land ziehen würde.

Abends im Bett lag sie manchmal lange wach, sobald sie den Gedanken zuließ, dass ihr etwas fehlte. Sie hatte ein gutes Leben, wirklich, und sie käme im Traum nicht darauf, sich zu beschweren, und doch sehnte sie sich nach etwas.

Nach jemandem an ihrer Seite. Jemandem, dem sie sich zugehörig fühlte, der sie nahm, wie sie war, und nicht an ihr herumzerrte und sie ändern wollte. Sie fragte sich, ob vielleicht etwas mit ihr, an ihr nicht stimmte. Ob sie »sonderbar« war, kauzig oder weltfremd, weil sie nicht wie andere junge Frauen war. Aber sie konnte sich nun mal nicht vorstellen, zu heiraten und eine Familie zu gründen. Für die meisten Frauen war es das Normalste und Natürlichste der Welt, sich einen Mann zu suchen, ihm Kinder zu schenken, den Haushalt zu führen und gemeinsam mit ihm alt zu werden.

Anna schnürte allein die Vorstellung eines solchen Alltags den Hals zu. Musste sie deshalb tatsächlich für den Rest ihres Lebens allein bleiben? Aber im Grunde war sie ja nicht allein, sie hatte ihre Eltern, die Tante und ihre Freundinnen und Freunde. Und sie hatte ihre Arbeit, die sie erfüllte.

Warum dann dieses Sehnen? Warum dieses Gefühl, dass es da noch etwas geben musste?

Elsbeth machte Fortschritte und berichtete ausführlich von ihren Träumen. »Und abends, wenn ich nicht einschlafen kann, denke ich mir eine Geschichte aus«, hatte sie Anna erzählt. »Und am nächsten Abend spinne ich sie weiter.«

Anna hatte in sich hineingelächelt. »Stammt das ›Weiterspinnen‹ von dir?«

Das Mädchen hatte den Kopf geschüttelt. »Meine Mama nennt es so.«

An diesem Abend, Elsbeth war gerade wieder gegangen, öffnete Anna das Fenster und atmete die kühle, klare Luft ein.

Leichtes Kopfweh bahnte sich an, wie so oft, wenn sie den ganzen Tag in einem schlecht gelüfteten Zimmer verbracht hatte.

Es klopfte, und sie drehte sich um.

»Störe ich?« Ihr Vater stand in der Tür. Er sah grau und eingefallen aus. Und alt, dachte sie ein wenig erschüttert. »Nein, überhaupt nicht. Komm nur herein.«

Er setzte sich vor ihren Schreibtisch und schlug die Beine übereinander. Mit einer Hand griff er in die Innentasche seines Jacketts, und sie wollte schon etwas sagen. Doch das musste sie gar nicht, denn er zog die Hand gleich wieder zurück. Er wusste, dass sie Zigarrenrauch in ihren Räumen nicht ausstehen konnte. Er räusperte sich und strich sich fahrig über die Hosenbeine.

Anna ging zum Schreibtisch und setzte sich ebenfalls.

»Ich würde gern etwas mit dir besprechen, Anna. Ich werde mich einer kleinen Operation unterziehen müssen.« Er hob die Hand, als sie den Mund öffnete, um etwas zu sagen. »Es ist nichts Ernstes. Nur ein harmloser kleiner Eingriff.«

»Es ist doch nichts mit deinem Herzen?«

»Nein. Ich habe eine kleine Geschwulst im Mund entdeckt, genauer gesagt am Gaumen, und ich …«

»Um Himmels willen!«, stieß sie aus.

Er runzelte die Stirn. »Vielleicht lässt du mich ausreden, Anna. Ich war bei mehreren Ärzten, und alle haben das Gleiche gesagt. Nämlich, dass man so eine kleine Wucherung bei einem jungen Mann gar nicht entfernen würde. Aber Professor Hayek meint …«

»Du warst bei mehreren Ärzten und hast uns kein Wort gesagt?«

Nun sah er richtig verärgert aus. »Du fällst mir schon wieder ins Wort.«

»Bitte entschuldige, aber ich finde wirklich …« Anna verstummte. Ihr Magen zog sich schmerzhaft zusammen.

»Ja? Ich höre.«

»Du hättest es uns sagen müssen.«

»Wieso sollte ich euch unnötig in Aufruhr versetzen?«

»Woher kommt diese Wucherung? Was meint Professor Hayek?«

»Es könnte vom Rauchen kommen.« Er verzog das Gesicht, als gefiele ihm diese Tatsache überhaupt nicht. Was Anna nicht wunderte.

»Vom Rauchen also.« Sie verkniff sich eine weitere Bemerkung. Er wusste auch so, was sie von seinem Rauchen hielt.

»Sprich's aus, Anna«, brummte er. »›Ich hab's dir schon so oft gesagt, Papa. Das viele Rauchen ist deiner Gesundheit nicht förderlich‹.«

Wäre der Anlass nicht so ernst gewesen, hätte sie gelacht, weil er ihre Stimmlage verblüffend gut nachahmte.

Einen Moment lang sagten sie beide nichts, dann brach ihr Vater das Schweigen. »Die Operation ist am Samstag.«

Ihr Herzschlag setzte kurz aus, um dann heftig weiterzustolpern. »Samstag schon?« Ihre Stimme klang schrill.

Sie konnte ihrem Vater förmlich ansehen, was er gerade dachte: dass sie hysterisch reagierte.

»Wir wollen keine Zeit vergeuden«, erklärte er ruhig.

Es war also wirklich ernst.

»Er glaubt, die ständigen Kopfschmerzen könnten auch damit zusammenhängen.«

Anna zerknüllte ein Blatt Papier, das vor ihr auf dem Tisch gelegen hatte, und formte es zu einer Kugel. »Was sagt Mama dazu?«

»Sie weiß es noch gar nicht.«

»Du hast es ihr nicht gesagt?«

Sie war der Situation nicht gewachsen, musste sich ihr aber stellen. Ihre Mutter verschonte er jedoch. War es nicht so?

»Ich werde mit ihr reden, keine Sorge.«

Ohne ein weiteres Wort verließ er das Zimmer.

Anna blieb mit wild durcheinanderrasenden Gedanken und einem lähmenden Gefühl von Angst und Sorge zurück, das ihr den Hals zuschnürte.

Weil sie nicht schlafen konnte, hatte sie sich an ihren Sekretär gesetzt und einen Brief an Lou begonnen.

Immer wieder musste sie innehalten und sich sammeln. Sie war in Sorge um ihren Vater, auch weil sie ahnte, dass er ihr nicht die ganze Wahrheit gesagt hatte. Ihre Tante musste für vier Wochen ins Sanatorium, um sich einer Herzbehandlung zu unterziehen, und ihr Neffe Heinerle wurde an den Mandeln operiert. Gab es denn nur noch Krankheiten um sie herum?

Mit einem nervösen Ziehen im Magen ging sie wieder zu Bett, fand aber immer noch keinen Schlaf.

Also zwang sie sich, ihre Gedanken auf den bevorstehenden Tag zu lenken. Sie bekam eine weitere Patientin, ein junges Mädchen namens Karoline, das unter einer Zwangsneurose litt.

Anna hatte schon häufig mit ihrem Vater über Zwangsstörungen gesprochen, ein hochinteressantes Thema. Eine solche Störung konnte rasch ausufern und schließlich die Oberhand gewinnen, wenn man es zuließ.

Froh, über etwas anderes als Krankheiten und Operationen grübeln zu können, kuschelte sie sich unter die Bettdecke und war innerhalb kürzester Zeit eingeschlafen.

Auch wenn Karoline ein paar Jahre älter war als Elsbeth, kam sie Anna ein wenig kindlich vor. Sie nestelte am Saum ihres Kleides und blickte immer wieder zerstreut zum Fenster. »Ich muss immerzu schauen, ob ich alle Türen und Fenster, alle Schubladen geschlossen habe. Und wenn ich aus dem Haus gehe, laufe ich gleich wieder zurück, um nachzusehen, ob ich nicht doch den Kleiderschrank offen gelassen habe. Dabei wäre es egal, er braucht ja nicht verschlossen zu sein, aber es fuchst mich derart, dass ich nicht anders kann.« Sie hatte schnell gesprochen und Anna dabei kein einziges Mal angesehen.

»Was glaubst du, warum du all das tun musst?«, fragte Anna sie.

»Warum?« Karoline schnaubte. »Woher soll ich das wissen? Ich dachte, das könnten Sie mir sagen, Fräulein Freud.«

»Erzähl mir von deinen Eltern«, bat Anna.

Am Gesichtsausdruck des jungen Mädchens erkannte sie, dass sie mit ihrer Frage in ein Wespennest gestochen hatte. Es war eine Eingebung gewesen, ein Impuls, dem sie gefolgt war.

»Mein Vater ist furchtbar streng, und meine Mutter duckt sich.«

»Mehr kannst du mir nicht über sie sagen?« Anna lächelte sie aufmunternd an. »Es wird doch etwas geben, was dir gut an ihnen gefällt.«

Karoline zuckte die Schultern. »Ich weiß nicht«, erwiderte sie gedehnt.

»Hast du Geschwister?«

Sie schüttelte den Kopf.

Anna hatte sich oft gefragt, wie sie sich als Einzelkind fühlen würde. Für das spätere Leben war es wahrscheinlich besser, wenn man mit Geschwistern aufwuchs. Man lernte früh, sich durchzusetzen und zu behaupten, lernte zu teilen und Rücksicht zu nehmen.

Aber hatte auch sie davon profitiert, Geschwister zu haben, oder hatte Lou recht, und sie hatte noch immer daran zu knabbern, dass sie ausgegrenzt worden war? Was sie ganz offenbar gut gelernt hatte, war, ihre Enttäuschung und Verwundbarkeit zu verbergen.

»Meine Mutter wäre bei meiner Geburt fast gestorben«, begann Karoline zögernd.

»Ich verstehe. Und deshalb bewacht sie dich sicher auch mit Argusaugen, nicht wahr?«

»Nein, ich glaube, ich bin ihr herzlich egal.«

Anna fiel der Stift aus der Hand, beide zuckten bei dem Geräusch zusammen. »Warum glaubst du, dass du ihr egal bist, Karoline?«

»Sie sieht durch mich hindurch.«

Anna notierte sich etwas. Das ist wirklich interessant, ging ihr durch den Kopf. »Und daraus schließt du, dass du ihr gleichgültig bist?«

Karoline zuckte erneut die Schultern.

»Und dein Vater?«

»Wie ich gesagt habe: Er ist sehr streng. Ansonsten beachtet er mich nicht.«

»Wie deine Mutter?«, hakte Anna nach. Sie wollte das junge Mädchen aus der Reserve locken. Manchmal war ein kleiner Zusammenbruch mit Tränen ein Anfang, ein Einstieg. Als das Mädchen nickte, fuhr Anna fort: »Du glaubst also, deine Eltern lieben dich nicht. Du könntest sie fragen. Du könntest ihnen auch sagen, dass du sie lieb hast.«

Karoline blickte desinteressiert aus dem Fenster, als habe sie bereits genug.

»Ich will dir helfen, Karoline. Du bist hier bei mir, weil du meine Hilfe möchtest. Das stimmt doch, oder?«

»Ja, schon …«

»Wie war es, als du klein warst? Wie haben deine Eltern sich verhalten? Waren sie besonders ängstlich, liebevoll?«

»Beides.« Es klang unentschlossen, vage.

»Ich würde gern mit deinen Eltern sprechen, Karoline. Würdest du ihnen ausrichten, dass wir einen Termin vereinbaren sollten?«

»Das können Sie getrost vergessen, Fräulein Freud. Mein Vater wird mich auslachen, und meine Mutter wagt nicht, etwas gegen seinen Willen zu tun.«

»Und doch bezahlen sie deine Analysestunden.«

Das Mädchen schnaubte. »Mama spart es vom Haushaltsgeld ab. Sie wollte, dass ich zu Ihnen komme, damit Sie mir helfen.«

Anna nickte. »Na schön, wie du meinst. Bist du bereit für einige Stunden, Karoline?«

Zögernd nickte das Mädchen.

»Es wird anstrengend werden. Du musst hart an dir arbeiten, aber ich werde dir dabei helfen.«

»Und wenn ich es nicht schaffe?«

»Du wirst es schaffen. Wenn du es wirklich ganz fest willst.«

Karoline kaute an ihrem Daumennagel. »Ich will endlich wieder … normal sein. Ich will nicht, dass die anderen Witze über mich machen.« Im Geiste veranschlagte Anna bereits mindestens zwanzig Sitzungen, um dem Kern von Karolines Neurose auf den Grund zu gehen.

9

Am Samstagnachmittag fuhr Anna mit ihrer Mutter in die Klinik, um den Vater abzuholen. Als sie ihn nicht im Foyer entdeckten, zog sich Annas Magen zusammen. Dabei hätte sie auch erleichtert sein können, hatte sie doch schon fast befürchtet, dass er sie mit einer Zigarre in der Hand empfing.

»Er ist nicht da«, murmelte ihre Mutter. »Was hat das zu bedeuten?«

»Dass er oben auf uns wartet.« Anna hakte sie unter.

»Es wird doch alles gut gegangen sein, Annerl?«

»Ganz bestimmt, Mama.« Ihre aufmunternden Worte standen im Gegensatz zu der düsteren, unheilvollen Ahnung, die sie selbst befiel.

»Ich bestehe darauf, sofort mit dem Professor zu sprechen.«

»Das kannst du sicher tun, Mama.«

»Dein Vater wird versuchen, uns einzuwickeln.«

Die Fahrstuhltür öffnete sich zischend, und sie stiegen ein.

»Er wird uns das Blaue vom Himmel erzählen«, sagte ihre Mutter weiter. »Ich kenne ihn. Wie oft schon hab ich ihm gesagt, dass er zu viel raucht. Viel zu viel.«

»Ich weiß, Mama.« Anna unterdrückte ein Seufzen.

»Und du sagst es ihm auch ständig.«

Sie fuhren in den dritten Stock, wo sie ausstiegen.

»Er wird ja doch nicht auf mich hören«, murrte ihre Mutter und schritt mit energischem Gang auf seine Zimmertür zu, klopfte kurz und stürmte hinein. »Sigmund …« Sie verharrte.

Er schlief, die weiße Decke bis zum Kinn. Er war schrecklich blass, und Annas Magen zog sich erneut zusammen.

»Wollen wir uns ans Bett setzen, bis er aufwacht?«, flüsterte ihre Mutter.

»Ich bin wach«, hörten sie ihn brummen.

Ihre Mutter zupfte an seiner Bettdecke, und Anna erwartete schon fast, dass seine Hand hervorschießen und ihre festhalten würde. »Von wegen kleiner Eingriff.« Sie schnaubte. »Hierbehalten werden sie dich.«

»Nur für zwei Tage.« Seine Stimme klang matt und schläfrig.

»Sei so gut und hör auf, an der Bettdecke herumzuzupfen.«

»Ich mache mir Sorgen um dich, Sigmund.«

»Das musst du nicht, Martha. Die Operation ist gut verlaufen.« Er nuschelte, und seine Stimme klang belegt.

»Sagt wer?«

»Sagt Hayek.«

Anna stellte sich ans Bett und strich ihm sacht über den Handrücken. »Wie fühlst du dich, Papa?«

Ein Lächeln huschte über sein Gesicht. »Endlich eine freundliche Stimme.«

Ihre Mutter schnappte nach Luft.

»Es geht mir gut, Anna«, versicherte er.

»Schwindelst du auch nicht?«

»Nein.«

»Ich möchte *sofort* mit dem Professor sprechen, Sigmund.« Ihre Mutter war bereits zur Tür gegangen. Sie wirkte resolut und entschlossen.

In diesem Augenblick wurde die Tür geöffnet, und Professor Hayek trat ins Zimmer. »Meine Damen.« Er nickte ihnen zu und ging zu Annas Vater, um dessen Puls zu fühlen. »Und, Sigmund? Sind die Schmerzen erträglich?«

Wieder schnappte Annas Mutter nach Luft.

Ihr Vater nickte matt.

»Wenn du noch etwas brauchst, gebe ich der Schwester Bescheid. Ein Schlafmittel zur Nacht wäre bestimmt nicht schlecht.«

Erneut ein Nicken.

»Herr Professor? Auf ein Wort?« Die Mutter nahm den Arzt beiseite. »Er sagt, die Operation sei gut verlaufen?«

»Ich bin sehr zufrieden, Frau Freud.«

»Aber Sie sagten doch, er könne gleich wieder nach Hause.«

»So etwas ist nicht immer vorherzusehen.« Es klang beschwichtigend. »Es gab unerwartete Blutungen.«

»Was genau wurde entfernt?«, fragte Anna ihn, und er drehte sich halb zu ihr um.

»Ein Stück Gaumenschleimhaut.«

Sie war froh, dass er nicht um den heißen Brei herumredete. »Das war also die Wucherung. Und damit ist alles entfernt worden?«

Er nickte. »Wir werden die Wundränder vorsorglich mit Radium bestrahlen.«

»Wird er wieder normal sprechen können?«, wollte ihre Mutter wissen.

»Davon gehe ich aus. Aber es wird eine Weile dauern.«

»Und wie ist es mit dem Essen?«

»Er wird vorerst nur Flüssiges zu sich nehmen können.«

Ihre Mutter stöhnte auf. »Gott, das klingt ja furchtbar.« »Ich werde der Köchin genaue Anweisungen geben«, sagte sie, mehr zu sich selbst. »Er mag doch so gern Pudding, das wird sicher gehen.«

Anna warf einen Blick zum Bett. Ihr Vater hatte die Augen geschlossen, vielleicht war er eingeschlafen. »Danke, Herr Professor«, sagte sie.

Hayek schenkte ihr ein Lächeln, dann nickte er ihrer Mutter zu. »Ich muss weiter. Meine Damen …« Damit verschwand er aus der Tür.

»Ich glaube ihm kein Wort«, zischte ihre Mutter.

»Wieso sollte er uns anlügen, Mama?«

Die Mutter erwiderte darauf nichts, sie ging zum Vater und strich ihm über die Wange. Dann erschauderte sie, als erinnerte sie sich daran, dass man ihm dort im Innern gerade etwas weggeschnitten hatte. »Lass uns heimfahren, Anna.«

Anna gab ihrem Vater einen Kuss auf die Stirn. »Schlaf dich gesund, Papa«, sagte sie leise und war überrascht, als er die Augen aufschlug und sie anlächelte.

Am Montagvormittag durfte ihr Vater nach Hause, sollte aber noch das Bett hüten. Ihm war anzusehen, wie sehr ihm das missfiel. Er bestand darauf, wenigstens in seinem Arbeitszimmer auf der geliebten Couch zu liegen. Dort hatte er seine Skulpturen und Bücher um sich und fühlte sich nicht ganz so vom Leben ausgeschlossen. Anna war häufig bei ihm, las ihm vor oder sprach mit ihm über seine Arbeit, die ihm sehr fehlte.

In der Woche darauf setzte er sich wieder an den Schreibtisch, wenn auch nur für zwei Stunden täglich. Seine ständige Müdigkeit läge am Tabakverzicht, meinte er, woraufhin Annas Mutter in ungläubiges Lachen ausbrach.

»Das meinst du vermutlich sogar ernst, Sigmund. Ich fasse es nicht. Der Professor hat gesagt, du darfst nicht mehr rauchen.«

Das hatte er zwar nicht gesagt, aber Anna nahm ihr diese kleine Lüge nicht übel.

Ihr Vater quittierte die Worte mit einem abschätzigen Blick und Kopfschütteln.

Wenige Tage später erwischte Anna ihn mit einer Zigarre. Genüsslich paffend lag er auf der Couch, die Beine über Kreuz, die Augen geschlossen. »Papa!«

Er fuhr derart zusammen, dass etwas Asche auf seine Weste fiel und er sich hastig aufsetzte. »Hast du mich erschreckt!«

»Und du mich erst. Mach sofort die Zigarre aus. Du hast doch gehört, was Hayek gesagt hat.«

»Ich habe gehört, was deine Mutter gesagt hat.« Dennoch löschte er die glimmende Zigarre und legte sie in den Aschenbecher.

»Es ist nicht nur ein Laster, nicht wahr? Es ist weit mehr. Du bist süchtig nach den grässlichen Dingern.«

»Die grässlichen Dinger sorgen dafür, dass ich mich entspannen kann, Anna. Sie sind ein Genuss. Du verstehst das nicht.«

»Nein, das tue ich wirklich nicht, Papa. Du bist gerade operiert worden.«

»Daran musst du mich nicht erinnern, das übernimmt mein Mund schon zu jeder Minute.«

»So arg kann es nicht sein, wenn du schon wieder rauchen kannst«, entgegnete sie heftiger, als sie vorgehabt hatte.

Anstatt einer Erwiderung seufzte er nur, und sofort taten ihr diese Worte leid. »Ich mein's doch nur gut, Vater.«

»Oh, du nennst mich Vater.«

»Ich bin wütend.«

»So, so.«

»Wie viele Zigarren rauchst du wieder?«

»Ich werde dir keine Rechenschaft ablegen.«

»Herrschaftszeiten!« Sie setzte sich zu ihm auf die Couch. »Ich mache mir Sorgen um dich!«

Nun sah er ganz zerknirscht aus. »Du hast ja recht. Ja, es ist mehr als ein dummes Laster. Du bist viel vernünftiger als ich.«

Fast hätte sie laut gelacht. »Das ist mir neu. Das dumme Laster kostet dich deine Gesundheit.«

»Ich kann nicht damit aufhören«, gab er zu. Ein seltener Moment der Schwäche.

»Weil du es nicht fest genug willst.«

Er lachte und verzog gleich darauf das Gesicht. »Zum Teufel«, stieß er leise aus.

»Hast du wieder Schmerzen?«

»Es geht schon.«

»Dann hast du also nicht vor, das Rauchen aufzugeben?«

Er sah ihr nicht ins Gesicht. »Ich fürchte, ich kann nicht.«

»Sagst du nicht immer, man kann alles, wenn man nur will?«

Er seufzte, und das, was er dann sagte, machte sie sprachlos. »Der Geist ist willig, aber das Fleisch ist schwach. Deine Mutter hat mir die Zigarren schon weggenommen und versteckt. Was soll das bringen? Ich kaufe mir neue.« Wieder ein Seufzen, das in Annas Ohren wie Resignation klang.

Sie stand auf und strich sich den Rock glatt. »Ich werde es ganz bestimmt nicht so machen wie Mama. Entweder du schaffst es von allein …« Sie atmete tief durch. »Oder eben nicht.«

Er brummte noch etwas, das sie nicht verstand, weil sie bereits halb aus der Tür war.

Am Tag darauf rief er sie zu sich ins Arbeitszimmer.

Er lag auf der Couch, eine Decke über den Beinen. Das Frühstück stand unberührt auf einem Tablett neben ihm.

Annas Angst, ihn zu verlieren, war mit einem Mal so groß, dass sie wie eine dunkle Wolke über ihr im Raum hing. Ihr war, als könnte diese Wolke jeden Moment auf sie herunterstürzen und sie mit sich reißen.

Anna fasste nach ihrer Dirndlschürze und knüllte den Stoff zusammen. Ihre Hände waren schweißnass. Sie befürchtete, weinen zu müssen, dabei wollte sie viel lieber schreien, brüllen oder irgendetwas durchs Zimmer schleudern. Den hässlichen Porzellanteller zum Beispiel, der ihrer Tante gehörte und den niemand mochte. Nicht einmal die Tante. Gleichzeitig spürte sie eine tiefe Hilflosigkeit wie einen Strudel, der sie hinabziehen würde.

Wenn sie ihm nachgab, und genau das hatte sie nicht vor.

Anna richtete sich kerzengerade auf, ließ die Schürze los und strich den Stoff glatt.

»Es wird alles gut werden, Papa.«

Seine Gesichtszüge entspannten sich, und ein Lächeln huschte über sein graues Gesicht. Er lehnte sich zurück und atmete aus. »Ja, es wird alles gut werden. Erzähl mir von deiner Arbeit.« Sie war überrascht, und das schien er ihr anzusehen. »Oder hast du es schon bereut, dich auf Kinder spezialisiert zu haben?«

»Nein, ganz und gar nicht. Aber viel gibt es noch nicht zu berichten. Bisher habe ich ja erst zwei Mädchen.«

Sie hatte Elsbeth eine Übung gezeigt, mit der sie ihren Atem steuern konnte, und das Mädchen probierte es gewissenhaft jeden Tag, wie sie Anna erzählt hatte. »Das ältere der Mädchen scheint ein schwieriger Fall zu sein. Sie leidet unter einem Kontrollzwang.«

»Dann solltest du auch mit ihren Eltern sprechen.«

»Das würde ich gern, aber der Vater findet eine Analyse lächerlich, und die Mutter traut sich nicht, eine eigene Meinung zu haben.«

»Und da fragst du dich, woher ihr Kontrollzwang kommt?«

»Nein, das frage ich mich nicht, Papa.« Anna stand auf. »Ich sehe nachher noch mal nach dir.«

»Tu das.« Er räusperte sich. »Noch etwas, Anna …«

»Ja?« Sie hatte ihm den Rücken zugedreht.

»Ich würde gern nach Rom reisen, sobald ich wieder auf dem Damm bin.«

Anna wirbelte zu ihm herum. »Du denkst schon jetzt über eine Reise nach?« Sollte sie sich über seinen Tatendrang freuen?

»Du weißt, wie sehr ich die Stadt liebe.« Er war bereits ein paarmal dort gewesen und stets mit neuen Erzählungen zurückgekommen. »Würdest du mich begleiten?«

»Sehr gerne«, antwortete sie impulsiv. Einen Augenblick später bereute sie es bereits. Was, wenn ihm auf dieser Reise etwas zustoßen, wenn er sich schlicht und ergreifend übernehmen würde? Hatte er sie gefragt, damit sie auf ihn aufpasste? »Wird Mama da nicht enttäuscht sein?«

»Das glaube ich nicht. Sie möchte bestimmt lieber in unserem Sommerhaus bleiben.«

»Erst einmal musst du wieder gesund werden, Papa. Und dann planen wir unsere Reise.« Anna drehte sich wieder um und wollte hinausgehen.

»Warte, Anna. Ich habe noch eine Bitte. Würdest du Lous *Ruth* holen und mir daraus vorlesen? Du hast eine so schöne Stimme. Würdest du mir den Gefallen tun?«

10

Wien, im Sommer 1923

Anna hatte begonnen, Italienischunterricht zu nehmen. Sie wollte wenigstens in der Lage sein, einen Kaffee zu bestellen und sich mit den Einheimischen einigermaßen zu verständigen. Sie freute sich auf Rom, auch wenn sie sich immer wieder sagte, dass es besser wäre, etwas verhaltener zu bleiben. Es konnte gut sein, dass ihr Vater die Reise nicht antreten konnte.

Er brach mit seinen Gewohnheiten. Hatte er früher meistens bis weit nach Mitternacht am Schreibtisch gesessen und geschrieben, ging er jetzt häufig schon um elf Uhr schlafen. Bei Tisch dauerte es eine Ewigkeit, bis er aufgegessen hatte, weil er nur kleine Löffelvoll nehmen konnte und immer wieder innehalten und sich den Mund abtupfen musste. Gäste hatten sie seit seiner Operation nicht mehr. »Ich will niemandem zumuten, mir dabei zusehen zu müssen, wie mir das Essen aus dem Mund fällt.«

Anna hatte ihre Sprechstunde wieder aufgenommen und freute sich an Elsbeth, mit der es wöchentlich bergauf ging. Das Mädchen schilderte seine Träume in den buntesten Farben, während Anna mit gefalteten Händen am Schreibtisch saß und zuhörte. Diese Momente waren etwas ganz Besonderes, sie zeigten ihr, dass sie den richtigen Weg eingeschlagen hatte und ihn unbedingt weitergehen sollte.

Elsbeth legte die Hand auf ihr Herz. »Wenn es wieder viel zu schnell schlägt, atme ich so, wie Sie es mir gezeigt haben. Immer schön langsam und tief in den Bauch.« Sie zeigte es sehr anschaulich, indem sie zischend und pfeifend den Atem entweichen ließ und Anna dabei vergnügt anschaute. »Sehen Sie: So. Ich sage zu mir: Mir wird nichts geschehen, weil das, was ich gerade empfinde, gar nicht so schlimm ist. Es fühlt sich nur nicht gut an. Aber mir wird nichts passieren. Ich zähle ganz langsam bis zehn und atme tief ein und aus. Und dann …« Sie lachte leise, als könnte sie es immer noch nicht glauben. »… wird mir schon viel leichter zumute, und der Kloß in meinem Hals rutscht ganz von allein.«

»Das machst du sehr gut, Elsbeth«, lobte Anna.

Als sie kurz darauf wieder allein am Schreibtisch saß, kam sie nicht umhin, einen leisen Triumph zu verspüren. Sie wünschte, ihr Vater wäre bei dem Gespräch dabei gewesen.

Wenige Tage später kam die Nachricht, dass Heinerle schwer an Tuberkulose erkrankt war.

Annas Vater wurde bleich und ging ohne ein weiteres Wort in sein Arbeitszimmer. Heinerle war sein erklärter Lieblingsenkel. Sein Verhalten zeigte Anna wieder einmal, dass er ganz anders mit Hiobsbotschaften und schlimmen Ereignissen umging als sie. Er zog sich meistens wortlos zurück, als befände sich sein Arbeitszimmer in einer anderen, heileren Welt. Seinen Patienten sagte er ständig, wie wichtig es sei, sich zu äußern, sich anderen mitzuteilen und nichts in sich hineinzufressen. Ratschläge, die für ihn selbst nicht zu gelten schienen.

»Er spielt Vogel Strauß«, hatte ihr Bruder Oliver irgendwann gemeint.

Anna dagegen hasste es, untätig zu bleiben und eine Situation auszusitzen. Auch wenn sie momentan nichts für ihren kleinen Neffen tun konnte, wollte sie doch wenigstens für ihre Schwester da sein.

Sie ging zu ihrem Vater, der mit unbeweglicher Miene am Schreibtisch saß und die Wand anstarrte. »Ich habe beschlossen, hinzufahren und Mathilde beizustehen.«

Er sah sie nicht an, nickte nur. »Der Junge ist noch so klein.« Er seufzte tief. »Noch nicht mal fünf Jahre alt. Sein kleiner Körper hat dieser Krankheit ja gar nichts entgegenzusetzen.«

»Darauf nimmt das Schicksal keine Rücksicht, das weißt du doch.«

Er bewegte den Federhalter in seiner Hand. »Wenn wir nur etwas tun könnten.«

Wir?, dachte sie.

»Du bist eine gute Schwester, Anna.«

War sie das? Obwohl oder gerade weil es ihr die Geschwister nicht leicht gemacht hatten?

Anna runzelte die Stirn. Lag es daran, dass sie immer versuchte, über ihren Schatten zu springen? Dass es ihr vielleicht weniger Mühe machte als anderen? War das eine Tugend oder doch eher eine Schwäche, weil sie sich dadurch selbst zurücknahm?

Ihr Vater nahm ein Blatt Papier und begann zu schreiben. »Würdest du den Brief an Mathilde mitnehmen?«

»Natürlich.« Sie verließ das Zimmer.

Im Flur kam ihr ihre Tante entgegen.

»Bist du so gut und gibst der Köchin Bescheid, mir einen großen Korb mit Essen herzurichten?«, bat Anna sie. »Ich werde zu Mathilde und Robert fahren.«

Die Augen ihrer Tante schimmerten. »Annerl. Du bist ein so liebes Mädchen.«

Liebes Mädchen. Gute Schwester.

Als Anna weiter zu ihrer Stube ging, wunderte sie sich, warum sie so missgestimmt war.

Irgendwer hatte mal gesagt, ein guter Mensch konnte man nur sein, wenn man sich selbst dabei nicht aus den Augen verlieren würde. Eine gesunde Portion Egoismus schade nie.

Anna war immer der Meinung gewesen, dass man nur entweder selbstlos oder egoistisch sein konnte.

Heute wusste sie es besser. Man konnte, musste sogar beides sein.

Bevor sie abreiste, setzte sie sich hin, um Lou noch ein paar Zeilen zu schreiben. Wahrscheinlich würde sie in den nächsten Tagen nicht zum Briefeschreiben kommen.

Meine liebe Lou, stand seit Minuten vor ihr auf dem Papier. Mehr Worte hatte sie noch nicht gefunden, dabei wollte sie von Heinerle berichten und wie schwer es für alle war.

Lou hatte keine Kinder, und Anna hatte schon häufig den Eindruck gehabt, dass sie keinen Zugang zu Kindern hatte.

Vielleicht war es gut, dass sie nicht Mutter geworden war. Sie hatte es sehr begrüßt, dass Anna eine eigene Praxis hatte, aber sie war nach wie vor der Meinung, dass Kinder nicht analysierbar waren. Für sie war der Versuch schlichtweg vergeudete Zeit.

Anna legte den angefangenen Brief in die Schublade, packte ihren Federhalter ein und stand auf. Morgen würde sie einen neuen Anlauf nehmen.

Mit dem vollgepackten Koffer in der Hand blieb sie noch einen Moment im Zimmer stehen, als wollte sie sich alles einprägen, dann verließ sie mit einem leisen Seufzen ihr Zimmer.

11

Die Ärzte hatten Heinerle aufgegeben, nicht jedoch Anna. Auch wenn sie bereits am ersten Tag sah, wie es um ihn stand, schwor sie sich jeden Morgen wieder, die Hoffnung nicht zu verlieren. Sie und ihre Schwester wechselten sich ab, saßen an seinem Bett, hielten seine heiße Hand und wischten ihm den Schweiß von der Stirn. Oft lag er still da, bleich und ausgezehrt, dann wieder wimmerte und jammerte er vor Schmerzen, oder er wachte schreiend auf und rief nach seiner Mutter. Wenn es allzu schlimm wurde, stand Anna auf, ging zum Fenster und lehnte die Stirn an die kalte Fensterscheibe. In diesen Momenten sprach sie sich stumm Mut zu, sammelte für ihren Neffen und sich selbst Kraft und Stärke.

Das Morphium half nicht mehr, nichts half noch. Wenn er laut »Mama!« schrie, war es, als würde man ihr das Herz aus der Brust reißen. Wie musste es erst für Mathilde sein?

Ob ihre Schwester noch Hoffnung hatte, konnte Anna nur vermuten. Sie schlief kaum noch, verweigerte jede Mahlzeit und sprach kein Wort mehr. Sie saß nur still am Bett des Jungen, und manchmal weinte sie leise.

Mathildes Mann Robert hatte Max, Heinerles Vater, verständigt und ihn gebeten, so schnell wie möglich herzukommen.

An diesem Vormittag stand Anna wieder am Fenster, die Stirn an der Scheibe. Sie verfluchte das Schicksal, sie verfluchte sogar ihre eigene Gesundheit. Es war nicht gerecht!

Es klopfte leise, und ihr Schwager Robert öffnete die Tür einen Spaltbreit. »Anna?«

Sie drehte sich zu ihm um.

»Max ist gerade gekommen.«

Matt nickte sie.

»Du solltest dich eine Weile hinlegen.«

Sie schüttelte den Kopf. »Ich kann eh nicht schlafen. Was ist mit Mathilde?«

»Sie liegt mit offenen Augen auf ihrem Bett.«

»Schick Max herein, Robert. Ich bleibe kurz hier und gehe dann zu Mathilde.«

Er kam zu ihr und legte die Hand auf ihre Schulter. »Du kannst dich nicht vierteilen, Anna, egal, wie sehr du es versuchst.«

»Das weiß ich.« Sie hatte das Bedürfnis, sich an ihn zu lehnen, um wenigstens für einen Augenblick auszuruhen, doch sie tat es nicht.

Robert warf einen Blick auf den Jungen, der auf der Seite lag, den Daumen im Mund. »Armer kleiner Kerl.« Er räusperte sich energisch und ging zur Tür. »Ich gebe Max Bescheid.«

Anna hatte mit Max gesprochen und ihn dann allein gelassen. Als er neben seinem Sohn saß, hatte er so elend und unglücklich ausgesehen, dass ihr die Tränen gekommen waren. Er hatte so viel durchgemacht, erst hatte er seine Frau verloren, und nun musste er zusehen, wie sein jüngster Sohn dahinsiechte.

Anna ging zu Mathilde, die aufgestanden war und sich gerade das Haar ordnete. »Hilfst du mir?«

»Natürlich.« Mit zwei geübten Handgriffen steckte Anna ihr das schwere, lockige Haar auf und befestigte es mit Kämmen. »Max ist da.«

»Er wird es nicht verkraften. Und ich auch nicht.«

»Doch, das wirst du, und Max wird es auch schaffen. Weil er muss. Er hat noch einen Sohn, Mathilde. Und du hast Robert. Ihr könnt euch gegenseitig Halt geben.«

Ihre Schwester sah durch sie hindurch. »Ach, Anna…« Wie aufgezogen ging sie zur Tür.

»Wohin willst du?«

»Wohin wohl?«

Anna lief zu ihr. »Warte, Mathilde. Gib Max noch ein paar Minuten, ich bitte dich.«

Ihre Schwester war wie erstarrt, doch sie nickte schließlich. »Du hast recht, Anna. Darf ich dir etwas sagen?«

»Nur zu.« Anna hatte ihre Hand genommen.

»Du solltest auch Mutter werden.«

Anna hatte mit allem gerechnet, nur damit nicht. Sie war so perplex, dass sie mehrmals schlucken musste. »Ich und Mutter.« Sie lachte heiser.

Mathilde schaute sie verständnislos an. »Was ist daran so merkwürdig? Ist es, weil dir Männer…« Sie schien nach einem passenden Wort zu suchen. »Findest du sie albern?«

»Albern? Nein.«

»Was ist es dann?«

Anna wollte nichts lieber, als dieses seltsame Gespräch

beenden. »Mir ist noch keiner begegnet, den ich heiraten würde«, erklärte sie hastig und schlüpfte an ihr vorbei.

»Papa macht sich auch Sorgen, Anna.«

»Auch? Wer denn noch? Du etwa?«

»Wäre das so abwegig?«

Anna blieb die Antwort schuldig und zog die Tür hinter sich zu.

In dieser Nacht saßen sie beide an Heinerles Bett.

Max hatte sich hingelegt, schlief aber wahrscheinlich auch nicht.

»Ich wollte dich vorhin nicht überfahren, Anna«, flüsterte Mathilde.

»Schon gut. Sprechen wir nicht mehr darüber.« Das wäre ihr am allerliebsten.

Ihr Neffe erwachte mit einem schrillen Schrei. Sofort war Mathilde zur Stelle und drückte ihn an sich. Sein kleiner Körper war nur noch eine Hülle, ausgefüllt mit Schmerz und Qual. Sein Leben schwand mehr und mehr dahin, seine reine, unschuldige Seele, sein Lachen, seine Fantasie, die Freude, all das war längst fort. Die Krankheit hatte es weggespült. Anna presste die Lippen aufeinander.

»Schsch, ist ja gut, mein Kleiner.« Mathilde strich ihm übers schweißnasse Haar. »Ich glaube, das Fieber ist wieder gestiegen.«

Das hatte Anna befürchtet. »Ich gehe und hole Wadenwickel.«

Auch wenn die völlig sinnlos waren, nichts würde die Qualen des Jungen lindern. Doch tatenlos dazusitzen fühlte sich furchtbar an.

Im Morgengrauen verlor er das Bewusstsein.

Alle standen an seinem Bettchen: Mathilde, Robert, sein Vater und Anna. Sie hatte ihre Eltern verständigt und sie gebeten zu kommen.

Offenbar waren sie soeben eingetroffen, denn unten im Hausflur waren Stimmen zu hören. Mathilde hob den Kopf und sah Anna an. In ihrem Blick lag so viel Traurigkeit, dass Anna die Hand um den Bettpfosten schloss.

Ihr Vater kam als Erster herein, noch im Mantel. Er eilte zu seinem Enkel und setzte sich zu ihm auf die Bettkante.

Anna konnte den Blick nicht von den beiden lösen. In ihrem Hals war es so eng geworden, dass sie glaubte, kein Wort mehr herauszubringen.

Sie zog sich in eine Zimmerecke zurück und versuchte, ihre wild kreisenden Gedanken zu ordnen. Was würde aus ihrer Schwester werden, wenn Heinerle nicht mehr war? Wie würde ihr Vater es verkraften?

Und nicht zuletzt fragte sie sich, was es mit ihr selbst machen würde. Ein Kind sterben zu sehen war das Traurigste, Schlimmste und Tragischste, was es gab.

Ohnmächtige, hilflose Wut packte sie. Ein Kind sollte leben, groß werden dürfen, spielen, lachen, Erfahrungen sammeln und das Leben lieben lernen. Es sollte keine solchen Qualen aushalten müssen.

Mit zittrigen Fingern fuhr sie sich durchs Haar. Sie fühlte sich, als hätte sie tagelang nicht geschlafen, entsetzlich erschöpft, ausgelaugt. Und verzagt.

Der Blick ihres Vaters hatte ihr gezeigt, wie sinnlos all ihre Hoffnung gewesen war. Das Ende war unausweichlich, sie alle mussten sich dieser Tatsache stellen. Heinerle öffnete die glasigen Augen und japste zweimal nach Luft. Ihr Vater nahm seine kleine Hand und hielt sie.

Mathilde schluchzte laut auf und biss sich in den Handrücken. Als der Kleine die Augen schloss, kam aus ihrer Kehle ein Laut, wie Anna ihn nie zuvor gehört hatte. Sie wollte zu ihr gehen, blieb aber stehen, als sie sah, dass Robert die Arme um Mathildes Schultern legte.

»Er ist jetzt eingeschlafen«, sagte irgendwer.

Anna wusste nicht, wer. Sie blickte blinzelnd umher. Dann löste sich ihre Starre, und sie befahl ihren Beinen, sich zu bewegen. Sie stellte sich ans Bett und strich ihrem kleinen Neffen übers feuchte Haar. Plötzlich war ihr, als verdunkele sich für einen Moment der Raum. Erschrocken trat sie einen Schritt vom Bett zurück.

In diesem Augenblick stand ihr Vater auf, den Hut noch in der Hand, den er zwischen den Fingern drehte. »Er ist für immer eingeschlafen«, sagte er mit tonloser Stimme.

Anna legte ihm die Hand auf die Schulter, doch er streifte sie ab und verließ das Zimmer.

Nach der Bestattung waren sie in die Berggasse zurückgekehrt, wo ihr Vater sich in seinem Arbeitszimmer verschanzte. Anna hatte ihn noch nie so erlebt. Er war vollkommen außer sich.

Auch sie war noch immer wie in einem bösen Traum gefangen.

Alle halbe Stunde ging sie zu ihrem Vater, bis er sie schließlich hinausschickte. »Das ist ja nicht zum Aushalten, Anna.«

»Wenn du deine Traurigkeit aussitzen willst, werde ich das nicht zulassen, Papa.«

»Lass mich allein, ich bitte dich.« Er rieb sich die Stirn.

»Du hast immer gesagt, dass man über seine Trauer sprechen muss. Bei deinen Patienten …«

»Das ist etwas anderes.«

»Ist es nicht.«

Er stöhnte kopfschüttelnd auf.

Eine Weile sagte keiner von beiden etwas. Anna stand am Fenster, die Arme verschränkt, ihr Vater saß da und starrte die Wand an.

»Ich glaube, ich habe noch nie etwas so Schreckliches erlebt«, sagte er schließlich. »Es fühlt sich an, als würde ich den Boden unter den Füßen verlieren. Weißt du, was ich meine?«

»Und ob ich das weiß.« Sie ging zu ihm und legte die Hand auf seine Schulter. »Du hast ihn sehr geliebt, und es ist nur natürlich, dass du dich so fühlst.«

»Ich möchte die Augen schließen und sie erst wieder öffnen, wenn ich weiß, dass es nur ein schlechter Traum war.«

»Es wird vorbeigehen, Papa, irgendwann wird es besser werden.« Auf leisen Sohlen schlich sie hinaus und lehnte sich draußen gegen die Tür. Auch sie brauchte Trost, eine Hand, die beruhigend über ihre strich, liebevolle Worte von jemandem, der es gut mit ihr meinte, ihr Halt geben wollte. Sie hatte keine Kraft mehr, weiterhin stark zu sein oder wenigstens so zu tun. Sie wollte sich gehen und ihren Tränen freien Lauf lassen.

Sie war zurückgekehrt in eine Wohnung, in der alles so vertraut war, in der sie jedes Eckchen, jedes Geräusch kannte. Es würde irgendwann wieder eine Alltagsroutine geben, das wusste sie. Das war immer so, gleichgültig, was geschah.

Doch etwas war anders geworden. Sie selbst? Weil sie zusehen musste, wie ein unschuldiges Kind dahinging? Wie es sein Leben aushauchen musste, obwohl es noch gar nicht richtig gelebt hatte? Weil sie danebenstand, ohne ihm beistehen zu können? Weil ihr Klugheit und Weitsicht, Lebenserfahrung und Wissen nicht im Geringsten geholfen hatten?

Sie wusste längst, dass der Weg, den sie eingeschlagen hatte, der richtige für sie war. Ja, sie wollte Kindern ein angstfreies Leben ermöglichen. Sie vor Krankheit und Tod zu beschützen lag nicht in ihrer Macht. Sie im Glauben an sich selbst zu bestärken und ihnen die Angst zu nehmen, die in ihnen heranwuchs, schon.

12

Lavarone, im Monat darauf

Die ganze Familie war noch immer angeschlagen von Heinerles Tod. Wien verlassen zu können und in die Berge zu fahren empfanden alle als wohltuend. Sie hatten ein hübsches Haus gemietet, das an einem kleinen See lag.

Morgen für Morgen ging Anna im See schwimmen. Selbst wenn es wie aus Kübeln regnete, ließ sie es sich nicht nehmen: das Gesicht im kühlen Regen, die Augen halb geschlossen, das Haar klatschnass.

An diesem Morgen war ihr Neffe Ernst mitgekommen. Mit angezogenen Beinen saß er auf dem Steg und sah ihr zu.

Anna winkte, und er rief: »Ui, du kannst ja mit einer Hand schwimmen!«

»Wenn du dich entschließt, auch reinzukommen, zeige ich dir, wie man das macht!«, rief sie zurück, in der Hoffnung, ihn locken zu können.

»Lieber nicht.« Er legte den Kopf auf die Knie.

Wie zerbrechlich er aussieht, dachte sie bekümmert. Der Tod seines kleinen Bruders hatte ihm den Boden unter den Füßen weggerissen, und der hatte seit dem Tod der Mutter ohnehin schon geschwankt.

Anna zog noch eine Bahn, dann kraulte sie zum Ufer zurück und hievte sich auf den Steg. Als sie sich abtrocknete, rutschte sie auf dem feuchten Holz aus und wäre um ein Haar ins Wasser gefallen. Sie musste lachen.

Ernst dagegen verzog keine Miene.

Anna rubbelte ihr Haar halbwegs trocken und setzte sich, eingewickelt ins Handtuch, neben ihn.

»Kann ich dir was sagen, Tante Anna?«

»Du kannst mir alles sagen.«

Er holte tief Luft. »Ich war gemein zu Heinerle, hab ihn furchtbar geschimpft, weil er sich einfach ein Buch von mir genommen hat, ohne zu fragen. Mich regt so was immer schrecklich auf, ich kann nicht anders.« Er schniefte, und sie legte den Arm um ihn. »Und jetzt ist er tot, und ich kann ihm nicht mehr sagen, dass es mir leidtut. Dass ich dumm und gemein war. Dass es doch ganz egal ist, wenn er sich was nimmt, ohne zu fragen.«

»Du musst dir keine Vorwürfe machen, Ernst. Er weiß, wie leid es dir tut.«

»Meinst du?«

»Ganz bestimmt.« Anna zeigte in den Himmel, wo ein Graureiher kreiste. »Sieh nur.« Er landete auf dem See und begann, sein Gefieder zu putzen.

Ernst betrachtete den Vogel eher desinteressiert.

Auch das war etwas, was Anna Sorgen bereitete. Ernst war häufig lethargisch und lustlos, ihm schien jeglicher Antrieb zu fehlen. »Wie läuft es in der Schule?«, fragte sie ihn.

Er zuckte mit den Schultern.

»Früher mochtest du Rechnen ganz besonders. Ist das immer noch so?«

Erneut ein Schulterzucken.

Ich sollte mich mehr um ihn kümmern, dachte sie. Aber wie sollte das gehen? Er lebte in Hamburg bei seinem Vater, und selbst wenn sie die Zeit aufbringen würde, könnte sie unmöglich so oft bei ihm sein, wie sie wollte.

Ernst kratzte sich am Handgelenk, eine Angewohnheit, die Anna bereits aufgefallen war. Dann und wann kniff er sich auch.

»Kannst du mir sagen, wieso du das tust?«, fragte sie betont gleichmütig.

»Nein. Ich tu's einfach.«

Sie schwiegen eine Zeit lang. Anna beobachtete immer noch fasziniert den Graureiher, der auf dem See schwamm. Wahrscheinlich wartete er, dass sie endlich abzogen, damit er den See für sich allein hatte.

Der Blick ihres Neffen war ins Nirgendwo gerichtet.

Sie zog ihn fest an sich und hielt ihn.

Zum ersten Mal ging ihr durch den Kopf, dass sie erleichtert war, keinen Sohn wie ihn zu haben. Weil sie die Sorge um ihn nicht aushalten würde.

Oft wanderte Anna allein durch die Berge, und da war es wieder: das Sehnen nach einem Menschen, der sie verstand und für sie da war. Der sie nicht verbiegen wollte, sondern nahm, wie sie war, der keine Forderungen stellte, die sie nicht erfüllen konnte und wollte.

Gab es jemanden, den sie für den Rest ihres Lebens an ihrer Seite haben wollte? Der mit ihr durch dick und dünn ging, der ihr guttat und für den auch sie gut war?

Zurück in Wien freute sich Anna auf die bevorstehende Italienreise, auch wenn ihr die Sorge, dass ihr Vater sie vielleicht nicht antreten konnte, auf der Seele lag.

Am Tag vor der geplanten Abreise ließ er sich gründlich untersuchen und kehrte mit einem hochzufriedenen Gesichtsausdruck zurück. »Der Arzt meint, unserer Reise steht nichts im Wege.« Er rieb sich vergnügt die Hände. »Und? Hast du schon genaue Pläne gemacht, was wir uns anschauen sollen? Oder bist du dafür, dass wir uns treiben lassen?«

»Beides wäre mir am liebsten, Papa.«

»So machen wir's.«

Dass er vermutlich befürchtete, es könnte seine letzte Reise sein, schob Anna weit weg.

In der Nacht hatte sie vor Aufregung und Vorfreude kaum geschlafen. Bestimmt konnte sie im Zug etwas Schlaf nachholen.

Das jedoch gestaltete sich als ausgesprochen schwierig.

In ihrem Abteil saß ein amerikanisches Ehepaar, das sich lautstark unterhielt. Anfangs hatte Anna versucht wegzuhören, während ihr Vater den Kopf zum Fenster gedreht und die Augen geschlossen hatte; seine Art zu demonstrieren, dass er in Ruhe gelassen werden wollte.

Die Amerikanerin, eine ältere Dame mit klirrenden Armbändern, fragte Anna, ob sie Italienerin sei.

Sie war zu gut aufgelegt, um ernsthaft darauf zu antworten.

»Sì.« Sie würde sich einen kleinen Spaß machen.

Die Frau sah sie begeistert an, und dann folgte ein Redeschwall, wie großartig Italien doch sei und dass sie und ihr Mann durch die halbe Welt reisten und bereits Frankreich und die Schweiz besucht hätten. Und nun sei eben Italien an der Reihe.

Ihr Mann schaute unterdessen aus dem Fenster. Die ersten Hügel des Apennin waren soeben in Sichtweite gekommen, und der Mann sprang auf und wedelte mit der Hand.

Seine Frau sah erst Anna, dann ihn fragend an. Was es denn so Aufregendes zu bestaunen gebe?

»Sieh doch, Liebling«, meinte er strahlend. »Der Ural.«

Annas Vater runzelte erst die Stirn, dann zuckten seine Mundwinkel. Anna war aufgestanden – mehr aufgesprungen – und aus dem Abteil gelaufen, bevor sie in prustendes Lachen ausbrach.

Als sie zurückkam, warf ihr Vater ihr einen höchst belustigten Blick zu, den sie mit einem Zwinkern quittierte. Das amerikanische Ehepaar saß nebeneinander am Fenster und bestaunte die Landschaft, beide ganz versonnen.

Endlich Stille, herrliche Stille!

Anna setzte sich, rollte ihre Strickjacke zusammen und schob sie sich in den Nacken. Bevor ihr die Augen zufielen, sah sie noch die abgebrannten Stoppelfelder und die kleinen Ölbäume mit den Weinstöcken dazwischen. Der Anblick erinnerte sie an Kinder, die einander an den Händen hielten und eine lange Kette bildeten.

Ihr Hotel befand sich in der Via di Ludovisi, nicht weit entfernt von der Spanischen Treppe, wo ein herrlicher Mimosenstrauch in voller Blüte stand.

Anna stand davor, den Kopf zur Seite geneigt. »Sieh dir das an, Papa. Ist er nicht traumhaft?«

»Du wirst noch etliche Pflanzen sehen, die du nicht kennst.

Komm, lass uns ins Hotel gehen und die Zimmer anschauen. Ich habe das dringende Bedürfnis, mich frisch zu machen und umzuziehen.«

»O ja, ich auch.« Sie war verschwitzt und sehnte sich nach einem Bad.

Doch auf einen Kleiderwechsel mussten sie zunächst verzichten, weil das Gepäck noch nicht angekommen war.

Ihr Vater schimpfte, und sie legte ihm beruhigend die Hand auf den Unterarm. »Lass gut sein, Papa. Es hilft nichts, wenn du dich ärgerst. Zur Not kaufen wir uns ein paar Sachen zum Wechseln.«

Über sein Gesicht huschte ein Lächeln. »Du hast recht. Deine Mutter wäre außer sich und würde das halbe Hotel verrückt machen. Komm, wir machen einen ersten kleinen Bummel.«

Der Lärm in den überfüllten Straßen verwirrte Anna und machte sie ein wenig benommen. War es in Wien wirklich so viel leiser, oder kam es ihr nur so vor?

Die Italiener sprachen lauter, gestikulierten mehr, und es klang immer ein wenig, als würden sie miteinander streiten, selbst wenn sie sich lachend in den Armen lagen.

In den folgenden Tagen absolvierten Anna und ihr Vater ein nicht wenig anstrengendes Programm. Teils zu Fuß, teils mit einem Wagen erkundeten sie die Stadt, gingen in Museen und Kirchen, bummelten über belebte Märkte und kauften Souvenirs.

Ihr Vater liebte es, in Antiquitätenläden zu stöbern, Stunden konnte er dort verbringen. Meistens fand er auch etwas, das er kaufen wollte.

An diesem Nachmittag entdeckte er in einem Schaufenster viktorianische Grußkarten und Glanzbilder. »Sieh nur, Anna, wie hübsch!«

Sie lachte kopfschüttelnd. »Ich hätte nicht gedacht, dass dir so etwas gefällt.«

Er hielt ihr die Ladentür auf. »Die sind nicht für mich, sondern für deine Mutter.«

Er kaufte mehrere liebevoll und üppig gestaltete Karten zum Aufklappen und einen Bogen Glanzbilder, die Anna furchtbar kitschig fand.

Als sie wieder auf der Straße standen, sah ihr Vater sehr vergnügt aus. »Ich bin hungrig. Was ist mit dir?«

Anna nickte. Sie konnte vor allem eine kleine Pause gebrauchen. Ihr taten die Füße weh.

»Was hältst du von einem leckeren Ochsenschwanzragout?« Ihr Vater zeigte nach rechts. »Dort drüben ist eine kleine Trattoria, die ich gut kenne.«

Immer hatte Anna ein wachsames Auge auf ihren Vater, doch es schien ihm durchweg gut zu gehen. Sie war auch verblüfft, dass er das selbst auferlegte Tempo durchhielt. Er schien Kraft und Ausdauer für zwei zu haben.

Zum ersten Mal in ihrem Leben sah Anna einen Baum mit reifen Orangen, und sie beschloss, einen Orangenbaum zu pflanzen, sobald sie ein eigenes kleines Haus auf dem Land hatte.

Irgendwann würde sie sich diesen Wunsch auf jeden Fall erfüllen.

Abends waren ihre Füße meist so geschwollen und heiß gelaufen, dass Anna kaltes Wasser in die Badewanne ließ und ihre Füße hineintauchte. Dann saß sie minutenlang auf dem

Wannenrand, betrachtete ihre Zehen und hing ihren Gedanken nach. Sie freute sich schon jetzt wieder auf ihre Arbeit.

Später, als sie versuchte einzuschlafen, lauschte sie dem Rascheln der Zypressen, die vor ihrem Zimmer wuchsen und sich im Wind bewegten.

Unten auf der Straße waren auch spätabends noch Verkehrslärm und laute Stimmen zu hören. Rom schien niemals zu schlafen.

Als sie nach Wien zurückfuhren, waren sie beide erschöpft und zugleich berauscht und angefüllt mit all den gesammelten Eindrücken. Sie hatten aber nicht nur Rom genossen, sondern auch ihre Zweisamkeit.

Ihr Vater fasste sich gelegentlich an den Mund und verzog verstohlen das Gesicht, wenn er meinte, dass sie es nicht sah. Und wenn ihre Blicke sich doch trafen, versicherte er, es seien nur die Wundränder, die ein wenig schmerzten.

»Zur Sorge besteht gar kein Grund. Ich freue mich, dass du mich begleitet hast.«

»Es war umwerfend, Papa. Aber hast du dich auch wirklich nicht übernommen?«

»Nein«, betonte er mit ernster Miene. »Und ich wäre dir dankbar, wenn du es jetzt gut sein lassen würdest.« Sein Gesicht hellte sich auf. »Hoffen wir bloß, dass nicht wieder jemand zusteigt, der den Ural nicht vom Apennin unterscheiden kann.«

13

Wenige Wochen später begleitete Anna ihren Vater zur Nachuntersuchung und erfuhr, dass er erneut operiert werden musste. »Wusste ich's doch! Du und Professor Hayek, ihr habt uns nicht die Wahrheit gesagt«, ereiferte sie sich im Beisein des Arztes.

»Diesmal muss mehr entfernt werden«, sagte Hayek, ohne auf ihre Worte einzugehen. »Ein Stück vom Kiefer. Ich werde die Operation nicht selbst ausführen, sondern ein junger Kollege. Professor Pichler ist eine Koryphäe auf dem Gebiet.«

Bedeutete das, es stand bereits so schlimm um ihren Vater, dass man eine Koryphäe hinzugezogen hatte? Professor Hayek verließ das Behandlungszimmer, und Anna half ihrem Vater aufzustehen. »Komm mir jetzt bitte nicht mit ›Es ist nur eine Vorsichtsmaßnahme‹. Das habe ich wirklich oft genug gehört.«

Er legte die Hand auf ihren Arm und ließ sich zur Tür führen. »Es geht mir gut, Anna.«

Sie verdrehte die Augen. »Und das will ich auch nicht mehr hören.«

Sie traten auf den langen Flur, und Anna zeigte nach

rechts, wo sich die Aufzüge befanden. »Oder möchtest du lieber die Treppe nehmen und vielleicht das Geländer hinabrutschen?«, fragte sie spitz.

Er überging es einfach.

Anna drückte auf den Fahrstuhlknopf. »Ich komme um vor Sorge und die Mama auch. Und du ... du tust so, als ob das alles ein Klacks wäre, ein Fingerschnipsen.«

»Beruhige dich, Anna.«

»Oh, ich bin ganz ruhig, Papa«, erwiderte sie giftig.

Der Fahrstuhl setzte sich in Bewegung, leises Rattern war zu hören.

»Wusstest du es schon vor Rom und hast es mir nur nicht gesagt, um mir die Reise nicht zu verderben?«

»Denkst du wirklich, ich hätte unsere Reise genießen können, wenn ich gewusst hätte, dass man mir einen Teil des Kiefers wegschneiden wird, sobald ich wieder heimkomme?« Es klang ruhig, Anna wusste es jedoch besser. Ihr Vater war äußerst verärgert und würde sich auf keine weitere Diskussion mehr einlassen.

Die Aufzugtür ging auf, und ein Mann und eine Frau traten heraus. Als die beiden ihren Vater erkannten, lupfte der Mann seinen Hut. »Grüß Sie Gott, Herr Professor.«

Ihr Vater war in Wien bekannt wie ein bunter Hund. Manchmal war es Anna und auch ihm selbst zu viel; sie hatte sogar schon erlebt, dass er sein Gegenüber irritiert ansah und den Kopf schüttelte. »Sie müssen mich verwechseln.«

Als Kind hatte sie sich darüber gewundert und hinterher gemeint, es sei doch sehr schön, wenn man überall erkannt wurde und die Leute so freundlich zu einem waren.

Inzwischen verstand sie es.

»Guten Tag.« Ihr Vater stieg rasch in den Aufzug.

Anna stellte sich neben ihn und drückte auf einen Knopf. »Wenn du operiert wirst, werde ich dich selbstverständlich begleiten.«

»Ich glaube nicht, dass das nötig sein wird. Ich dachte, du würdest vielleicht meine Patienten übernehmen.« Er schlug den Kragen seines Mantels hoch.

»Ehrlich gesagt würde ich lieber mit dir kommen.«

Sie wusste nicht, ob er verstimmt oder vielleicht sogar ein wenig erleichtert war. Manchmal war es ungeheuer schwer, ihn zu durchschauen.

Die Aufzugtür öffnete sich, und Anna hakte ihn unter.

Sie gingen zum Ausgang.

»Lass mich für dich da sein, Papa.« Sie hielt ihm die Tür auf.

»Und deine Arbeit?«

»Die muss ich ja nicht vernachlässigen«, erwiderte sie betont leichthin und wandte den Blick ab, um ihm nicht ins Gesicht sehen zu müssen. Sie befürchtete, dass er sie durchschaute. Im Gegensatz zu ihm gelang es ihr nur selten, sich glaubhaft zu verstellen.

Es versetzte ihr einen Stich, sich so reden zu hören. Sie *würde* ihre geliebte Arbeit vernachlässigen. Du kannst dich nicht vierteilen, Anna. Wer hatte das vor Kurzem doch gleich zu ihr gesagt?

Ein tiefer Seufzer rutschte ihr heraus, obwohl sie sich so sehr beherrschte.

Ihr Vater drehte den Kopf, doch sie entzog sich auch jetzt seinem Blick.

Die Abdrücke für eine Kieferprothese waren gemacht worden, und eine erste Operation, die Voroperation, war gut verlaufen. Das befürchtete Fieber war ausgeblieben.

Zu Annas Überraschung hatte Professor Pichler nicht um den heißen Brei herumgeredet, sondern gleich angekündigt, dass die zweite Operation wesentlich aufwendiger sei.

Während ihr Vater im Bett lag, saß sie daneben auf einem unbequemen Stuhl und vertrieb sich die Zeit mit Häkeln.

Es sollte ein Kleid für Lou werden, nur die genauen Maße fehlten ihr noch. Mit Handarbeiten konnte sie sich wenigstens ein bisschen ablenken, auch wenn ihr Blick immer wieder zu ihrem Vater glitt, der mit geschlossenen Augen dalag, aber wahrscheinlich hellwach war.

Irgendetwas in ihr sagte ihr, dass sein Leben sich nach dieser zweiten Operation von Grund auf ändern würde. Und damit auch ihres.

»Anna?«

»Ja, Papa?«

»Was machst du gerade?«

Sie lächelte. »Du könntest die Augen öffnen und nachsehen.«

»Dazu bin ich zu müde.«

»Ich häkele ein Kleid für Lou. Eins, das sie im Winter unter ihrer Strickjacke tragen kann, wenn es wieder kühl im Haus ist. Fürchtest du dich vor der Operation?« Damit kam sie auf das Thema zu sprechen, das sie eigentlich nicht hatte anschneiden wollen. Nicht heute, nicht jetzt.

»Schon, ein bisschen. Aber es wird alles gut gehen. Ich vertraue Professor Pichler, und du solltest das auch tun.«

Die Häkelnadel rutschte aus der Wolle und fiel zu Boden.

»Was war das?«

»Nur die Häkelnadel.« Anna hockte auf dem Boden, um sie unter dem Bett hervorzuholen. »Du wirst deine Gewohnheiten, deinen Alltag der Krankheit unterordnen müssen«, sagte sie, als sie wieder saß.

»Das klingt grauenvoll«, brummte er. »Ich habe ganz gewiss nicht vor, mein Leben der… Krankheit unterzuordnen.«

»Wieso sprichst du es so seltsam aus? Als wäre es keine Krankheit?«

»Lass mich ein bisschen schlafen, ja?«

»Du möchtest nicht darüber sprechen, das ist alles.«

»Womit du recht hast, Anna. Wieder mal.« Er atmete tief ein und aus, als wollte er damit demonstrieren, dass er bereits so gut wie eingeschlafen war.

Anna schwieg und häkelte weiter.

Als ihr Vater sich später regte und »Du sitzt ja immer noch da« sagte, stellte sie fest, dass zwei Stunden vergangen waren.

Sie legte die Häkelarbeit beiseite. Erst jetzt fiel ihr auf, dass sie in den letzten Reihen ein falsches Muster gehäkelt hatte. Ihre Gedanken waren abgeschweift, sie hatte an Karoline denken müssen.

»Ach, zum Teufel!«, fluchte sie.

»Was ist denn?«

»Ach, nichts, nur die falschen Maschen«, sagte sie verstimmt.

»Und das ärgert dich so?«, fragte er verständnislos.

Nein, mich ärgert, dass ich und das, was ich tue, immer zu kurz kommen, dachte sie bei sich. Sie schüttelte den Kopf und seufzte. Und mich ärgert, dass ich diese Gedanken überhaupt zulasse.

»Hast du Schmerzen?«, fragte sie ihn.

»Kaum.«

»Wenn du etwas brauchst, lasse ich den Arzt kommen.«

»Nicht nötig. Hilfst du mir, mich aufzusetzen? Ich würde gern aus dem Fenster schauen.«

»Es regnet.« Sie klopfte das Kissen auf und stopfte es ihm in den Rücken, sodass er aufrecht sitzen konnte.

»Ich bin schon ganz versessen darauf, bald wieder Schwammerl zu suchen.«

Anna lächelte. »Ja, ich auch.«

Eine ganze Weile schwiegen sie. Ihr Vater blickte aus dem Fenster, und Anna widmete sich wieder ihrer Häkelarbeit.

»Es wird sich schon jemand finden, der sich um mich kümmert«, sagte ihr Vater in die Stille hinein.

»Eine private Krankenschwester, meinst du? Oder dachtest du eher an Mama oder Tante Minna?«

»Lass die dummen Fragen, Anna.«

»Ich bin deine jüngste Tochter und die einzige, die noch daheim wohnt. Also werde ich für dich da sein.«

Er schwieg erneut, verzog nur schmerzerfüllt das Gesicht. Anna tat so, als hätte sie es nicht gesehen.

»Schön, unter einer Voraussetzung«, sagte er nach einer ganzen Weile.

»Die da wäre?«

»Kein ›Ach, du armer Papa‹ und ›Tut es sehr weh, Papa?‹. Du weißt schon, was ich meine. Wir werden es strikt professionell halten. Keine Gefühlsduseleien und vor allem, Anna…« Er schaute sie eindringlich an. »Kein Mitleid.«

»Einverstanden.« Sie hatte keine Sekunde darüber nachdenken müssen.

Er schaute wieder aus dem Fenster. »Darf ich dich um einen Gefallen bitten? Sag Mama nichts davon. Sie würde nur dagegenhalten und sich einmischen.«

»Weil auch sie sich um dich sorgt«, erwiderte sie trocken.

»Das weiß ich. Trotzdem.«

»Ich nehme an, der Tante darf ich auch nichts davon erzählen?«

»Wenn du so gut sein möchtest.«

»Ich werde so gut sein.«

Das Gespräch hatte eine andere Wendung genommen. Anna hatte befürchtet, dass er mit ihr über sein Testament reden wollte. *»Um meine geliebten Statuen brauchst du dich nicht zu kümmern, Anna. Du würdest sie ohnehin nur ständig vom Tisch fegen.«* Sie hatte seine Worte bereits im Ohr. *»Aber vielleicht möchtest du meine Bücher haben?«*

»Warum lächelst du?«, fragte er.

»Ich musste gerade an deine Statuen denken«, antwortete sie wahrheitsgemäß.

»Wie kommst du jetzt darauf? Tut Mizzi dir leid, weil sie sie ständig abstauben muss?«

Sie unterdrückte ein Lachen. »Vielleicht sollten wir noch ein Stubenmädchen einstellen, damit sie sich die Arbeit teilen können.«

»So viel gibt's nun auch wieder nicht zu tun.«

»Das Rauchen wirst du doch nun bleiben lassen, nicht wahr?«

Er stöhnte leise, aber vermutlich nicht wegen der Schmerzen.

»Fängst du schon wieder damit an …«

»Wenn du jetzt noch sagst, dass es dir solche Freude macht zu rauchen …« Das hatte sie sich nicht verkneifen können.

Sie war wütend auf ihn und fand, das durfte sie auch sein. Er gab seinem Laster hemmungslos nach und setzte seine Gesundheit wieder und wieder aufs Spiel. Deshalb musste sie bereitstehen und sich um ihn kümmern, ihre Arbeit und ihr eigenes Leben vernachlässigen. Merkte er nicht, wie unfair das war? Machte es ihm überhaupt nichts aus, dass sie im Grunde seine Verantwortungslosigkeit sich selbst gegenüber ausbaden musste? Natürlich hätte sie sagen können: *»Nein, Papa, ich werde meine Arbeit, mein Leben nicht zurückstellen«*, aber er wusste, dass sie dazu nicht fähig war.

Er warf ihr einen dieser Blicke zu, die sie von klein auf von ihm kannte und gewohnt war. So hatte er sie früher immer angeschaut, wenn sie ungezogen und frech gewesen war. Ihr waren diese Blicke lieber gewesen als gar keine Blicke. Immerhin hatte er sie dann wahrgenommen.

Anna dachte gar nicht daran, einzulenken, er sollte ruhig spüren, wie verärgert und enttäuscht sie war.

Es klopfte, und Professor Pichler kam herein. »Wie geht es unserem Patienten?«

»Blendend.«

Anna verdrehte die Augen. Wie er wieder übertrieb!

Pichler bat ihn, den Mund zu öffnen. »Bereit für die zweite Operation, Herr Professor Freud?«

»Bereit, Herr Professor Pichler.«

»Dann sehen wir uns morgen in aller Frühe.« Pichler nickte ihm zu. »Herr Professor.« Er bedachte Anna mit einem Blick, den sie als wohlwollend bezeichnen würde, auch wenn ihr das seltsam vorkam, und verließ das Krankenzimmer.

»Ein fescher junger Mann, nicht wahr?«, meinte ihr Vater.

»Ich weiß nicht«, sagte sie leichthin.

Er wollte offenbar lachen, doch es schien zu schmerzhaft zu sein. »Warum machst du dir nichts aus Männern?«, fragte er geradeheraus, wie es seine Art war.

Ihr war das Blut in die Wangen geschossen. »Ich mache mir nichts aus einer glück- und freudlosen Ehe.«

»Von Ehe habe ich kein Wort gesagt. Aber bitte sehr: Sprechen wir über die Ehe. Es gibt auch glückliche Ehen.«

»Ich fürchte, nicht für mich.«

Er schien noch etwas sagen zu wollen, seufzte aber nur und murmelte: »Ich glaube, ich muss mich wieder hinlegen.«

Anna stand auf und half ihm. Dabei ging ihr durch den Kopf, dass sie in Zukunft wirklich so etwas wie seine Krankenschwester sein würde. Nicht nur das, sie würde ihm vermutlich auch Arbeit abnehmen müssen; Korrespondenz, Patientenbesuche und wahrscheinlich auch Vorträge. Und wie würde es mit Reisen sein?

Eine Welle der Panik rollte über sie hinweg. War sie dem Ganzen gewachsen?

»Brauchst du noch etwas, Papa?« Ihre Stimme klang hohl, fast wie die eines kleinen Mädchens.

»Nur Ruhe.«

Anna war unendlich erleichtert, dass das Thema Ehe damit offenbar vom Tisch war.

14

Anna war äußerst gespannt auf Karoline und die Fortschritte, die sie im Sommer gemacht hatte. Wegen der Operation ihres Vaters hatte sie zwei Sitzungen verschieben müssen, umso mehr freute sie sich, nun wieder arbeiten zu können.

Karoline schien abgenommen zu haben, außerdem sah sie übernächtigt und ein wenig ungepflegt aus. Normalerweise kleidete sie sich hübsch und ihrem Alter entsprechend, heute aber war nichts davon zu sehen.

Schon als sie hereinkam, blieb sie angespannt in der Tür stehen, eine Furche zwischen den Augenbrauen. Sie murmelte leise vor sich hin, schloss die Tür und öffnete sie gleich wieder. So ging das eine ganze Weile, bis sie immer nervöser und ungehaltener wurde. »Verflucht! Zum Teufel!«

Sie schien vergessen zu haben, was Anna ihr empfohlen hatte: dass sie das Schließen der Tür am besten mit einer anderen Tätigkeit oder einem festen Gedanken verbinden sollte. So würde sie ihre Konzentration auf etwas anderes als das Schließen der Tür lenken.

Nach einigen quälend langen Minuten, die für Anna kaum

weniger schlimm waren als für Karoline selbst, kam sie zum Schreibtisch und ließ sich auf den Stuhl fallen. »Ich fühle mich lausig, Fräulein Freud.«

Anna nickte mitfühlend.

»Es ist, als hätte ich alles vergessen, was Sie mir gesagt und beigebracht haben.« Sie verzog das Gesicht und begann – für Anna ganz überraschend – zu schluchzen. Die Laute, die aus ihrer Kehle kamen, klangen so mitleiderregend gequält, dass Anna aufstand und den Arm um sie legte.

»Ich schaffe das nie, Anna.« Es war das erste Mal, dass sie Anna so ansprach. »Ich bin ein dummes, albernes Ding, das die lächerlichsten Dinge nicht hinbekommt. Manchmal möchte ich am liebsten ...« Sie sprach nicht weiter.

»Ich verstehe dich gut, Karoline«, tröstete Anna sie mit sanfter Stimme. »Du musst etwas Geduld mit dir haben, und du darfst dir keine Vorwürfe machen.«

Karoline schnäuzte sich. »Manchmal hasse ich mich«, murmelte sie dann.

Anna strich ihr über den Rücken. »Ist bei euch daheim vielleicht etwas geschehen, was dich so aus der Bahn geworfen hat? Oder in der Schule?«

Karoline schwieg einen Moment, dann brach es aus ihr hervor.

»Außer, dass mein Vater uns verlassen hat?« Sie lachte bitter auf. »Nein, ansonsten ist alles gut.«

Anna schluckte. Es war ein Jammer. Musste der Mann die Familie ausgerechnet dann verlassen, wenn seine Tochter so dringend Normalität und Eintracht nötig gehabt hätte? Wie konnte es sein, dass ein Vater so wenig Verantwortungsbewusstsein besaß? »Das tut mir sehr leid.«

»Muss es nicht.« Plötzlich schwenkte Karoline um. Nun sah sie nicht mehr niedergeschlagen, sondern verbittert und bockig aus.

Anna setzte sich wieder. »Gib dir nicht die Schuld daran. Du kannst nichts dafür, Karoline.«

Das Mädchen verschränkte die Arme vor der Brust. »Er braucht gar nicht wiederzukommen. Mama sagt, wir kommen auch ohne ihn zurecht.«

»Und was sagst du?«

Auf diese Frage ging Karoline nicht ein. »Plötzlich tut sie, als wäre sie stark und furchtlos. Früher hat sie sich immer so verhalten, als könnte sie ohne Papa keinen einzigen Schritt tun.«

»Sie wächst über sich hinaus«, meinte Anna. »Sie möchte stark sein für dich, Karoline.«

Das Mädchen sah sie ungläubig an. »Ach, i wo«, sagte sie dann.

»Die meisten Menschen wachsen in schwierigen Zeiten über sich hinaus. Weil sie es müssen.«

Nun sah Karoline sie hämisch an. »Sie hatten bestimmt noch nie schwierige Zeiten. Ihr Vater hat Sie nicht verlassen, oder?« Eine Antwort schien sie nicht zu wollen. »Von mir aus kann er bleiben, wo der Pfeffer wächst.«

»Ich verstehe deine Wut sehr gut. Aber du darfst, du solltest sogar auch andere Empfindungen zulassen.«

»Und welche?« Karoline sah sie herausfordernd an.

»Enttäuschung zum Beispiel. Vielleicht auch Angst, weil du dich fragst, wie es nun weitergehen soll.«

»Es geht immer irgendwie weiter, nicht wahr?« Es klang spitz. »Das sagen die Erwachsenen doch gerne.«

Karoline stand auf und nestelte an ihrer Bluse. »Es ist sinnlos, Fräulein Freud, Sie können mir nicht helfen, niemand kann das. Mein Vater hat immer gesagt, man ist, wie man nun mal ist. Und ich bin halt so.«

Sie stürmte zur Tür.

»Nein, Karoline, du kannst es schaffen, und du wirst es schaffen.« Doch Annas Worte verhallten, weil die Tür hinter dem Mädchen ins Schloss gefallen war.

Anna blieb zurück, die Ellbogen aufgestützt, und fuhr sich mit beiden Händen durchs Haar. Sie hatte versagt. Sie war als Analytikerin gescheitert, und Karoline musste es ausbaden. Ihr Magen zog sich zusammen, und sie wünschte, sie könnte sich jetzt gleich jemandem anvertrauen, bevor sie womöglich auf die Idee kam, den Weg, den sie eingeschlagen hatte, anzuzweifeln.

Sollte sie ihren Vater um Rat bitten? Würde er ihr den Kopf zurechtrücken oder ihre Zweifel sogar noch bestärken?

Am Tag darauf bat August Aichhorn, ein Freund der Familie, der als Pädagoge arbeitete, Anna um ein Gespräch.

Es ging um ein 13-jähriges Mädchen, das Vollwaise war und bei Onkel und Tante aufwuchs. Aichhorn erzählte, dass es begonnen habe, sich aus dem Leben zurückzuziehen. »Sie verkriecht sich in ihrem Schneckenhaus. Ihre Tante schläft vor lauter Sorge nicht mehr.«

»Was haben Sie für einen Eindruck von ihr?«

»Von dem Mädchen?«

»Von der Tante.«

Er legte den Finger unter die Nase. »Tja, ich würde sagen, sie ist aufrichtig besorgt.«

»Und der Onkel?«

Aichhorn zuckte mit den Schultern. »Er wollte nicht mit mir sprechen.« Er seufzte. »Sie kennen das ja sicher, Anna. Die Männer sind da manchmal etwas… eigenartig.«

Anna nickte. Und wie gut sie das kannte. Viele Männer waren der Meinung, eine Analyse sei nur etwas für Frauen. Ein gestandenes Mannsbild habe »so etwas« nicht nötig.

»Ich rede ganz offen, Anna: Ich denke, Paula sollte nicht länger bei ihrem Onkel und ihrer Tante bleiben. Sie braucht einen Ort, an dem sie aufblühen und sich entwickeln kann. Ich kenne da jemanden, eine Frau, die sich solcher Mädchen annimmt. Sie heißt Eva Rosenfeld. Sie nimmt Mädchen in ihrem Haus in Hietzing auf, unterrichtet sie in Hauswirtschaft und in der Gartenpflege. Eva ist eine patente, warmherzige Frau, sie hat ein Händchen für Mädchen, die es schwer haben. Wenn Sie möchten, stelle ich den Kontakt her. Ich stoße bei dem Mädchen an meine pädagogischen Grenzen, Anna. Und da musste ich an Sie denken.«

Anna schluckte. Auch sie war an ihre Grenzen gestoßen. Sollte sie ihm von Karoline erzählen? »Ich werde mir das Mädchen anschauen, Herr Aichhorn. Übrigens habe auch ich etwas, was mich beschäftigt.«

Er nickte auffordernd. »Nur zu, ich habe Zeit mitgebracht.«

Sie berichtete von Karoline und dem abrupten Ende der Analyse. »Ich fürchte, ich bin gescheitert.«

»Gescheitert? Nein.« Er schenkte ihr ein Lächeln. »Das ist Unsinn, Anna, glauben Sie mir. Es wird immer Patienten geben, bei denen Sie nicht weiterkommen. Dann an sich zu zweifeln bringt niemandem etwas. Ich bin davon überzeugt, dass Sie eine sehr gute, verantwortungsvolle Analytikerin sind. Sie verstehen sich auf Kinder. Wäre ich sonst gekommen und hätte Sie um Hilfe gebeten?«

Sie musste ebenfalls lächeln. »Das ist sehr nett, Herr Aichhorn.«

»Nett.« Er schnaubte. »Nett bin ich zu meiner Frau, wenn sie sich wieder mal mächtig ins Zeug gelegt hat, mich mit einem köstlichen Mahl zu verwöhnen. Nein, Anna, ich bin nicht nett zu Ihnen, ich habe mir Ihre Hilfe, Ihren Rat erhofft. Weil ich eine Menge von Ihnen als Analytikerin halte – und als Mensch.«

Sie wusste nicht, was sie sagen sollte, also schwieg sie etwas verlegen.

»Und nun blicken Sie nach vorn, Anna. Es gibt viele Kinder, denen Sie helfen können.« Er legte ihr die Hand auf die Schulter. »Und ich werde mich gewiss noch häufiger an Sie wenden.«

»Vielen Dank.«

»Dann werden Sie sich Paula anschauen?«

»Paula?«, fragte sie zerstreut. »Ach, Sie meinen das Waisenkind.« Sie nickte. »Natürlich. Schicken Sie sie zu mir.« Woher sie die Zeit nehmen sollte, wusste sie zwar nicht, aber sie würde ihm den Gefallen tun.

Am folgenden Tag saß Paula vor ihr, die Hände im Schoß gefaltet, das Gesicht blass und ein wenig entrückt.

Anna kannte diesen Ausdruck – von ihrem eigenen Spiegelbild. »Magst du mir erzählen, wie es bei euch daheim ausschaut, Paula?«

»Ganz hübsch.« Das Mädchen hob die Schultern, als wisse es nicht, was es sonst hätte antworten sollen.

»Und dein Zimmer? Du hast doch bestimmt ein eigenes, oder?«

»Es ist klein, mehr eine Kammer. Das Haus meines Onkels hat nur ein paar Zimmer, und meins ist das kleinste.«

»Fühlst du dich wohl dort?«

Wieder hob das Mädchen die Schultern. »Ja, ich glaub schon.«

»Hast du viele Freunde?«

»Nur zwei Freundinnen.«

»Aber das sind sicher sehr gute, nicht wahr?« Anna lächelte sie aufmunternd an.

»Lisa ist nett, ja.«

»Und die andere? Du sprachst von zwei Freundinnen.«

»Sie meint, ich wäre zu schlau.«

»Zu schlau, aha. Glaubst du, dass man zu schlau sein kann, Paula?«

Jetzt schüttelte das Mädchen – ein ausgesprochen hübsches Ding mit himmelblauen großen Augen und einer niedlichen Nase – entschieden den Kopf. »Ganz bestimmt nicht, nein.«

»Das finde ich auch«, entgegnete Anna ruhig.

»Magda versteht nur nicht immer, was ich meine.«

»Magst du mir von deinen Träumen erzählen?«

Paula holte tief Luft. »Ich möchte so furchtbar gern Ärztin werden.« Es klang so leidenschaftlich, dass Anna wieder lächeln musste. Hoffentlich würde Paula sich diese Leidenschaft bewahren.

»Warum solltest du später nicht studieren und Ärztin werden?«

»Meinen Sie?«

»Natürlich. Ich denke, du bist ein aufgewecktes, kluges Mädchen.«

»Sind Sie auch Ärztin?«

»Nein, ich bin Analytikerin. Ich habe schon früh meinem Vater über die Schulter geschaut und wusste schnell, dass ich später auch mal so etwas machen möchte.«

»Sind Sie froh, dass Sie das gemacht haben?«

»Ja, sehr.«

Paula lächelte. Das erste Lächeln, seit sie hier war.

»Wovon träumst du nachts, Paula?«

Das Mädchen senkte den Kopf. »Ich träume oft von einem Ungeheuer, das mich verfolgt und fressen will.«

»Ein scheußlicher Traum. Kannst du in diesen Träumen manchmal fliegen?«

»Nein. Können Sie etwa in Träumen fliegen?«

Anna musste an das Gespräch mit Lou denken. »Früher schon, inzwischen nicht mehr. Leider. Aber ich glaube, dass man es wieder lernen kann.«

Paulas Augen weiteten sich. »Wirklich?«

»Möchtest du es versuchen?«

»Ja!«

»Gut. Dann stelle ich dir eine Aufgabe: Wenn du abends schlafen gehst, schreibst du dir auf ein Blatt Papier, das du neben dein Bett legst, was du in deinem Traum tun willst. Es wird nicht gleich funktionieren, so etwas braucht ein bisschen Übung. Wenn du also fliegen möchtest, schreibst du auf: Ich will fliegen, wenn das Ungeheuer kommt.«

Paula schluckte vor Aufregung. »Das mache ich!«

»Darf ich dir eine Frage stellen, und du versprichst mir, dass du sie ganz ehrlich beantworten wirst?«

Das Mädchen zögerte, nickte aber schließlich.

»Fühlst du dich wirklich wohl bei deinem Onkel und deiner Tante?«

Ein kurzes Schulterzucken.

»Oder kannst du dir vorstellen, an einen Ort zu kommen, wo du mit anderen Mädchen zusammenwohnst? Ihr könntet euch gegenseitig unterstützen und helfen. Eine Frau wird sich um euch kümmern. Eine sehr nette Frau.« Ich hätte Eva Rosenfeld vorher kennenlernen sollen, dachte sie. Wie unprofessionell von mir. Aber sie hatte sich voll und ganz auf Aichhorns Urteil verlassen, und jetzt blieb ihr nichts anderes mehr übrig.

»Meinen Sie, dass ich es mir erst einmal ansehen kann?«

»Aber natürlich, Paula.«

Das Mädchen nickte, nachdem es eine Weile darüber nachgedacht hatte. »Und wenn es mir nicht gefällt, muss ich nicht bleiben?«

»Auf gar keinen Fall. Es ist ganz allein deine Entscheidung.«

Das schien Paula zu überzeugen.

15

Anna fuhr in die Wattmanngasse nach Hietzing, einen Wiener Gemeindebezirk, um Eva Rosenfeld einen Besuch abzustatten.

Sie gähnte mehrmals hintereinander, sie hatte in der Nacht nur wenige Stunden geschlafen. Am Abend zuvor war sie mit ihrem Vater im Theater gewesen, um *Der Schwierige* von Hofmannsthal anzusehen. Ihr Vater hatte sich besonders von Egon Friedell, der den »Berühmten Mann« gespielt hatte, begeistert gezeigt, während sie selbst fast nur Augen für die hübsche Antoinette Hechingen gehabt hatte. Das Stück war lang gewesen, mehr als drei Stunden, und zum Ende hin waren ihr beinahe die Augen zugefallen.

Nun rang Anna ihre Müdigkeit nieder. Sie freute sich darauf, Eva Rosenfeld kennenzulernen. Paula war mit Aichhorn bereits dort gewesen und hatte beschlossen, dort einzuziehen. Ihre Tante war natürlich entsetzt gewesen, versuchte jedoch nicht, das Mädchen zurückzuhalten.

Eva Rosenfeld hatte Kaffee gekocht und Anna in die kleine, aber urgemütliche Stube gebeten. »Es ist schön, dass Sie gekommen sind, Anna.« Sie schenkte ihr ein. »Ich möchte gleich vorweg einen Vorschlag machen, wenn's recht ist: Ich möchte gern du zu Ihnen sagen, weil wir in Zukunft wohl mehr miteinander zu tun haben werden.« Sie nickte in Richtung Fenster und lächelte. Draußen im Garten spielten drei Mädchen Ball – eine von ihnen war Paula – und kicherten dabei so übermütig, dass es Anna ganz warm ums Herz wurde. »Sie fühlt sich pudelwohl, wie man sehen und hören kann.«

»Sie haben – du hast einen traumhaft schönen Garten, Eva.«

Eva Rosenfeld setzte sich und strich ihre Dirndlschürze glatt. »Dann sind wir per Du, wie schön. Du solltest den Garten im Frühling und Sommer sehen. Wir haben Gemüse und Beeren angepflanzt, und auf der anderen Seite stehen Apfel- und Zwetschgenbäume. Die Mädchen sind sehr fleißig und wachsen oft über sich hinaus.«

Draußen schepperte es, und eins der Mädchen rief erschrocken: »Huch!«, worauf die anderen beiden lachten.

Eva schüttelte schmunzelnd den Kopf. »So geht es hier ständig zu. Aber ich möcht's nicht anders haben.«

»Erzähl mir ein bisschen von dir«, bat Anna. Bisher wusste sie nur, dass Eva Erzieherin war und sich auch für die Analyse interessierte.

Eva lehnte sich zurück und schlug die Beine übereinander. Ihr volles, dunkles Haar war geflochten und zu einer Schnecke am Hinterkopf gedreht, um ihren Mund schien stets ein amüsierter Zug zu liegen. »Ich bin in New York geboren und zusammen mit drei Brüdern in Berlin aufgewachsen. Mein Vater war dort Theaterintendant. Ich habe als Erzieherin im Zellerhaus gearbeitet, bis ich Valentin kennengelernt und geheiratet habe. Dann bin ich zu ihm hierher nach Wien gezogen, und wir haben vier Kinder bekommen.« Sie schürzte die Lippen. »Was möchtest du sonst noch wissen?«

Anna mochte die offene, direkte Frau schon jetzt. »Erzähl mir von deinen Kindern.«

»Du arbeitest als Kinderanalytikerin. Aichhorn spricht in den allerhöchsten Tönen von dir. Er scheint dich und deine Arbeit sehr zu schätzen.«

Anna spürte, wie sie errötete. Mit Lob konnte sie nicht sehr gut umgehen. Vielleicht, weil ihr Vater stets sparsam damit gewesen war. »Es macht mir ungeheuer viel Freude. Aber bitte erzähl doch von deinen Kindern.«

»Zwei meiner Söhne sind verstorben. An der Ruhr.« Anna sah, dass Eva schlucken musste.

Sie beugte sich vor und strich über ihre Hand. »Das tut mir sehr, sehr leid, Eva.«

»Geblieben sind mir Mädi, meine Tochter, und Viktor.« Eva blickte aus dem Fenster, schien weit weg zu sein. »Mädi«, sie lächelte versonnen, »ist genau so, wie ich als Mädchen gern gewesen wäre: mutig, ein bisschen verwegen und überaus ehrgeizig. Sie ist mein Sonnenschein.«

»Das klingt sehr schön.« Auch Anna musste schlucken. Wie wäre es, wenn sie eine Tochter hätte? Sie schob den Gedanken gleich wieder von sich. Es war müßig, sich über Wenn und Wäre den Kopf zu zermartern.

Die beiden Frauen plauderten bis zum frühen Abend, und als Anna sich verabschiedete, hatte sie das Gefühl, eine neue Freundin gefunden zu haben. Ein Gefühl, das warm und angenehm in ihrer Brust brannte, während sie mit der Tram heimfuhr. Sie freute sich auch für Paula, die ein so wunderbares neues Zuhause gefunden hatte.

Als Anna die Berggasse entlangkam, sah sie jemanden vor dem Haus stehen, ein junges Mädchen. Karoline!

Sie ging etwas schneller, ihr Herz hüpfte vor Freude. »Karoline.« Sie war ein wenig außer Atem. »Möchtest du zu mir?«

Das Mädchen nickte und senkte beschämt den Kopf. »Ich wollte mich bei Ihnen entschuldigen, Fräulein Freud. Und ich würde gerne weitermachen. Meine Mama ist furchtbar wütend, dass ich Sie so angefahren habe. Sie sagt, ich muss unbedingt wieder gesund werden, und das schaffe ich nicht allein. Schicken Sie mich wieder weg, weil ich so gemein zu Ihnen war?«

»Wo denkst du hin, Karoline.« Anna schloss die Tür auf. »Lass uns in mein Arbeitszimmer gehen.«

Anna kam ihrer neuen, noch etwas ungewohnten Aufgabe als Krankenschwester nach. Sie kümmerte sich darum, dass die Prothese ihres Vaters richtig saß, dass sein Arbeitszimmer immer gründlich gelüftet wurde und er immer wieder eine Kleinigkeit aß. Oft forderte sie ihn sogar zu kurzen Spaziergängen auf.

Wenn sie in seinem Arbeitszimmer am Schreibtisch saß, um seine Korrespondenz zu erledigen, huschte ihr Blick immer wieder ruhelos durchs Zimmer. Meistens lag ihr Vater auf der Couch, die Augen geschlossen, und diktierte ihr. Wie gern säße sie wieder an ihrem eigenen Schreibtisch und ginge ihrer Arbeit nach. Sie sehnte sich nach ihren kleinen

Patienten; nach Elsbeth, die so große Fortschritte gemacht hatte, und nach Karoline, die in einer schwierigen Phase festzustecken schien. Sie braucht mich…

Einige männliche Patienten ihres Vaters hatten ihr ohne Umschweife klargemacht, dass sie für sie nichts weiter als die Tochter des berühmten Sigmund Freud sei, und sich gleich einen neuen Termin geben lassen – »Wenn der Herr Papa wieder auf den Beinen ist«. Die weiblichen Patienten dagegen nahmen gern mit ihr vorlieb. »Mit einer Frau spricht es sich doch noch ganz anders, nicht wahr? Ihr Vater muss furchtbar stolz auf Sie sein, Fräulein Anna.« Oft ließen sie es wie eine Frage klingen, und Anna wandte ein wenig beschämt den Blick ab. Sollte sie zugeben, dass sie nicht die geringste Ahnung hatte, ob ihr Vater stolz auf sie war?

Als Anna ihren Vater eines Morgens wieder mit einer Zigarre erwischte, machte sie auf dem Absatz kehrt und verließ das Zimmer. War das zu fassen! Sie ließ alles stehen und liegen, um ihm zur Seite zu stehen, und was machte er? Nahm sein Laster, ohne mit der Wimper zu zucken, wieder auf. Er sollte alles dafür tun, wieder gesund zu werden und auf die Beine zu kommen, damit sie endlich wieder zu ihrer Arbeit zurückgehen und ihr eigenes Leben weiterleben konnte.

Sie war so aufgebracht, dass sie sich nicht darum scherte, als er ihr hinterherrief. Zum ersten Mal gefiel sie sich in der Rolle der vernünftigeren Tochter.

Beim Abendessen wirkte er zerknirscht, und als sie allein waren, legte er ihr für einen Augenblick die Hand auf den Unterarm. »Du hast ja recht, Annerl«, sagte er mit versöhnlicher Stimme. »Du hast allen Grund, verärgert zu sein.« Er schien sich unbehaglich zu fühlen, und sie stellte verblüfft fest, dass sie so etwas wie Genugtuung empfand.

»Sei mir nicht gram«, bat er und schenkte ihr ein Lächeln. »Ich weiß, du meinst es nur gut mit mir.«

Zu gut, dachte sie. Vielleicht sollte ich manchmal konsequenter sein und mich dauerhaft zurückziehen.

Doch sie ahnte im selben Moment, dass sie dazu nicht in der Lage war. Einmal brave Tochter, immer brave Tochter.

Inzwischen hospitierte Anna vormittags in der psychiatrischen Klinik. Anfangs war es ihr schwergefallen, die Analytikerin daheim zu lassen und sich auf Patienten einzustellen, bei denen kaum Redebedarf bestand. Viele lagen im Bett oder saßen auf dem Flur und starrten vor sich hin. Einige wenige liefen im Flur umher, murmelten Unverständliches vor sich hin oder griffen nach ihrer Hand, wenn sie vorbeikam, um sie mit sich zu ziehen.

An diesem Vormittag kam eine ältere Frau mit schneeweißem Haar, stellte sich vor Anna hin, legte den Kopf schief und musterte sie ernst.

»Soll ich Sie in Ihr Zimmer bringen, Frau Holzacker?«

»Wer sind Sie? Woher kennen Sie mich?«

»Ich bin Anna. Anna Freud. Wir haben uns neulich so nett unterhalten, erinnern Sie sich?«

»Nein.«

»Kommen Sie, ich bringe Sie in Ihr Zimmer.«

»Da wartet schon die Polizei«, flüsterte die Frau.

»Umso besser, wenn ich bei Ihnen bin.« Anna nahm behutsam ihre Hand. »Kommen Sie, wir gehen zusammen hin, und ich werde mit den Polizisten reden.«

Gesine Kreuzner kam an ihnen vorbei, eine junge Frau, die wegen einer Angststörung eingeliefert worden war. Unter dem Arm hatte sie wie immer ihre Puppe, deren Haar ganz zottelig war. »Ich würde so gerne tanzen«, jammerte sie. »Aber ich darf ja nicht.«

Anna blieb stehen, Frau Holzackers Hand fest in ihrer. »Aber warum sollten Sie das nicht dürfen?«

Die junge Frau blieb wie angewurzelt stehen. »Was wissen Sie denn schon?« Sie taxierte Anna feindselig.

»Sie heißen Gesine, nicht wahr?«

»Nein.« Die Frau schüttelte heftig den Kopf. »Ich heiße … Elisabeth. Ist das ein schöner Name?«

Anna lächelte. »Ein sehr schöner Name.«

»Wie heißen Sie?« Die Frau war näher an sie herangetreten, das Gesicht so nah, dass Anna ihren Atem riechen konnte. Ihr dunkles Haar war verfilzt und zu einem losen Zopf gebunden.

»Anna.«

»Anna ist ein langweiliger Name.«

»Finden Sie? Ich bin nach einer Schwester meines Vaters benannt.«

»Wieso sagen Sie nicht Tante?« Die junge Frau lachte spöttisch.

Es war interessant, dass sie die Verwandtschaftsverhältnisse so blitzschnell durchschaute. Viele Patienten brachten solche Dinge durcheinander. Da wurde der Vetter zum Onkel und die Schwägerin zur Cousine.

»Ich will jetzt in mein Zimmer«, murrte Frau Holzacker und zerrte an Annas Hand. »Bestimmt werden die furchtbar wütend auf mich sein.«

»Nein, das werden sie nicht, keine Sorge«, beruhigte Anna sie mit leiser Stimme. »Ich bin doch bei Ihnen.« Zu Gesine gewandt machte sie eine ausladende Handbewegung. »Sehen Sie nur diesen wunderbar langen Flur, Gesine. Verzeihung, Elisabeth. Was tanzen Sie am liebsten?«

»Walzer?«, fragte die junge Frau skeptisch. Wahrscheinlich erinnerte sie sich wirklich nicht mehr daran.

Anna nickte. »Walzer also. Warum versuchen Sie es nicht? Gleich hier.«

»Ich weiß nicht… Was werden die anderen sagen?«

»Welche anderen?«

»Na, die, die hier immer rumsitzen.«

Bislang saß nur ein einzelner älterer Mann auf dem Flur, eine Zeitung verkehrt herum auf den Knien. Anna hatte ihn noch nie hier gesehen.

»Was kümmert Sie das? Tanzen Sie nur.« Sie wollte weitergehen, doch Gesine hielt sie an der Schulter fest.

Sofort kamen zwei Schwestern, doch sie hob rasch die Hand. »Es ist alles in Ordnung.«

»Sind Sie sicher, Fräulein Freud?«

Sie nickte.

»Kann ich mit Klara tanzen?«, fragte Gesine.

»Wer ist Klara?«

Sie zeigte auf ihre Puppe, und Anna nickte lächelnd.

»Gehen wir jetzt endlich in mein Zimmer?«, quengelte Frau Holzacker. »Ich will mich hinlegen, ich bin müde. Außerdem habe ich Hunger.«

In diesem Moment sprang der Mann vor ihnen von seinem Stuhl auf, die Zeitung fiel auf die Erde. »Es gibt Krieg! Ich hab's gerade gelesen. Wir haben Krieg!«

Die Schwestern gingen zu ihm und nahmen ihn in die Mitte. »Aber nein, Herr Paulsen, es gibt keinen Krieg.«

»Erzählt mir doch nichts!« Er wollte sich nicht in sein Zimmer bringen lassen.

Ein Arzt kam aus einem Zimmer und gab den Schwestern einen Wink. Als er Anna entdeckte, huschte ein flüchtiges Lächeln über sein Gesicht. »Fräulein Freud.« Er nickte ihr zu.

»Dr. Bierbaum.« Anna hatte ihn schon oft bewundert. Der Mann war durch nichts aus der Ruhe zu bringen.

Der alte Mann wurde in sein Zimmer gebracht, wobei er lautstark protestierte und sich mehr schleifen ließ, als auf eigenen Füßen zu gehen.

»Der immer mit seinem Krieg«, murmelte Frau Holzacker. »Der Krieg ist doch längst vorbei.«

Anna brachte die Frau in ihr Zimmer, wo sie sich sogleich ins Bett legte und zugedeckt werden wollte.

Als Anna wieder auf den Flur trat, sah sie Gesine Kreuzner mit ihrer Puppe Walzer tanzen. An das selige Lächeln auf ihrem Gesicht würde Anna sich noch lange erinnern, das wusste sie schon jetzt.

16

Anna hatte eine Veränderung an sich festgestellt: Sie wurde mutiger und offener, wusste besser, was gut für sie war und was nicht. Sie ahnte, dass sie dabei war, aus dem Schatten ihres Vaters hervorzutreten. Auch ihr letzter Albtraum lag schon eine Weile zurück, was sicher ein Zeichen war.

Als sie an einem Abend in der Psychoanalytischen Vereinigung einem Fachgespräch lauschte, stand sie auf, strich ihre Dirndlschürze glatt und räusperte sich. »Wir wollen doch das Kind nicht mit dem Bade ausschütten, nicht wahr?«, sagte sie.

In der Diskussion ging es um die Frage, ob man nervöse Patienten zunächst vorsorglich ruhigstellen sollte, bevor man mit der Analyse begann.

Alle Augenpaare waren auf sie gerichtet, und sie spürte, wie ihre Hände feucht wurden und es in ihrem Hals kratzte. »Ich bin nicht der Meinung, dass eine solche Maßnahme sinnvoll ist, im Gegenteil.«

Irgendjemand rief etwas dazwischen, sie konnte nicht sehen, wer es war. Unbeirrt sprach sie weiter: »Wenn wir diese Patienten ruhigstellen, bleibt uns ein erster Blick in ihre Psyche verwehrt. Und gerade dieser erste, unverstellte Blick ist doch besonders wertvoll, oder etwa nicht?«

Einige nickten zustimmend, andere verdrehten die Augen. *Hört, hört, Sigmunds Tochter erhebt zum ersten Mal ihre Stimme.*

»Ich finde außerdem, dass wir diese Patienten um ihre Zustimmung bitten sollten.«

»Es war nicht die Rede davon, dass wir das nicht tun wollen«, meinte jemand, und erneut nickten andere.

»Ich bitte um Verzeihung, wenn ich das so verstanden hatte.« Anna räusperte sich wieder und blickte in die Runde. Die meisten Menschen, die sie anschauten, schienen ihr interessiert zuzuhören. Und die, die sie abschätzig beäugten, mussten möglicherweise erst davon überzeugt werden, dass sie über eine eigene Meinung verfügte und nicht die ihres Vaters vertrat.

»Sigmund findet auch, dass wir …«, begann prompt jemand, verstummte aber sogleich.

»Mein Vater mag anderer Meinung sein«, sagte Anna. »Aber ich vertrete die Ansicht, dass wir allen Patienten uneingeschränkt die Möglichkeit geben sollten, sich frei zu äußern. Ohne von Medikamenten eingelullt zu sein.«

Ein paar lachten, und eine Frau – Helene Deutsch, die Anna bereits gut kannte – hatte sich zu ihr umgedreht und applaudierte. Andere fielen ein, bis irgendwann die meisten klatschten und Anna freundlich zunickten.

Als sie später heimging, war sie so vergnügt und beschwingt, dass sie sogar für einen Moment die Krankheit ihres Vaters vergessen konnte. Sie summte leise vor sich hin.

Sobald es ihm besser ging, würde sie wieder voll und ganz für ihre Kinder da sein. Sie war so zufrieden und sogar ein wenig stolz auf sich, dass sie beschloss, sich zu belohnen. Sie wollte endlich Gesangsstunden nehmen.

»So guter Laune?«, sagte ihr Vater, als sie in sein Arbeitszimmer kam. Sie hatte gesehen, dass noch Licht brannte. »Ich möchte deine Laune nicht trüben, aber ich habe eben gerade erfahren, dass Hermine Hug tot ist.«

»Was?« Anna war erschüttert.

Ihr Vater hatte Hermine gefördert, sie war eine der ersten Frauen unter seinen Schülern gewesen. Sie hatte die Wiener Erziehungsberatungsstelle geleitet und als Laienanalytikerin gearbeitet.

»Eine echte Tragödie.« Ihr Vater lag auf der Couch, eine Decke über den Beinen. Im Aschenbecher neben ihm auf dem Tisch glomm eine Zigarre. »Ihr Neffe soll sie erdrosselt haben.«

Anna musste sich setzen. Der Neffe Rudolf war zugleich Hermines Ziehsohn gewesen. »Aber wie… Was ist denn genau geschehen?«

»Mehr weiß ich auch noch nicht. Nur, dass er auf der Suche nach Geld in ihre Wohnung eingebrochen sein soll.«

»Ist das zu fassen?«

Die beiden schwiegen eine Zeit lang, bis ihr Vater sie fragte, wie es in der Vereinigung gewesen sei.

»Sehr interessant.«

»Worum ging's?«

»Wir haben darüber diskutiert, ob nervöse Patienten vor der Analyse vorsorglich ruhiggestellt werden sollten.« Anna ging zum Fenster und schaute in die Dunkelheit hinaus. Der Halbmond leuchtete gelb am Himmel. »Ich bin nicht der Meinung, dass wir das tun sollten.«

»Ach nein?«

Sie hatte keine Lust, ihren Standpunkt näher zu erläutern, auch weil sie vermutete, dass es eine Art Prüfung war. Ihr Vater liebte solche Diskussionen und neigte dazu, ein Gespräch an sich zu reißen und keine andere Meinung zuzulassen.

Nachdem sie eine Weile geschwiegen hatte, brummte er etwas von »Dann eben nicht« und drehte sich auf die Seite.

Anna sagte: »Ich habe übrigens beschlossen, Gesangsunterricht zu nehmen.«

Es blieb einen Moment still, dann brach er in lautes Lachen aus. Sie hatte ihn lange nicht mehr so lachen gehört.

»Findest du das so lustig?« Sie war irritiert.

Er drehte sich wieder um und wischte sich über die Augen. »In der Tat, Anna, ich finde das urkomisch.«

»Und weshalb?« Nun war sie ein wenig verstimmt. Fand er sie so gänzlich ungeeignet dafür?

Er winkte ab. »Lass gut sein, und sei nicht beleidigt.«

»Ich bin nicht beleidigt, ich würde nur gern wissen …«

»Du könntest uns abends etwas vorsingen«, schlug er vor und schien auch das sehr lustig zu finden.

»Ganz bestimmt nicht«, erklärte sie und ging zur Tür. »Aber es freut mich, dass ich dich so erheitern konnte.«

Sie schlüpfte aus der Tür, als ihr Vater sagte: »Das steht dir nicht, Anna.«

Sie lugte durch den Türspalt. »Und was genau?«

»Du weißt, was ich meine.« Er drehte sich wieder zur Wand. Das Gespräch war für ihn beendet.

Anna zog die Tür fester hinter sich zu, als nötig gewesen wäre.

Ich werde mich nicht länger hinter dir verstecken, Papa, dachte sie auf dem Weg zu ihrer Stube. Ich bin erwachsen, ein eigenständiger Mensch mit einer eigenen Meinung. Ich werde mich auch nicht mehr von dir verunsichern lassen, das habe ich lange genug getan.

Die Wiener Jahre II

1925–1927

17

Auf dem Semmering, im Sommer 1925

Wie genoss Anna die diesjährigen Ferien! Nicht einmal ihr immer noch anhaltender Heuschnupfen und eine scheußliche Halsentzündung konnten ihre Freude trüben.

Der Vater hatte ihr nämlich einen Hund geschenkt – ob nun deshalb, weil er ihr einfach eine Freude machen wollte, oder um sie für ihre ausdauernde Hilfe zu belohnen, war ihr letztlich gleichgültig.

Als er mit dem Schäferhund in der Tür gestanden hatte, war ihr das Herz stehen geblieben. »Ich gehe doch richtig in der Annahme, dass es ein Schäferhund sein soll?« Seine Augen hatten nicht weniger geleuchtet als vermutlich die ihren.

Aber Wolf, so hatte sie den Hund genannt, gehörte ihr. Sie kümmerte sich um ihn, ging mit ihm Gassi und sorgte für ihn. Ihn musste sie mit niemandem teilen. Jeden Tag wanderte sie mit ihm hinauf in die Berge und schlug Wege und Pfade ein, die sie vorher nicht genommen hatte. Jetzt aber, mit einem so wachsamen Begleiter und Beschützer, wagte sie es.

Immer wieder musste sie ihn ansehen, wie um sich zu vergewissern, dass er keine Einbildung, kein Hirngespinst oder einfach nur ein schöner Traum war. Und jedes Mal zog ihr Herz sich vor lauter Glück zusammen. An einem der ersten Ferientage fand sie Alpenrosen und kniete sich ins Gras, um einen Strauß zu pflücken, während ihr Schäferhund, die Nase am Boden, den staubigen Wegrand beschnüffelte.

Anna setzte sich und zog die Beine unter den Rock, die Alpenrosen legte sie in ihren Schoß. Wolf hob nur kurz den Kopf, sah, dass sie ganz in der Nähe war, und stromerte weiter.

Wie entsetzt ihre Mutter gewesen war, als ihr Vater den Hund mitgebracht hatte. »Das ist nicht dein Ernst, Sigmund!«

»Beruhige dich, Martha.« Er hatte Wolf von der Leine gelassen, und der hatte schnurstracks Kurs auf Anna genommen, als wüsste er genau, wohin, besser gesagt zu wem er gehörte.

»Ich dachte, ich hätte mich klar ausgedrückt?« Ihre Mutter hatte geseufzt und resigniert den Kopf geschüttelt. Für den Bruchteil eines Augenblicks hatte sie Anna leidgetan. Es war nie schön, vor vollendete Tatsachen gestellt zu werden, das wusste Anna aus eigener, leidvoller Erfahrung.

Als kleines Mädchen hatte man sie zur Kur nach Meran geschickt. Sie sollte ihre Rückenschmerzen auskurieren und endlich ein bisschen zunehmen. Und während sie sich zusammengerissen und sich sehr bemüht hatte, ihr Heimweh nicht die Oberhand gewinnen zu lassen, hatte ihre Schwester Sophie geheiratet. Der Vater hatte Anna zwar in einem Brief davon erzählt, doch man hatte sie bei der Hochzeit ganz offenbar nicht dabeihaben wollen.

»Ich will wirklich keinen Hund in der Wohnung haben«, hatte ihre Mutter noch hinzugefügt. Doch es hatte bereits geklungen, als füge sie sich in ihr Schicksal. Weil sie wusste, dass ihr ohnehin nichts anderes übrig blieb, als es zu akzeptieren.

Anna hatte Wolfs Kopf gestreichelt. »Ich bitte dich, Mama, tu mir doch den Gefallen. Ich hab mir immer so sehr einen Hund gewünscht.«

»Herrschaftszeiten, Martha, nun sei doch nicht so!«, hatte ihr Vater gemurrt und missbilligend mit der Zunge geschnalzt. »Annerl hat in all den Jahren nie um etwas gebeten, und ich finde, wir sollten ihr diesen einen Wunsch nicht abschlagen.«

»Es ist ja wohl bereits beschlossene Sache.« Ihre Mutter war ins Wohnzimmer gegangen und hatte ihre Stickarbeit aufgenommen.

Anna war ihr gefolgt, sie wollte einlenken, sich versöhnlich zeigen, aber sie würde nicht einknicken. »Mama, sieh mal…«

»Lass gut sein, Anna.« Ihre Mutter hatte die Nadel energisch durch den Stoff geführt. Und dann hatte sie leise noch etwas gesagt. »Du hast diesen Hund ja verdient. Du tust so viel für den Papa.«

Als ihr Vater ins Zimmer gekommen war, hatte sie geschwiegen. Da glaubte Anna, sie durchschaut zu haben: Sie war wütend auf ihren Vater, weil er sie überrumpelt hatte, doch ihr Ärger richtete sich nicht gegen Anna selbst.

Jetzt lächelte Anna und band die Stängel der Alpenrosen mit einem längeren Grashalm zusammen. Sie würde sie ihrer Mutter schenken.

Am Abend zog sie sich mit einem Buch von Helene Deutsch zurück, das sie aus Wien mitgenommen hatte. Daheim war sie nicht dazu gekommen, es zu lesen.

Helene war eine frühere Schülerin ihres Vaters und die Frau, die ihr während ihrer kleinen Rede in der Psychoanalytischen Vereinigung so aufmunternd applaudiert hatte. Sie befasste sich vorrangig mit der weiblichen Psychologie, einem äußerst spannenden, hochinteressanten Thema. Wäre das Buch doch nur lebendiger geschrieben! Anna hatte oft Mühe, dem trockenen, nüchternen Text zu folgen. Warum nur schaffte es kaum jemand, seine Theorien und Gedanken so in Worte zu fassen, dass man mit Herz und Seele dabei war? Manchmal legte sie das Buch zur Seite und fragte sich, was sie da eigentlich gerade gelesen hatte. Auch bei Vorträgen passierte es häufig, dass sie abschweifte und an andere Dinge dachte, selbst wenn das Thema sie eigentlich interessierte.

Aber konnte sie selbst es besser? War sie imstande, die Menschen so zu fesseln, dass sie mit offenem Mund ihren Worten lauschten?

Um das herauszufinden, müsste sie es erst einmal versuchen, doch genau das war bisher an ihrer Angst, nicht zu genügen oder gar zu versagen, gescheitert. Was, wenn sie sich verhaspelte oder etwas Falsches sagte? Oder jemand etwas in den falschen Hals bekam? Sich in der Psychoanalytischen Vereinigung dann und wann zu Wort zu melden war das eine, eine Diskussion von sich aus zu beginnen und den eigenen Standpunkt vehement zu vertreten etwas völlig anderes. Davor hatte sie sich bislang gescheut. Aber Anna war bewusst, dass sie das ändern musste, wenn sie nicht auf lange Sicht in ihrem Kämmerlein hocken wollte, ohne dass sich jemand für ihre Meinung interessierte.

Ihr Vater vertrat die Ansicht, das freie, lebhafte Sprechen könne man lernen. Nun, dann sollte auch sie dazu imstande sein.

Eines späten Abends hatte Anna eine Idee: Von nun an würde sie ihre Spaziergänge nutzen, um das Halten von Reden und Vorträgen zu üben. Sie würde einfach Wolf zu ihrem Zuhörer machen.

Und so begann sie, auf ihren langen Wanderungen ihrem Schäferhund Vorträge zu halten. Für den Fall, dass sie nicht weiterwusste, machte sie sich vorher ein paar Notizen und steckte sie in ihre Dirndlschürze. Doch es passierte kein einziges Mal, dass ihr die Worte ausgingen. Sie schaffte es sogar, während des Sprechens den Weg vor sich im Auge zu behalten und dazu noch die herrliche Aussicht zu genießen. Offenbar beflügelten sie die frische Luft und ein schöner Wanderweg.

An einem herrlich sonnigen Nachmittag, an dem ein angenehm lauer Wind wehte, erzählte sie ihrem Hund von der kindlichen Abgrenzung gegen die Eltern und wie wichtig das war, als ihr auf dem schmalen, gewundenen Weg ein älteres Paar entgegenkam. Anna hatte die Hände auf dem Rücken verschränkt, und ihr Hund hatte sich ins weitläufige Buschwerk geschlagen, das zu beiden Seiten wuchs. Sie hörte es lediglich irgendwo rascheln.

»Grüß Sie Gott.« Der Mann tippte sich an den Hut und nickte ihr freundlich zu.

»Grüß Gott.«

In diesem Moment kam der Hund aus dem Gebüsch gesprungen und setzte sich neben Anna.

Die Frau stieß sofort einen spitzen Schrei aus und rief entsetzt: »Ein Wolf! Sieh nur, Alfred, ein Wolf!«

»Kein Wolf, nur ein Schäferhund. Aber er heißt Wolf.« Anna nahm den Hund an die Leine und bedeutete ihm, brav sitzen zu bleiben.

»Und er schaut aus wie einer.« Die Frau legte den Kopf schief und betrachtete den Hund skeptisch. »Er beißt doch nicht?«

»Nein, gewiss nicht.« Es wäre das erste Mal, wollte Anna schon hinzufügen, ließ es aber sein. Sie wollte die Frau nicht erschrecken.

»Ein Braver bist du.« Ohne Vorwarnung hatte der Mann die Hand ausgestreckt und Wolfs Kopf getätschelt. »Schau nur, Liesel, wie brav er ist.«

Das Paar spazierte weiter, und Anna wollte dort anknüpfen, wo sie eben aufgehört hatte. Doch es gelang ihr nicht, weil sie plötzlich an etwas denken musste, das sie in den letzten Tagen häufiger beschäftigt hatte. Ihr Vater hatte gemeint, es sei der Altruismus, was sie ausmache. Stimmte das? Und wenn ja, war es folgerichtig, dass sie so war? Weil sie immer nur gelernt hatte, sich zurückzunehmen? Machte es ihr nicht nur nichts aus, gefiel es ihr sogar? Weil sie so ihren eigenen Wünschen und Interessen keinen Raum geben musste?

»Bin ich so geworden, oder war ich schon immer so?«, fragte sie ihren Hund, der sie treu anblickte. »Bin ich womöglich sogar froh, weil ich mich auf diese Weise nicht mit mir selbst beschäftigen muss?«

Als sie schließlich weiterging, dachte sie darüber nach,

ob sie ihre altruistische Haltung aufgeben oder im Gegenteil sogar noch verstärken sollte. Waren Nächstenliebe, Hilfsbereitschaft und Rücksichtnahme nicht die wichtigsten Tugenden eines Menschen?

Nach einer Weile hörte Anna ein leises Plätschern: ein Bach, offenbar ganz in der Nähe. Sie machte die Leine los und schlüpfte aus ihren Wanderschuhen. Wolf war bereits nach links davongesaust, und sie folgte ihm vorsichtig. Ihr Vater hatte ihr erzählt, dass es an dem schmalen Bächlein, das sich zwischen den Felsen und Wiesen hindurchschlängelte, Kreuzottern gab.

Anna setzte sich auf einen Stein und zog die Strümpfe aus, um die Füße ins kühle Wasser zu halten. Eine Wohltat!

Sie blieb noch eine Weile sitzen, dann erhob sie sich, mit einem Mal furchtbar träge, zog Strümpfe und Schuhe wieder an, rief nach ihrem Hund und machte sich auf den Rückweg.

Leise singend marschierte sie los. Um ein Haar hätte sie vergessen können, dass es nach wie vor etwas gab, wonach sie sich sehnte. Aber im Laufe der Jahre hatte sie gelernt, sich diese Sehnsucht nicht ständig vor Augen zu führen. Auf alle Zeit würde es eine Lücke in ihrem Inneren geben, das wusste sie, doch sie wollte sich mit dem zufriedengeben, was sie hatte.

In dieser Nacht hatte sie zum ersten Mal nach langer Zeit wieder ihren Schatten-Traum. Sie saß in ihrem Arbeitszimmer am Schreibtisch, ihren Federhalter – ein Geschenk ihres Vaters – in der Hand, und schrieb einen Brief. Plötzlich war ihr, als schaute ihr jemand über die Schulter, und sie drehte sich halb um. Doch es war niemand zu sehen.

Als sie weiterschreiben wollte, kribbelte es in ihrem Nacken, und die feinen Härchen auf ihren Unterarmen stellten sich auf. Langsam drehte sie sich wieder um und erblickte nichts als die Wand. Und in diesem Augenblick wusste sie überraschenderweise, dass sie träumte. Das war neu. Nur ein Traum, und der konnte ihr nichts anhaben.

»Papa? Bist du das? Warum zeigst du dich nicht?«

Als Antwort war ein grollendes Lachen zu hören, ein Lachen, das ihr Gänsehaut bescherte.

Vom Semmering aus fuhr Anna nach Bad Homburg zum Psychoanalytischen Kongress. Ihr Vater würde wegen seiner Krankheit auch diesen Kongress versäumen.

Er war enttäuscht gewesen. »Und was wird aus meinem Vortrag? Könntest du ihn nicht an meiner Stelle halten?«, hatte er sie gefragt.

Und sie hatte, ohne zu zögern, eingewilligt.

Ganz wohl war ihr nicht dabei. Sie kannte den Vortrag natürlich, hatte ihn bereits gelesen, gleich nachdem er ihn verfasst hatte: *Einige psychische Folgen des anatomischen Geschlechtsunterschieds.*

Aber sie würde nicht kneifen.

Als sie in Bad Homburg ankam, stellte sie fest, dass sie gut daran getan hatte, einen warmen Mantel einzupacken. Himmel, war das kalt! Dabei war erst September, aber es fühlte sich an wie im November. Die Hotelangestellten liefen umher und verteilten warme Decken in den Zimmern.

Anna bezog ein geräumiges Zimmer mit schönem Ausblick. Sie hatte gehofft, zwischen den einzelnen Vorträgen im

Park spazieren gehen zu können, doch das Wetter war wenig einladend.

Sie freute sich auf das gesellige Beisammensein nach den Vorträgen. Es war immer sehr nett, sich mit den anderen Teilnehmern auszutauschen. Auch das gemeinsame Essen war jedes Mal interessant und anregend.

Anna ging früh schlafen, um am nächsten Tag ausgeruht zu sein. Und wurde prompt wieder von ihrem Schatten-Traum heimgesucht.

Ihr Vortrag war der erste an diesem Vormittag, und Anna war wie immer nervös. Doch bereits nach den ersten Sätzen wurde sie sicherer, und ihre Stimme klang fester und lauter.

Der Vortrag kam bei den Zuhörern gut an, aber das überraschte Anna nicht. Mehr überraschte sie, wie abgeklärt und losgelöst von ihrer eigenen Meinung sie ihn hatte vorlesen können.

Sie schätzte die Arbeit ihres Vaters außerordentlich, doch sie war mittlerweile selbstbewusst und eigenständig genug in ihrem Tun und Denken, dass sie sehr klar trennen konnte: hier die Ansichten des Vaters und dort ihre eigenen.

Dass ein Mädchen ohne Penis auf die Welt kam, betrachtete ihr Vater als ungenügende Ausrüstung. Natürlich müsse es da früher oder später heftigen Neid empfinden. Kam das Mädchen dann in die Pubertät, begann es allmählich zu begreifen, dass es keinen Sinn machte, sich einen Penis zu wünschen, und wünschte sich stattdessen ein Kind. Das Objekt seiner (Liebes-)Begierde war der Vater, und die Mutter wurde das Objekt seiner Eifersucht.

Anna wusste, dass ihr Vater sich Sorgen um ihre nicht

gelebte Sexualität machte. Wenn sie nicht heiraten wollte und es auch sonst keinen Mann gab, dem sie sich schenken mochte, wie sollte es nur mit ihr enden? Diese Frage hatte er sich und auch ihr schon häufig gestellt.

Ihre Antwort war immer gleich ausgefallen: »Sorg dich nicht, Papa, ich bin zufrieden so.«

Und das war sie auch. Von ihren geheimsten Wünschen und Sehnsüchten, die unverändert waren, wusste er nichts, und das sollte auch so bleiben.

18

Kurz nach dem Kongress sollte Anna einen neuen Patienten bekommen, einen zehnjährigen Jungen, der mit seiner Mutter und drei Geschwistern aus New York nach Wien gekommen war. Bisher wusste sie lediglich, dass er unter Asthma litt und einige psychosomatische Symptome zeigte.

Seine Mutter hatte an Annas Vater geschrieben und um einen dringenden Termin gebeten. »Mrs Burlingham scheint ganz außer sich«, hatte er zu Anna gesagt. »Ich habe ihr geantwortet, dass du dich der Arbeit mit Kindern verschrieben hast und dir bestimmt gern ihren Sohn ansehen würdest.«

Es war ein herrlicher Herbsttag, die Sonne schien hell und warm ins Fenster ihres Arbeitszimmers, als es zaghaft an der Tür klopfte und eine dunkelhaarige Frau hereinschaute. Auf Englisch entschuldigte sie sich, dass sie leider zu früh sei, ob sie und ihr Sohn trotzdem hereinkommen dürften.

Anna hatte sich aufgesetzt. »Sind Sie Mrs Burlingham?«

Als die Frau nickte, sagte sie: »Kommen Sie bitte herein.« Sie stand auf, um die beiden zu begrüßen, und wunderte sich über ihr unruhig pochendes Herz.

Die fremde Frau war fast einen Kopf größer als sie. »Es freut mich sehr, Sie kennenzulernen. Ich bin Dorothy Burlingham. Und das hier…«, sie legte den Arm um den Jungen, der neben ihr stand und Anna neugierig musterte, »ist mein Sohn Robert.«

Anna konnte den Blick nicht von Dorothy Burlingham lösen, es ging einfach nicht. Sie hätte auch unmöglich beschreiben können, was in diesem Moment in ihr vorging. Es war, als bestünde ihr Inneres urplötzlich nur noch aus warmen, weichen Wellen, die sanft gegen ihre Körperhülle schwappten und ihre Organe ein wenig aus dem Gleichgewicht brachten. Ein Ungleichgewicht, das sich allerdings nicht unangenehm, sondern aufregend anders – absolut himmlisch – anfühlte.

»Miss Freud?« Dorothy Burlingham schaute sie fragend an, lächelte ein wenig verunsichert.

»Bitte verzeihen Sie, ich war nur… ich wollte nur… Bitte setzen Sie sich doch.« Sie begrüßte den kleinen Robert, indem sie ihm ganz kurz die Hand aufs Haar legte. Es war ein Impuls, dem sie gefolgt war, normalerweise berührte sie Kinder nicht, ohne sie vorher zu fragen. Robert schien es nicht zu stören.

Seine Mutter hatte Platz genommen und strich mit der Hand immer wieder über ihren hellen Rock. Sie war elegant, aber unauffällig gekleidet und trug dezenten Schmuck. »Sie sprechen Englisch, wie schön«, sagte sie zu Anna.

»Ich habe als junges Mädchen einige Zeit in England verbracht«, erzählte Anna. »Außerdem übersetze ich für den Psychoanalytischen Verlag ins Englische. Das schult.«

Die beiden schauten einander an, bis Dorothy als Erste den Kopf senkte und auf ihre Hände schaute.

Ihr Sohn sagte etwas zu ihr, und sie schüttelte den Kopf.

Anna hatte nicht genau hingehört, meinte nur, etwas wie »Darf ich aufstehen und herumlaufen?« verstanden zu haben.

»Was fehlt Robert, Mrs Burlingham?«, fragte sie und wünschte, sie könnte sie Dorothy nennen. »Ich weiß bisher nur, dass er unter Asthma leidet.«

»Ich fürchte, ich muss etwas weiter ausholen, Miss Freud. Ich lebe von meinem Mann getrennt, er leidet unter einer Psychose. Einer seiner Ärzte meint, es sei eine schizoide Störung.«

Das ist harter Tobak, dachte Anna bestürzt. Die arme Frau. Und die armen Kinder.

»Er ist manisch-depressiv«, erzählte Dorothy weiter. »Mal lacht er wie ein Kind, freut sich über Kleinigkeiten, dann wieder verfällt er in eine abgrundtiefe Traurigkeit.« Sie winkte ab. »Verzeihen Sie, natürlich ist Ihnen eine solche Erkrankung bekannt.«

Anna nickte. »Reden Sie bitte weiter.« Sie schaute Dorothy gern dabei an, und sie genoss es, ihrer Stimme zu lauschen.

»Es war… schwierig, man wusste nie, worauf man sich einstellen musste. Robert war – mein Mann heißt auch Robert –, er war unberechenbar. Die Kinder begannen, Angst vor ihm zu haben. Besonders Bob hat sehr darunter gelitten.« Sie strich ihrem Sohn über den Kopf.

Der Junge hatte bisher keine Sekunde still gesessen, ständig waren seine Beine in Bewegung, und sein Oberkörper ruckte vor und zurück.

»Sie sehen es selbst«, meinte Dorothy leise. »Er ist ein – wie sagt man auf Deutsch – Zappelaugust?«

»Ein Zappelphilipp.« Anna nickte mitfühlend.

»Ich hatte von Ihrem Vater gelesen und war voller Hoffnung, dass er Bob helfen kann. Ich habe ihm geschrieben, und er schrieb zurück, dass seine Tochter sich der Arbeit mit Kindern widmet. Ich bin Ihnen so dankbar, Miss Freud, ich kann Ihnen gar nicht sagen, wie sehr.«

»Wohnen Sie jetzt hier in Wien?«

Dorothy nickte. »Wir haben ein hübsches Haus gemietet mit einem herrlichen Garten.«

»Dann werden Sie vorerst nicht nach Amerika zurückkehren?« Anna wunderte sich über ihre eigene Frage. Es war, als müsste sie unbedingt wissen, ob Dorothy vorhatte, in Wien zu bleiben.

Dorothy schüttelte den Kopf. »Ich muss auch an meine Kinder denken.«

Der erste und wahrscheinlich schwerste Schritt ist vollzogen, dachte Anna. Sie spricht von »meinen Kindern«, nicht von »unseren«.

In ihrem Büchlein notierte sie sich: Robert, zehn Jahre alt, Sohn von Dorothy Burlingham, aufgewachsen in New York. Trennung der Eltern aufgrund psychischer Störung des Vaters (manisch-depressiv, eventuell schizoid), unruhig, lebhaft, sitzt nicht still, leidet unter Asthma.

»Bei den ersten beiden Sitzungen dürfen Sie dabei sein, Mrs Burlingham«, sagte sie anschließend und legte ihren Füllfederhalter beiseite. »Danach würde ich gern allein mit Robert sprechen.«

»Sagen Sie ruhig Bob, er kennt es nicht anders.«

»Bob.« Anna lächelte und hätte vor Glück jauchzen können, als Dorothy das Lächeln erwiderte.

Anna beriet sich mit Eva Rosenfeld über den Jungen.

Die beiden saßen in Evas Garten, der Wind wehte das bunte Laub umher und hatte unter den Sträuchern schon kleine Häufchen zusammengetragen. Über ihnen in einer alten Linde saßen zwei Amseln, die einander offenbar im Gesang übertreffen wollten. Eva hatte frischen Kaffee gebracht und einen Teller mit selbst gebackenen Plätzchen auf den Tisch gestellt.

»Bob ist ein lebhaftes Kind, ein kleiner Wildfang. Ich mag ihn nicht zwingen, still zu sitzen.«

»Bist du der Meinung, dass man ein Kind grundsätzlich zu nichts zwingen sollte?«, wollte Eva wissen.

»Ich würde versuchen, dem Kind das, was es tun muss, so schmackhaft zu machen, dass es seine Aufgabe gern erledigt.«

»Und das funktioniert, glaubst du?«

Anna zuckte mit den Schultern. »Wie gesagt, ich würde es versuchen. Es wäre ein erster Schritt.«

»Ich finde, Kinder müssen lernen, auch das zu tun, was sie nicht mögen. Was sie vielleicht sogar verabscheuen.«

»Aber das werden sie dann nur halbherzig und sehr wahrscheinlich mehr schlecht als recht tun.«

»Ist das wichtig, Anna? Ist es nicht vernünftig, ein Kind an seine Aufgaben als Erwachsener zu gewöhnen? Erledigst du immer alles mit Hingabe und Inbrunst?«

Anna musste lachen. »Nein, leider nicht.«

»Leider? Also würdest du gern alles mit Hingabe tun?«

»Ja, ich denke schon.«

»Interessant.« Eva rührte in ihrer Tasse. »Ich denke, meine Tochter ist ein gutes Beispiel. Mädi ist gerade dreizehn geworden, ein lebhaftes, ehrgeiziges und blitzgescheites

Mädchen. Sie tut das, was man von ihr erwartet, mit Ernsthaftigkeit und Genauigkeit.«

»Und das, wofür sie brennt, mit Eifer und großer Leidenschaft. Hab ich recht?«

»Ja, so ist es. Aber alles andere mit Disziplin, und das ist es doch, worauf es ankommt.«

»Sie scheint für ihr Alter recht erwachsen zu sein.«

Eva lächelte. Wie stolz sie auf ihre Tochter war, war unverkennbar. »Das ist sie. Sie hat früh gelernt, auch das zu tun, was ihr missfällt. Weil es getan werden muss.«

Anna nickte nachdenklich. »Wahrscheinlich hast du recht. Aber es behagt mir ganz und gar nicht, ein Kind zu etwas zu zwingen, was es verabscheut. Ich würde immer versuchen, ihm die verhasste Aufgabe ein wenig zu versüßen.«

»Wenn man es genau nimmt, kann auch das eine Art Zwang sein.«

»Nein, das finde ich nicht.«

Eva seufzte und musste gleichzeitig lachen. »Da werden wir uns wohl nicht einig werden, Anna.«

»Was nichts daran ändert, dass ich dich furchtbar nett finde.«

Sie schauten sich an und lachten beide.

»Zurück zu Bob«, nahm Anna schließlich den Faden wieder auf. »Er rennt ständig umher, kratzt sich an den Armen, und manchmal bekommt er keine Luft. Er leidet unter Asthma, und je mehr er rennt, desto schlimmer wird es.«

»Natürlich.« Eva nickte. »Aber er ist ein Kind, er begreift das noch nicht. Redet er, oder lässt er dich auflaufen?«

»Manchmal plappert er wie ein Wasserfall, dann wieder ist er furchtbar verstockt.«

»Und seine Mutter?«

Anna schluckte. Wie oft hatte sie in den letzten Tagen an Dorothy gedacht, hatte ihre Stimme im Ohr, ihr Lächeln vor Augen gehabt. »Sie ist eine ganz reizende Frau«, hörte sie sich sagen. »Ich mochte sie auf Anhieb. Sie ist furchtbar in Sorge. Sie hat ihren Mann verlassen, weil er psychisch krank ist. Sie hat es nicht mehr ertragen, weil sie glaubte, ihre Kinder ständig vor ihm beschützen zu müssen.«

»Wie schrecklich. Wie viele Kinder hat sie?«

»Vier. Zwei Buben und zwei Mädchen.«

Eva war anzusehen, dass sie an ihre eigenen Kinder dachte, besonders an die, die sie hatte hergeben müssen.

Doch sie hatte sich schnell wieder im Griff. »Möchtest du ein Nussplätzchen?« Sie schob Anna den Teller hin. »Greif zu, wir haben gestern vier Bleche voll gebacken.«

Anna nahm sich eins und knabberte daran. »Sie hat mir erzählt, dass sie Bob am liebsten an einer besonderen Schule unterbringen würde. Sie verabscheut den Drill an den gewöhnlichen Schulen und befürchtet, dass Bob dort untergeht. Ich sehe hin und wieder Parallelen zu meinem Neffen Ernst. Auch er ist sehr empfindsam und scheu, dabei aber äußerst gescheit. Er wäre zu großer Leistung fähig, wenn man ihn ließe.« Sie schaute Eva herausfordernd an. »Bist du denn auch der Meinung, dass man Kinder zwingen kann, die Schule zu mögen?«

Eva lachte wieder. »Lass mich darüber nachdenken, ja?«

»Ernst bräuchte eine Schule, in der man sich um jedes einzelne Kind so kümmern kann, wie es nötig ist. Oft kann man doch eine Klugheit bei einem, sagen wir, sehr temperamentvollen Kind gar nicht erkennen. Weil das Kind zu wild, zu aufsässig, vielleicht auch zu frech ist.« Anna verzog das Gesicht. Frech und aufsässig war auch sie einst gewesen. »Ich spreche aus Erfahrung, musst du wissen.«

»Ach ja?«

»Deshalb verstehe ich diese Kinder so gut. Kein Kind kommt ungezogen und vorlaut auf die Welt. Es wird dazu gemacht, weil die Welt um es herum…« Anna suchte nach Worten. »Weil die Welt das Kind erschreckt, es mutlos macht und ängstlich. Weil die Eltern überfordert sind, nicht auf das Kind eingehen und es am liebsten anders haben wollen.«

»Ist das bei Bobs Mutter auch so?«

»Ich weiß es nicht«, antwortete Anna. »Dazu kenne ich sie noch nicht gut genug. Es macht nicht den Anschein, aber das kann täuschen.«

Sie schwiegen eine Weile, tranken Kaffee und hingen ihren Gedanken nach.

»Seit Ernsts Vater wieder geheiratet hat…« Anna hatte laut gedacht, aber nun war es heraus. »Der Junge tut mir leid. Ich habe sogar schon überlegt, ihn zu mir zu nehmen. Im Frühjahr hat er eine kleine Schwester bekommen, sie heißt auch Eva. Ich fürchte, dass er sich wie das fünfte Rad am Wagen fühlt. Dabei ist er so sensibel, bezieht alles auf sich. Er hat so viel ertragen müssen. Erst der Tod seiner Mama, dann stirbt sein kleiner Bruder, und der Vater gründet eine neue Familie. Das muss ein Kind erst mal verdauen.«

»Der Arme.«

Anna nickte. »Eine Kinderseele kann furchtbar verletzt werden.«

»Und du hast dir auf die Fahne geschrieben, sie zu heilen.«

»Ich will ihnen die Angst nehmen, damit wäre schon viel erreicht.« Ihr Kaffee war inzwischen kalt geworden, sie trank ihn trotzdem.

Ein Spatz landete auf dem Tisch, als säßen die beiden Freundinnen gar nicht da. Eifrig hüpfte er umher und pickte die Kekskrümel auf.

Eva schüttelte ungläubig den Kopf. »Nun sieh dir diesen kleinen Kerl an. Er hat Angst vor uns, aber er wagt es trotzdem. Weil das, was er ergattern kann, eine allzu große Verlockung ist.«

Anna hatte aufgeblickt und lächelte über die Kühnheit des Vogels. »So müsste es bei allen Kindern sein, nicht wahr? Sie sollten die Möglichkeit bekommen, etwas auszuprobieren, Erfahrungen zu machen. Niemand soll ihnen auf die Finger schlagen und sagen: Das geht aber nicht. Kinder müssen sich selbst ausprobieren dürfen, sie sollen frei in ihrem Denken sein.«

Sie hatte sich ein bisschen in Rage geredet, wie so oft, wenn sie von einem Thema sehr berührt war. Nun wischte sie ein paar Krümel von ihrem Dirndl, und der kleine Spatz kam angesaust und schnappte sie sich. »Er wird immer mutiger, weil es beim ersten Mal funktioniert hat.«

Eva goss ihr frischen Kaffee ein. »Lass ihn nicht wieder kalt werden. Ich bin froh, dich kennengelernt zu haben, Anna. Es tut gut, mit jemandem zu sprechen, dem Kinder genauso am Herzen liegen wie mir.«

Anna lächelte. »Das hätte ich sagen können, Eva.«

Bevor sie sich verabschiedete, sah sie nach Paula.

Das Mädchen war gerade dabei, einen Laubhaufen zusammenzuharken. »Fräulein Freud!« Sie hatte den Kopf gehoben und strahlte.

»Ich muss dich wohl gar nicht erst fragen, wie es dir geht, Paula. Dann hast du dich gut eingelebt?«

Das Mädchen nickte. »Wir sind hier alle miteinander befreundet.«

»Das ist sehr schön, Paula.«

»Und ich bin fleißig.« Sie zeigte nach rechts. »Sehen Sie dort die Kohlköpfe? Die habe ich gepflanzt. Die Gartenarbeit macht mir einen Riesenspaß.«

Eva gesellte sich dazu. »Und sie ist eine sehr gute Schülerin.«

Paula errötete vor Freude. »Ich gehe gern zur Schule.« Sie harkte weiter. »Wir harken das Laub zwar zusammen, lassen es aber unter den Büschen liegen, Fräulein Freud«, plapperte sie vergnügt. »Für die Igel. Und wir haben zwei Eichhörnchen, die eifrig Nüsse sammeln. Eva sagt, dass sie viele davon nicht wiederfinden, und aus denen wachsen dann im nächsten Jahr neue Bäume. Vielleicht möchte ich Gärtnerin werden.«

»Du bist doch schon eine«, sagten Eva und Anna gleichzeitig und mussten lachen.

Paula hob überrascht die Augenbrauen, dann grinste sie. »Stimmt. Dann kann ich ja doch vielleicht Ärztin werden.«

»Was macht dein Ungeheuer?« Anna hatte das Mädchen beiseitegenommen und die Stimme gesenkt.

»Es sucht mich nur noch ganz selten heim. Und wenn doch …« Paula lachte und machte eine ausladende Handbewegung. »Fliege ich ihm davon.«

Anna wurde von einem warmen, äußerst freudigen Gefühl durchflutet.

Das verstärkte sich noch, als Paula zaghaft den Arm um sie legte und sagte: »Danke, Fräulein Freud.«

19

Wien, im Winter 1925

Jeden Morgen ging Anna mit ihrem Hund am Donau-Ufer spazieren, auch dann, wenn ein eisiger Wind pfiff oder es wie aus Kübeln schüttete.

Sie nutzte diese Spaziergänge, um sich in Ruhe auf den Tag vorzubereiten und nachzudenken. Über Bob zum Beispiel, der nur sehr langsam Fortschritte machte, und über seine Mutter.

Dorothy. Anna seufzte. Am liebsten würde sie den Namen singen.

»Was ist nur mit mir?«, fragte sie ihren Hund. Und was war mit Dorothy? Was sah sie in ihr? Nur die Analytikerin ihres Sohnes?

Anna wünschte, sie würde sich trauen, auf Dorothy zuzugehen.

Ich könnte sie zu meinem Geburtstag einladen, schoss es ihr durch den Kopf. Das war *die* Idee! Darauf hätte sie längst schon kommen können.

Doch die Vorstellung, neben Dorothy auf dem Sofa zu sitzen, Kaffee zu trinken und zu plaudern, machte sie ganz nervös.

Vielleicht findet sie mich furchtbar fad, vielleicht mag sie mich nicht mal. Ihr Herz zog sich allein bei dem Gedanken daran zusammen.

Es half nichts, sie würde es herausfinden müssen.

Es war Annas dreißigster Geburtstag, ein denkwürdiger Tag.

Früher war ihr der Geburtstag immer ein wenig unangenehm gewesen. Sie stand nicht gern im Mittelpunkt, und Geschenke entgegenzunehmen empfand sie als große Anstrengung, vor der sie sich am liebsten gedrückt hätte. Wenn jemand mit einem Geschenk ins Schwarze traf, war es ihr peinlich, ihre Freude offen zu zeigen, und wenn ein Geschenk ihr missfiel und sie sich fragte, was zum Kuckuck der Schenkende sich dabei gedacht hatte, musste sie sich zusammenreißen, ihm nicht genau diese Frage zu stellen.

Aber auf ihren diesjährigen Geburtstag freute sie sich. Weil sie sich getraut hatte, Dorothy einzuladen, und die sofort zugesagt hatte.

Ich glaube, ich bin ein bisschen erwachsener geworden, schrieb sie am Abend vor ihrem Geburtstag an Lou. *Es muss am Alter liegen – vielleicht wird man mit dreißig sozusagen über Nacht reifer, erwachsener?*

Sie ließ ihren Füllhalter sinken. Unsinn, sie war ja noch gar nicht dreißig, sondern erst neunundzwanzig. Sie musste über sich selbst lachen.

Gleichgültig, was es ist und woran es liegt, schrieb sie weiter, *ich bin fest entschlossen, diesen Geburtstag gebührend zu feiern. Und ihn zu genießen.*

Von Dorothy schrieb sie kein Wort.

Als sie am Morgen ihres Geburtstags aufwachte, fühlte sie sich krank, elend. Offenbar brütete sie etwas aus.

Von wegen gebührend feiern und genießen, dachte sie enttäuscht. So, wie es aussieht, werde ich meinen Dreißigsten im Bett verbringen. Nur ich und eine Kanne Pfefferminztee. Die Gratulanten kamen und gingen, Anna hörte die Türschelle und das Fußgetrappel im Flur. Hin und wieder vernahm sie auch Stimmen und schnappte einzelne Wortfetzen auf.

Von Lou kam eine selbst geschriebene Geschichte mit dem verheißungsvollen Titel *Die Geliebte,* geschrieben in Lous unverwechselbarer, leidenschaftlicher Handschrift.

Anna ärgerte sich über ihre glühenden Wangen, als sie das Geschenk vor den Augen ihrer Eltern auspackte und den Titel laut vorlesen sollte.

»Die Geliebte, so, so.« Ihr Vater lachte dröhnend.

»Sigmund.« Ihre Mutter schnalzte mit der Zunge. »Sieh doch, du machst unser Annerl ganz verlegen.«

Am frühen Abend lag Anna noch immer im Bett, eingemummelt bis zum Kinn, als es leise an der Tür klopfte.

»Schläfst du schon?« Ihre Tante.

»Nein, komm nur herein.«

»So viele Briefe und Karten, Annerl.« Ihre Tante seufzte. »Ein Jammer, dass du sie nicht sehen kannst.«

Anna zeigte zum Tisch links von ihr, wo ein ganzer Stapel Briefe lag. »Meinst du die?«

Ihre Tante winkte ab. »Nein, ich spreche von dem Stapel im Wohnzimmer. Du wirst Augen machen.« Sie stellte ein Tablett auf den Tisch, darauf eine frische Kanne Tee und ein Teller mit belegten Broten. »Dein Lieblingskäse.«

»Ich bekomme nichts hinunter, Tante.«

»Papperlapapp. Wer krank ist, muss essen.«

»Selbst, wenn er's am Magen hat?«

Ihre Tante überging den Einwand einfach. »Trink wenigstens brav den Tee. Und immer schön auf der linken Seite liegen, da ist der Magenausgang.«

»Ich weiß, Tante.«

»Ich meine ja nur.« Ihre Tante huschte zur Tür, warf ihr eine Kusshand zu und verließ das Zimmer.

Offenbar hatte sie geschlafen. Ein eigenartiges Geräusch ließ sie hochschrecken. Sie blinzelte. Was war das?

Klopfte jemand an die Tür?

Anna setzte sich schlaftrunken auf. »Wenn du das bist, Tante, warum kommst du nicht herein?«

Die Tür wurde geöffnet, und ihr Herzschlag setzte kurz aus. Dorothy trat ein, einen herrlichen Blumenstrauß in der Hand. »Ihre Mutter meinte, ich solle ruhig klopfen. Ich hoffe, ich störe nicht, Anna. Miss Freud.«

»Anna gefällt mir sehr gut.« Sie war erstaunt, dass sie überhaupt sprechen konnte.

»Wenn Sie mich Dorothy nennen.« Sie hatte sogar eine Vase dabei. Sie stellte die Blumen ins Wasser, zupfte sie zurecht und stellte die Vase ans Fenster. »Ich hoffe, Ihnen gefallen Anemonen.«

»Sie sind zauberhaft.« Anna hatte dabei nur Dorothy angesehen.

»Es sind meine Lieblingsblumen, und ich dachte, vielleicht mögen Sie sie auch.«

»Setzen Sie sich doch.« Am liebsten wäre sie aus dem

Bett gesprungen, hätte den Sessel ans Bett gerückt, die Vorhänge geschlossen, eine Kerze angezündet… Aber sie war im Nachthemd! Noch dazu in ihrem ältesten, schäbigsten. Es war das wärmste, ihr Lieblingsnachthemd, in das sie sich herrlich einkuscheln konnte.

Dorothy zog sich einen Stuhl heran und nahm Platz. »Herzlichen Glückwunsch zum Geburtstag.«

»Vielen Dank, Dorothy.«

»Geht es Ihnen schon etwas besser? Es ist nicht schön, an seinem Geburtstag krank zu sein.«

»Das ist wahr, aber ja, es geht mir schon besser. Meine Tante hat mich mit mehreren Kannen Tee versorgt.«

»Es ist wunderbar, wenn es jemanden gibt, der sich um einen kümmert.« Dorothy lächelte, ein wehmütiges, trauriges Lächeln.

Ich würde mich um dich kümmern, Dorothy. Bis ans Ende meiner Tage würde ich das tun…

Anna stopfte sich schnell ein Kissen in den Rücken, um ihre Verlegenheit zu überspielen. Sie achtete darauf, dass nur noch der Kragen von ihrem Nachthemd zu sehen war.

»Ich habe ein kleines Geschenk für Sie.« Dorothy öffnete ihre Handtasche und nahm ein flaches Päckchen heraus.

Es war ein Buch, das sah Anna gleich. Es war in hübsches dunkelblaues Papier eingewickelt, auf dem eine einzelne rote Anemone befestigt war.

Ihre Hände zitterten so sehr, dass sie das Papier kaum aufbekam. »Ich weiß gar nicht, was ich sagen soll«, stammelte sie. Hatte sie sich je so über ein Geschenk gefreut?

Endlich hatte sie das Papier entfernt. Es war *Mrs Dalloway* von Virginia Woolf. Anna lächelte. »Danke, Dorothy.«

»Mögen Sie Virginia Woolf?«

»Viel habe ich noch nicht von ihr gelesen, aber ja, ich mag sie sehr.«

»Ich verschenke gerne Bücher, die ich selbst mag.« Dorothy blickte sich im Zimmer um.

»Man kann hinterher gemeinsam so wunderbar darüber philosophieren, nicht wahr?«

Dorothy lachte. »Ja, das finde ich auch.«

»Wie geht es Bob?«

»Manchmal denke ich, es geht aufwärts, dann wieder… Heute war er wieder ganz besonders unruhig.« Sie wirkte plötzlich niedergeschlagen. »Ich habe Angst, Anna. Angst, dass er die Krankheit seines Vaters geerbt hat.«

Anna schluckte. »Natürlich ist das nicht vollkommen abwegig, und das wissen Sie längst. Aber ich glaube nicht daran.«

»Nein?«

»Bob hat sehr mit der Trennung zu kämpfen, das ist ganz natürlich für einen Jungen in seinem Alter. Väter haben im besten Fall eine Vorbildfunktion, und wenn ein Vater schwach und unberechenbar ist, wirft das ein Kind aus der Bahn. Es möchte sich ja auf seine Eltern verlassen können, sich geborgen und beschützt fühlen.«

Dorothy hatte bei jedem Wort genickt.

Sie unterhielten sich noch eine Weile, dann verabschiedete sich Dorothy wieder und ließ Anna allein.

Und seltsamerweise fühlte sie sich auch urplötzlich ganz genau so: allein. Als hätte Dorothy eine gewaltige Leere hinterlassen.

In dieser Nacht träumte Anna das erste Mal von ihr.

Sie saß wie so oft am Schreibtisch, und Dorothy kam herein.

»Du solltest nicht so viel arbeiten, Anna.«

»Ich habe aber so viel zu tun.«

Dorothy streckte die Hand aus. »Komm, lass uns einen Spaziergang machen. Aber deinen Vater nehmen wir nicht mit.«

Anna musste lachen. »Wie kommst du darauf, dass ich meinen Vater mitnehmen will?«

20

Am Tag darauf fühlte Anna sich frisch und munter, als wäre nichts gewesen. Sie spazierte mit Wolf zum Donau-Ufer, wo er sogleich vergnügt ins Wasser sprang und pudelnass wieder herauskam. Nicht nur das, er stank zum Himmel.

Anna musste sich die Nase zuhalten, und sie schimpfte mit ihm. »Alter Schmutzfink, schäm dich. Die Mama wird dich nicht in die Wohnung lassen, das hast du nun davon.«

Ihre Mutter würde außer sich sein.

Auf dem Rückweg machte sie sich in Gedanken einen kleinen Notizzettel. Es gab so viel zu tun, dass sie befürchtete, die Hälfte zu vergessen. Hier Korrekturen, da die Briefe, die ihr Vater diktierte, dort eine Übersetzung. Nicht zu vergessen ihre Patienten und die Arbeit im Lehrinstitut.

Sie horchte in sich hinein. Fühlte sie sich überfordert?

Dann und wann vielleicht, ja. Aber sobald sie an Dorothy dachte, war ihr, als wäre sie unbesiegbar. Gemeinsam mit Dorothy könnte sie die Welt aus den Angeln heben.

Als sie schließlich die Haustür in der Berggasse aufschloss, bemerkte sie, dass sie die ganze Zeit gelächelt hatte. Weil ihr Dorothy nicht aus dem Sinn ging.

»Servus, Anna.« Frau Mathias aus dem Stockwerk unter ihnen kam die Treppe herunter. Sie sah blass aus, ihre Augen waren gerötet.

»Servus, Frau Mathias. Ist Ihnen nicht gut?«

Die Nachbarin wischte sich rasch und ein wenig verschämt, wie es Anna schien, über die Augen. »Nein, nein, es ist nichts.« Sie seufzte leise. »Nur das Üblichc, man kennt das ja.«

»Ich verstehe nicht …«

Sie blieben voreinander stehen.

»Gestern Abend waren mein Mann und ich aus. Wir waren nach langer Zeit mal wieder im Theater. Es war herrlich.« Sie lächelte flüchtig. »Als wir heimgingen, kam eine Gruppe junger Männer an uns vorbei, und sie …« Es bereitete ihr sichtlich Mühe, es auszusprechen. »Sie haben uns beschimpft. Dreckiges Judenpack haben sie uns genannt, und andere Worte, die ich nicht sagen werde.«

Anna legte ihr mitfühlend die Hand auf den Arm.

»Ist der Herr Papa wieder wohlauf?«, wechselte die Nachbarin rasch das Thema.

Annas Vater hatte sich wieder mal eine Influenza eingefangen und musste das Bett hüten. Er sah grau und eingefallen aus, wie Anna am Morgen erschrocken bemerkt hatte, als sie ihm das Frühstück brachte. Er müsste sich mehr schonen, aber es war vergebliche Liebesmüh, ihn ständig daran zu erinnern. »Nein, er fiebert noch und hütet das Bett.«

»Richte ihm meine Genesungswünsche aus.«

»Das werde ich tun.«

Anna öffnete den Briefkasten und nahm einen Stapel Briefe heraus. Die meisten waren wie immer für ihren Vater.

Als sie kurz darauf in ihrem Arbeitszimmer das Fenster aufmachte, fiel ihr der Traum wieder ein. Sie überlegte, ob er etwas mit ihrem Schatten-Traum zu tun hatte.

Es klopfte, und sie nestelte an ihrem Blusenkragen und strich ihre Schürze glatt.

Als Dorothy mit Bob hereinkam, hüpfte ihr Herz. »Pünktlich wie immer. Setzen Sie sich, Dorothy.«

Bob begann sofort, im Zimmer umherzulaufen. Er inspizierte die Regale, nahm Bücher heraus, stellte sie wieder hinein, ging zur Tür und wieder zurück, blickte aus dem Fenster, kratzte sich die Ellbogen und raufte sich das Haar.

»Es ist schlimm heute«, raunte Dorothy.

»Bob, würdest du dich bitte hinsetzen?«, bat Anna.

Er nickte, setzte sich, stand aber gleich wieder auf.

»Heute Nacht hatte er einen Asthmaanfall«, sagte Dorothy.

»Schlimmer als für gewöhnlich?«

»Nein, aber er ist heute noch unruhiger als sonst. Ich glaube, es ist wegen der Schule, Anna. Er mag nicht hingehen.«

Sie hatten bereits darüber gesprochen, dass Bob sich in der Schule nicht sonderlich wohlfühlte. Hinzu kam, dass er noch Probleme mit der neuen Sprache hatte und die anderen Kinder nicht verstand.

»Ich glaube, ich würde heute gern allein mit ihm reden«, sagte Anna. »Ich werde Ihnen hinterher selbstverständlich ausführlich berichten.«

»Versuchen Sie Ihr Glück.« Dorothy stand auf und ging hinaus.

Bob hatte ihr nachgeblickt und starrte nun auf die geschlossene Tür. »Wo ist sie hingegangen?«, fragte er in recht gutem Deutsch.

Anna lächelte ihn an. »Das hast du gut gemacht, Bob. Dein Deutsch wird immer besser. Deine Mutter wird draußen auf dich warten.«

»Auf der Straße?«, fragte er mit ängstlicher Stimme.

»Nein, auf dem Flur. Vielleicht wartet sie aber auch in der Küche. Die Köchin hat gestern leckere Plätzchen gebacken. Möchtest du später auch welche?«

Er nickte zögernd.

»Erzählst du mir von der Schule, Bob?«

Er schüttelte den Kopf.

Wer direkt fragt, bekommt eine direkte Antwort, dachte Anna. »Ich würde mir wünschen, dass du mir ein bisschen von der Schule erzählst.«

Bob verdrehte die Augen, als wäre das eine kaum lösbare Aufgabe. Schließlich seufzte er ergeben. »Ich hasse es dort. Alle sind gemein, auch die Lehrer. Die Kinder lachen über mich. Ich hasse sie.«

»Ist von den Kindern jemand dabei, den du gern zum Freund hättest?«

Er schüttelte heftig den Kopf und schnaubte. »Ich hasse alle.«

»Das ist traurig, Bob, und das tut mir sehr leid. Jeder braucht einen Freund.«

»Du auch?« Es klang ungläubig.

»Natürlich.«

Er betrachtete sie nachdenklich. »Mochtest du die Schule?«

»Manchmal ja, manchmal nein.«

Die Antwort schien ihn zu erheitern. »Eine komische Antwort.«

»Komisch? Nein, eigentlich nicht. An manchen Tagen habe ich mich ungeheuer auf die Schule gefreut, auf meine Klassenkameraden und das gemeinsame Spielen im Pausenhof. An anderen Tagen wäre ich am liebsten gar nicht hingegangen. Ich hatte Angst, an die Tafel zu müssen und mich beim Spielen zu blamieren.«

»Wieso?«

»Weil man sich hin und wieder blamiert. Das passiert Kindern und auch Erwachsenen. Man sagt oder tut etwas, was die anderen urkomisch finden.«

»Zum Beispiel, wenn man sagt, dass der Vater verrückt ist?«

Anna nickte. »Zum Beispiel, ja.«

»Dein Vater ist aber nicht verrückt, oder?«

»Nein.«

»Magst du deinen Papa?«

Sie musste schlucken. »Ja, sehr sogar. Und du? Magst du deinen?«

Bob schniefte leise, und ihr Herz zog sich zusammen. Dann brach es aus ihm heraus. »Nein, ich hasse ihn! Und wie ich ihn hasse!« Er sackte in sich zusammen, schluchzte und ballte die Fäuste. »Aber ich hab ihn auch so lieb.«

Anna stand auf und hockte sich neben ihn. »Es ist gut, dass du es ausgesprochen hast, Bob. Du darfst beides empfinden.«

»Findest du das nicht verrückt?« Er hatte den Kopf gehoben und blickte sie mit tränennassem Gesicht an, die Nase gerötet.

»Nein, das finde ich nicht.«

Der Junge sprang vom Stuhl und warf sich ihr an die

Brust. Seine Arme umschlangen ihren Hals, und sie musste aufpassen, dass sie das Gleichgewicht nicht verlor. »Ich bin ein böser Junge, oder?«

»Wie kommst du denn darauf, Bob?«

Er schwieg, und sie überlegte, ob Dorothy irgendwann etwas in der Art zu ihm gesagt hatte. Es war kaum vorstellbar, aber auch nicht ganz unmöglich. Vielleicht hatte Dorothy die Nerven verloren? Sie hatte eine Menge durchzustehen, und da sagte man schon mal etwas, was einem hinterher leidtat.

Anna strich dem Jungen beruhigend über den Rücken. Täuschte sie sich in Dorothy, war sie möglicherweise überfordert und nicht die gute Mutter, die Anna in ihr sah?

In dieser Nacht kam ihr Schatten-Traum zurück.

Diesmal war sie mit Wolf an der Donau unterwegs, als er plötzlich, wie aus dem Nichts, über ihr schwebte. Nach und nach zeichnete sich das Gesicht ihres Vaters ab, rauchend und mit finsterem Blick musterte er sie.

»Lass mich, Papa, ich bitte dich!«, stieß sie aus.

»Du bist meine Tochter«, sagte er mit hohler Stimme.

»Das bleibe ich doch auch!« Es klang wütend, trotzig.

Er lachte.

»Und lach mich nicht aus, Papa! Das kann ich nicht ausstehen!«

Er verzog das Gesicht, schien etwas sagen zu wollen, doch aus seinem Mund kam nur Rauch.

Anna tat etwas, was sie noch nie getan hatte: Sie lief davon.

21

Wien, im Frühjahr 1926

Anna freute sich über jeden Tag, den sie am Schreibtisch verbringen und mit ihren Patienten sprechen konnte.

An diesem Nachmittag hatte Karoline einen weiteren Termin. Als sie hereinkam, sah Anna sofort, dass es ihr gut ging. Fröhlich begrüßte sie sie und setzte sich. »Haben Sie gesehen, Fräulein Freud? Ich musste nicht noch mal zur Tür zurück, um nachzusehen, ob sie auch richtig geschlossen ist.«

Sie zeigte auf Annas Füllfederhalter. »Der ist aber hübsch.«

»Mein Vater hat ihn mir geschenkt.«

»Mein Vater hätte mir nie etwas so Schönes geschenkt.«

»Vielleicht hat er nicht gewusst, was dir gefallen würde.«

Karoline schaute sie verblüfft an. »So habe ich das noch gar nicht gesehen.«

»Es ist schön, dass es dir heute so gut geht.«

»Gestern war es nicht so gut.«

»Erinnerst du dich daran, was ich dir gesagt habe? Ein Zwang kann wiederkommen, wenn sich etwas in deinem Leben ändert. Das bedeutet aber nicht, dass er wieder die Macht über dich hat.«

Karoline nickte, lächelte. »Die habe nur ich selbst.«

Neuerdings kam es vor, dass Dorothys Kinder überraschend vor der Tür standen, um Zeit mit Anna zu verbringen.

Anfangs war sie sehr irritiert gewesen. Durfte sie als Analytikerin, die den Kindern helfen sollte und immer Distanz zu wahren hatte, sich auch einfach nur als …?

Ja, als was sah sie sich, und was sahen die Kinder in ihr? Sie hatten eine liebevolle, umsichtige Mutter und waren gewiss nicht auf der Suche nach einer Ersatzmutter. Aber was war Anna dann für sie?

Irgendwann kam Anna zu dem Schluss, dass sie womöglich nichts weiter als eine Spielkameradin in ihr sahen. Nur für Bob war sie die Analytikerin, die Frau, die merkwürdige, oft auch unangenehme Fragen stellte, ihn aushorchte – Anna nahm zumindest an, dass er es so empfand – und mit Dingen konfrontierte, die ihn traurig oder auch furchtbar wütend machten.

Seine beiden jüngeren Schwestern Mabbie und Tinky hockten gern in Annas Arbeitszimmer auf dem Fußboden und spielten.

Anna hatte einen Beutel bunter Glasmurmeln gekauft, und wenn sie noch zu tun hatte, spielten die Mädchen damit. Am liebsten aber war es ihnen, wenn sie sich dazusetzte. Der kleine Michael, das jüngste der Geschwister, kletterte jedes Mal auf ihren Schoß und schmiegte sich an sie. Ihr ging das Herz auf, sie hatte einen Narren an den Kindern gefressen.

Nur mit Bob war und blieb es schwierig. Oft saß er nur da und beobachtete sie, mit Augen, die sie misstrauisch, manchmal sogar feindselig musterten. Es war nicht wieder vorgekommen, dass er sich ihr gegenüber öffnete, im Gegenteil, seitdem schien es, als würde er ihr die kalte Schulter zeigen.

An diesem Nachmittag im Mai hatten die Kinder sie wieder einmal mit einem Besuch überrascht, und da sie noch einen Bericht schreiben musste, hatte sie den Beutel mit den bunten Glasmurmeln aus der Schublade geholt und Mabbie gegeben. »Sorg dafür, dass jeder gleich viele bekommt.«

Das Mädchen nickte ernst. »Ja, Anna.«

»Ich will keine«, murrte Bob, der sich ans Fenster gesetzt und die Arme verschränkt hatte.

»Du musst auch mitspielen«, entschied Tinky und zerrte ihn am Arm.

Er sagte etwas auf Englisch zu ihr, und Mabbie schnappte lautstark nach Luft. »Das sage ich Mum!«

»Tu's doch!«

»Mach ich auch.«

So ging das eine Weile hin und her. Michael war unterdessen auf Annas Schoß geklettert, aber sie versuchte weiterzuschreiben. Mit einem Ohr lauschte sie den Geschwistern, die sich noch immer stritten. Sie überlegte, sich einzumischen, beschloss dann aber, abzuwarten, um Bob nicht noch mehr gegen sich aufzubringen.

Als Tinky empört aufschrie und schluchzte, blickte sie auf und sah, dass Bob vor seiner Schwester stand, die Hand zum Schlag erhoben.

»Bob«, sagte sie mahnend, aber sehr ruhig.

Er drehte sich zu ihr um, den Mund verkniffen.

»Bitte vertragt euch.«

»Du hast mir gar nichts zu sagen!«, stieß er aus.

Mabbie schaute sie erschrocken an und schien einlenken zu wollen, wie so oft. Bob stand noch immer vor Tinky, sah aber Anna an, als wartete er auf etwas.

»Ich dulde so etwas nicht«, sagte Anna erneut ganz ruhig.

Sein Blick flackerte, und sie glaubte, einen kleinen Triumph darin zu erkennen. »Mum sagt, ich darf sie hauen, wenn sie nicht brav ist.«

»Ich glaube nicht, dass deine Mum so etwas gesagt hat.« Sie wartete einen Augenblick, bevor sie hinzufügte: »Aber ich könnte sie fragen.«

Bob ließ die Hand sinken und ging zum Fenster. Tinky streckte ihm die Zunge heraus und machte »Bäh!« hinter seinem Rücken.

Anna hob Michael von ihrem Schoß, schob die beiden Patientenakten zusammen, die auf ihrem Tisch lagen, und setzte sich zu Mabbie auf den Fußboden.

»Spielst du mit uns?«, fragte das Mädchen erfreut, und sie nickte.

Tinky kam dazu, und auch der kleine Michael rutschte neben sie, Knie an Knie, so eng es ging, das war ihm am liebsten.

Sie rollten ihre Murmeln, während Bob trotzig am Fenster stehen blieb und so tat, als verstünde er nicht, wie man an einem Murmelspiel so viel Spaß haben konnte.

Nach einer ganzen Weile setzte er sich doch dazu, würdigte Anna aber keines Blickes. Er gewann haushoch und feierte seinen Sieg geräuschvoll und gestenreich.

Michael begann zu schluchzen, und Mabbie ließ ihn bei der nächsten Runde gewinnen. Das wiederum empörte Bob zutiefst, und er brüllte seine Schwester an, nicht so »stupid« zu sein.

»Bin ich gar nicht!«, brüllte sie zurück. »Du siehst doch, wie traurig er ist!«

»Mir doch egal!«

Anna bat um Ruhe und sah Bob streng an. Er hielt ihrem Blick stand. Sie war etwas in Sorge, wie sich der Zusammenhalt der Geschwister entwickeln würde. Bob schoss wieder und wieder quer – litt er am meisten unter der Trennung zum Vater?

Oder zeigte er es nur deutlicher als die anderen? Anna wusste, dass auch die Mädchen ihren Vater vermissten, doch sie schienen besser damit fertigzuwerden.

Bei schönem Wetter ging Anna mit Dorothys Kindern und dem Hund spazieren. Dann und wann erlaubte sie Bob, die Leine zu nehmen, um ihm zu signalisieren, dass sie ihm diese Aufgabe zutraute. Mit konzentrierter Miene führte er den Schäferhund, und Anna lobte ihn, wann immer es angebracht war. Sie hoffte, so sein Zutrauen und auch seine Zuneigung zu gewinnen. Doch es schien ein langer, steiniger Weg zu werden. Bob hatte sich ihr ein einziges Mal geöffnet, zu mehr war er ganz offenbar nicht bereit.

Anna wusste nicht weiter und beschloss, ihren Vater um Rat zu bitten.

Die Gelegenheit dazu ergab sich noch am selben Abend.

Nach dem Essen zogen sich Mutter und Tante in die Stube zurück, um Radio zu hören und zu handarbeiten.

»Setz dich doch zu uns, Anna«, bat ihre Tante. »Das hast du schon lange nicht mehr getan. Du hast immer so viel zu tun.«

»Später vielleicht, Tante.«

Ihr Vater stand auf, um in sein Arbeitszimmer zu gehen.

Anna folgte ihm. »Hast du einen Moment, Papa?«

»Wenn's sein muss. Eigentlich habe ich zu tun.«

»Ich brauche deinen Rat.«

Er nickte. »Schön. Dann komm.«

Als Erstes öffnete sie das Fenster, während er sich auf die Couch legte und sich eine Zigarre anzündete.

Anna atmete die kühle Luft ein, die hereinströmte.

»Worum geht's?«

Sie drehte sich zu ihm um. »Es geht um Bob, den ältesten Sohn von Mrs Burlingham.«

»Was ist mit ihm?«

»Er verhält sich mir gegenüber feindselig.«

»Weißt du auch, warum?« Er blies Kringel in die Luft und kniff die Augen zusammen.

»Ich habe eine Vermutung. Er hat sich ein einziges Mal in meinem Beisein gehen lassen, als ich ihn nach seinem Vater gefragt habe. Und jetzt glaubt er vielleicht, dass er mir gegenüber Stärke zeigen muss. Stärke, die in Trotz und Ablehnung ausufert.«

Ihr Vater schaute den Rauchschwaden hinterher. »Kann es sein, dass er glaubt, du wolltest eine Art Muttterersatz für ihn sein?«

Sie stutzte, auch wenn sie selbst bereits darüber nachgedacht hatte. Dass ihr Vater dies als Erstes ansprach, überraschte sie. »Schon möglich, ja.«

»Das könntest du klarstellen.«

Sie unterdrückte ein Seufzen.

»Die Burlingham-Kinder haben bei dir einen Stein im Brett.« Da es keine Frage war, ließ sie ihn weiterreden. »Wie ehrlich kann ich zu dir sein, Anna?«

»So ehrlich wie immer«, erwiderte sie.

Er machte »Hm«, rauchte einen Moment schweigend und meinte dann: »Ich glaube, dass du Dorothy entlasten und für ihre Kinder da sein möchtest.«

Anna setzte sich auf den Stuhl neben der Couch. Von hier aus blickte sie auf die riesige Bücherwand.

»Du sagst ja gar nichts. Weil ich recht habe?«

»Es geht nur um Bob«, sagte sie nach einer ganzen Weile. »Ich möchte ihm so gern helfen, aber er lässt mich nicht.«

»Du brauchst mehr Abstand, Anna. Ein Analytiker muss immer eine gewisse Distanz haben, das weißt du doch.« Es klang tadelnd, und sie fuhr ein wenig zusammen. »Wenn Bob älter wäre, würde er sich womöglich in dich verlieben. Wäre dir das recht?«

»Darum geht es doch aber gar nicht, Papa! Ich weiß, dass sich viele Patienten in ihre Analytiker verlieben.«

»Eben.«

»Aber das ist nicht der Punkt. Der Punkt ist… Ach, lassen wir das, Papa. Es hat keinen Sinn. Ich kann mich offenbar nicht verständlich machen.«

Er grinste, aber nur sehr flüchtig. »Falsch. Du willst dir nicht eingestehen, dass ich recht habe.«

Sie stand auf und ging zur Tür. Sie war der Erklärungsversuche müde, sie redeten aneinander vorbei. »Danke für deine Zeit.«

»Immer gern.« Er hörte sich vergnügt an.

In dieser Nacht träumte Anna wieder von Dorothy.

Sie standen vor einem Haus und sahen einander fragend an.

Es war ein schönes Haus, klein, aber urgemütlich, mit niedlichen Butzenscheiben und einer verschnörkelten Holztür. Anna warf einen Blick auf das Schild daneben und lachte ungläubig. »Sieh nur, Dorothy, es ist ja unseres. Das Haus gehört uns.« Sie griff nach Dorothys Hand und zog sie mit sich. »Komm, wir sehen uns alles an. Und danach gehen wir in den Garten, ja? Bestimmt sind die Ribisel schon reif.«

»Und was ist mit meinen Kindern?« Dorothy war stehen geblieben.

»Was soll mit ihnen sein? Sie werden bei uns wohnen.«

»Und wenn sie das gar nicht wollen? Wenn sie dich nicht wollen, Anna?«

Nass geschwitzt wachte sie auf.

Als ihr Vater sich wegen seiner Herzbeschwerden für vier Wochen ins Cottage-Sanatorium begab, bestand sie darauf, ihn zu begleiten; nun wieder ganz aufopferungsvolle Tochter und Krankenschwester.

Auf dem Bahnsteig war es windig und regnerisch, ganz Wien sah so traurig und niedergeschlagen aus, als hätte man ihm eine graue Glocke übergestülpt und es vom Rest der Welt abgetrennt. Bei schlechtem Wetter konnte Anna ihre Stadt nur schwer ertragen, bei Sonnenschein dagegen liebte sie sie.

Sie schlang dem Vater einen Schal um, und er klopfte ihr auf die Finger. »Sakra, Anna! Ich bin kein Greis, und vollkommen deppert bin ich auch noch nicht!«

»Nein, du bist nur unvernünftig und störrisch wie ein Esel. Langt dir die letzte Influenza nicht?«

Er verdrehte die Augen und tat so, als würde er nach dem

Zug Ausschau halten. »Du hättest daheimbleiben und dich um deine Arbeit kümmern sollen«, brummte er.

Eine ältere Frau stieß sie versehentlich mit dem Schirm an. »Oh, bitte verzeihen S', mein Fräulein. Herr Professor?« Die Frau war stehen geblieben und starrte Annas Vater an. »Sie sind's doch, nicht wahr? Darf ich Sie um einen Rat bitten?«

»Ich bin eigentlich nicht…«, begann er.

»Es geht um meinen Neffen, Herr Professor.«

In diesem Moment fuhr der Zug ein, und Anna stieß erleichtert den Atem aus. »Komm, Papa.« Sie fasste ihn am Ellbogen.

»Schicken Sie Ihren Neffen in meine Sprechstunde.« Ihr Vater nickte flüchtig, nahm seine Reisetasche und murmelte etwas, was sie nicht verstand.

Anna suchte ihr Abteil, schob Mantel und Tasche ins Gepäcknetz und kümmerte sich dann um das Gepäck ihres Vaters.

Er war auf die Bank gesunken und schloss die Augen.

»Papa? Was ist mit dir?«

»Nichts.«

»Das sieht aber nicht nach nichts aus.« Sie nahm ihr Strickzeug, setzte sich und legte es sich in den Schoß.

Er antwortete nicht, hielt nur die Augen geschlossen und atmete tief und langsam. Schnaufend und ruckelnd fuhr der Zug los, holperte über die Gleise.

Anna strickte ein paar Reihen, dann ließ sie das Strickzeug sinken und schaute aus dem Fenster. Ein paar Tage auszuspannen tat ihr bestimmt gut. Sie hatte nur auf ihren Vater aufzupassen, dass es ihm an nichts fehlte, ansonsten konnte sie spazieren gehen, handarbeiten, lesen und nachdenken.

Sie zeigte in den Himmel. »Sieh nur, die Wolken, sie sehen aus wie riesige Ungeheuer mit übergroßen Ohren.«

Ihr Vater machte die Augen auf. »Ich sehe nur drei Wolken.«

»Dir fehlt die Fantasie«, neckte sie ihn.

»Und mir scheint, du hast zu viel davon«, gab er zurück.

Anna strickte weiter. Diesmal wurde es ein Schlafrock für Lou. Sie ließ die Handarbeit sinken und seufzte.

»Weshalb seufzt du?«

»Ich musste gerade an Lou denken und daran, dass ich sie ein bisschen vernachlässige.«

»Wenn du diese Einsicht hast, solltest du das ändern.«

»Ich weiß. Aber ich habe gerade so viel anderes im Kopf.«

Er sah sie weiterhin an, eine Hand griff in seine Jackentasche. Wollte er rauchen? Hier?

»Du willst doch nicht etwa rauchen, Papa.« Mittlerweile konnte sie vermutlich fast so entrüstet dreinschauen wie ihre Mutter.

»Nein, nein.« Er zog die Hand rasch wieder weg. »Und was hast du im Kopf?«

»Dies und das«, erklärte sie ausweichend.

»Das ist auch eine Antwort«, meinte er trocken und machte wieder die Augen zu.

Während sie weiterstrickte, schwirrte ihr ein Gedanke, eine Idee im Kopf herum. Sie könnte Dorothy fragen, ob sie und die Kinder sie in die Sommerferien begleiten würden. Vielleicht kommen Bob und ich uns dort etwas näher. Und Dorothy und ich.

Dorothy mochte sie, das spürte sie deutlich, aber was genau sie in Anna sah, wusste sie nicht. Aber ich weiß, was

Dorothy für mich ist, dachte sie und musste ein Seufzen unterdrücken. Ich habe mich verliebt.

Aufgedreht und mit zittrigen Händen packte sie ihr Strickzeug zurück in die Reisetasche, nahm ihren Mantel und deckte sich damit zu. Sobald wir zurück in Wien sind, werde ich sie fragen …

Vom gleichmäßigen Rattern des Zuges wurde sie eingelullt und in den Schlaf gewiegt. Sie träumte von Dorothys Töchtern, die an ihrem Rockzipfel hingen und nicht mehr loslassen wollten – und von Bob, der, mit Michael an der Hand, dastand und sie wütend anschaute.

22

Im Sommer desselben Jahres

Dorothy sagte sofort zu, als Anna sie fragte, ob sie und die Kinder die Freuds in die Ferien begleiten würden. »Das ist wirklich nett von Ihnen, Anna. Ich könnte mein Auto mitbringen, was meinen Sie?«

Dorothy und sie gemeinsam in der Sommerfrische! Sie beide am See, beim Picknick auf einer Decke, am Abend mit einem Glas Wein in der Gartenlaube – ach, es würde herrlich werden!

»Anna?« Dorothy schaute sie fragend an.

»Verzeihen Sie, ich dachte nur gerade, dass es sehr... schön werden wird.« Anna spürte, wie ihr das Blut in die Wangen schoss.

Dorothy legte die Hand auf ihren Unterarm. »Das glaube ich auch. Ich freue mich sehr. Was sagen Sie dazu, dass ich mein Auto mitbringen könnte?«

»Großartig.« Anna war, als schwebte sie auf Wolken. Mit Dorothy an ihrer Seite erschien ihr alles möglich. Besser noch, alles, was sie zu erledigen hatte, machte ihr Freude, selbst das, was sie normalerweise am liebsten hinausschob. »Du strahlst ja so, Annerl«, sagte ihre Tante neuerdings, wenn sie lächelnd an ihr vorbeiging, und ihre Mutter bedachte sie mit einem fragenden, ein wenig irritierten Blick, wenn sie summend in der Stube über ihrer Handarbeit saß.

Ihrem Vater ging es besser, die Herztherapie im Sanatorium war erfolgreich gewesen, er hatte sogar wieder etwas zugenommen.

Anna konnte sich nun uneingeschränkt auf die Sommerfrische und die gemeinsame Zeit mit Dorothy freuen.

Sie und Dorothy fuhren beinah täglich mit dem Auto übers Land, besuchten kleine Dörfchen in der Umgebung, bummelten über Wochenmärkte und kauften nach Herzenslust ein.

»Ich glaube, ich möchte auch das Autofahren lernen«, verkündete Anna an einem dieser Nachmittage, als sie nebeneinander im Gras auf einer kleinen Anhöhe saßen, die Beine unter den Rock gezogen.

»Es ist kinderleicht. Mein Chauffeur wird es Ihnen bestimmt gern beibringen, Anna.«

»Meinen Sie? Ach, das wäre aber fein!«

Dorothys Kinder spielten in der Nähe mit einem Ball.

»Sie sind glücklich«, sagte Dorothy mit einem seligen Lächeln. »Danke, Anna.«

Sogar Bob taute sichtlich auf, lachte viel und behandelte seine Geschwister nicht wie Vasallen. Anna jedoch versuchte er aus dem Weg zu gehen, so gut es ihm möglich war. Sie ließ ihm Zeit, in der Hoffnung, dass das Eis irgendwann brechen würde.

»Die Kinder mögen Sie.«

Anna hatte die Hand über die Augen gelegt. »Ich mag sie auch.«

»Mich oder die Kinder?« Dorothy schaute sie an, und in diesem Blick lag so viel Vertrauen und Wärme, dass Anna es wagte und die Hand an ihre Wange legte.

»Ich mag auch Sie sehr, Dorothy.«

Dorothy nahm ihre Hand und drückte sie. »Ich bin so froh, dass wir uns begegnet sind.«

Annas Herz klopfte bis zum Hals. Nie zuvor hatte sie so empfunden. »Ich wünschte nur, auch Bob würde mich mögen.«

»Aber das tut er doch, Anna.« Dorothy schien sich sehr sicher zu sein, und um dem besonderen Augenblick den Zauber nicht zu nehmen, sagte Anna nichts weiter.

Wenn sie beide zusammen einen Spaziergang machten, gingen sie nah beieinander, die Köpfe zusammengesteckt. Oft redeten sie pausenlos; über Gott und die Welt, die Psychoanalyse und manchmal auch über Politik. Sie vertrauten einander vieles an, und sie begannen, Pläne zu machen. Pläne, in die eine die andere ganz selbstverständlich mit einbezog.

Eines Nachmittags erzählte Anna Dorothy von ihrem Wunschtraum, eines Tages ein kleines Ferienhaus auf dem Lande zu besitzen.

»Wir könnten uns diesen Traum erfüllen«, sagte Dorothy leise, und Anna hielt den Atem an. Hatte sie richtig gehört, und Dorothy hatte diesen Traum auch? Zaghaft lehnte sie den Kopf an Dorothys Schulter. Würde sie abgewiesen werden? Würde Dorothy zurückschrecken, womöglich lachen und etwas wie »Ich fürchte, du missverstehst da einiges, Anna« sagen?

Doch sie tat nichts dergleichen, im Gegenteil, sie strich ihr zärtlich übers Haar.

Anna hatte sich noch nie glücklicher und unbeschwerter gefühlt.

Am Abend, Anna konnte noch nicht schlafen, setzte sie sich hin, um ein paar Ansichtskarten zu schreiben. Ihr wurde wieder einmal klar, dass sie Lou vernachlässigte. Sie hätte ihr so gern von Dorothy erzählt, nur wusste sie nicht, wie sie es anstellen sollte.

Würde Lou verstehen, dass sie und Dorothy eine Einheit bildeten? Lou hatte sie gelegentlich ein bisschen geneckt, dass sie sich ganz offenbar auf keinen Mann einlassen wollte. »Ich wüsste auch gar nicht, was für ein Mann zu dir passen würde, Anna.« Verstand Lou, dass es tatsächlich keinen Mann gab, der zu ihr passte?

Dennoch begann Anna einen Brief, um ihr schlechtes Gewissen zu besänftigen. Sie erzählte vom Ausflug mit ihrem Bruder Martin, der sie besucht und zu einer Klettertour überredet hatte. Anna war über sich hinausgewachsen, und Martin hatte sie hinterher sehr gelobt und gemeint, aus ihr könnte eine hervorragende Kletterin werden. Doch das hatte sie gar nicht vor, ihr war es am liebsten, wenn sie halbwegs festen Boden unter den Füßen hatte.

Auch Dorothy hatte sich getraut und war ihr und Martin den Berg hinauf gefolgt. Hin und wieder hatte sie gerufen: »Nicht so schnell!«, dann hatten sie angehalten und auf sie gewartet. Anna hatte Dorothy immerzu anschauen müssen, so glücklich war sie gewesen.

Nun, als sie Lou von dem Ausflug erzählte und Dorothy eher beiläufig in nur einem Satz erwähnte, verpuffte das Glücksgefühl kurzzeitig.

»Du und dein Vater, ihr steht euch sehr nahe, nicht wahr?«, sagte Dorothy, als sie an einem der nächsten Tage wieder einen Ausflug mit dem Auto machten.

Anna nickte. »Aber es war auch immer ziemlich schwierig.« Sie hatte das Bedürfnis, unbedingt ehrlich und aufrichtig zu Dorothy zu sein.

»Schwierig? Inwiefern?«

Anna erzählte von ihrer Kindheit, von den Geschwistern, für die sie Luft gewesen war, und von ihren verzweifelten Versuchen, die Aufmerksamkeit ihres Vaters zu erlangen. »Ich träume heute noch manchmal, dass ich unsichtbar für ihn bin«, schloss sie.

Dorothy schaute sie mitfühlend an und legte ihr den Arm um die Schultern. Anna, die derartige Berührungen nie sonderlich gemocht hatte, lehnte sich an sie und schloss die Augen. Es war himmlisch, sich einfach fallen lassen zu können. »In diesen Träumen sitze ich am Schreibtisch, und er kommt herein und sucht mich. Oder ich stelle mich ihm in den Weg, und er geht durch mich hindurch.«

Dorothy nickte. »Als wärst du Luft.«

Anna erzählte auch von ihrem Schatten-Traum. »Ich fürchte mich, obwohl ich weiß, dass es der Schatten meines Vaters ist und er mir nichts antun will. Es ist ja nicht so, dass ich Angst vor ihm habe«, betonte sie.

»Bist du sicher?«, fragte Dorothy. Es klang besorgt und liebevoll.

»Ja, ich bin sicher.« Ihre Stimme war ganz kratzig. »Ich

habe Papa immer respektiert, ich habe Hochachtung vor ihm, aber keine Angst. Es ist nur … Manchmal komme ich mir noch immer wie das kleine Mädchen von damals vor. Die kleine Anna, sein frecher schwarzer Teufel, der mit dem Kopf durch die Wand will.«

Dorothy lachte, und Anna musste mitlachen, sie konnte nicht anders. Dorothys Lachen war zu ansteckend. Und mit diesem Lachen fiel etwas von ihr ab: die Scheu, sich anderen nicht anvertrauen und öffnen zu können.

Ich bin dabei, meine Dämonen zu besiegen, dachte sie.

Am Tag darauf waren die beiden auf einer Bergwanderung und machten Rast an einem gluckernden, murmelnden Bach, an dem sich zwei Feuersalamander auf einem Stein sonnten.

Dorothy zog ihre Schuhe aus und rieb sich stöhnend die Füße. Auch Anna war aus den Schuhen geschlüpft und hielt die heißen Füße ins Wasser. »Ah, das tut gut! Komm, Dorothy, es ist herrlich erfrischend!«

Die beiden scherzten und kicherten wie zwei kleine Mädchen, die ein neues Spiel erfunden hatten. Sie holten ihren Proviant aus dem Rucksack, während Wolf umherstreifte.

»Erzähl mir von deiner Kindheit«, bat Anna.

Ihre Tante hatte ihnen ein Stück Schinken, einen halben Brotlaib, Radieschen und sauer eingelegte Gurken mitgegeben, dazu einen kleinen, frisch gebackenen Gugelhupf und eine Thermoskanne mit Kaffee. »Ob sie befürchtet, wir könnten verhungern?«

»Vermutlich.« Dorothy biss in ihr Brot, streckte die Beine aus und blinzelte in die Sonne. »Meine Mutter war die zweite Frau meines Vaters, wir waren zu Hause sechs Kinder, fünf

Mädchen und ein Junge. Eine meiner Schwestern ist als kleines Mädchen an Scharlach gestorben. Ihr Tod hat meine Mutter schwer getroffen, sie bekam Depressionen.«

»Und dein Vater? Was hat er beruflich gemacht?«

»Er war Juwelier und Glaskünstler. Sagt dir der Name Louis Tiffany etwas?«

Anna hob die Augenbrauen. »Na, und ob. Meine Mutter ist ganz vernarrt in die Lampen. Augenblick…« Sie schluckte rasch den Bissen Brot hinunter und trank einen Schluck Kaffee. »Willst du damit sagen, dass du die Tochter des berühmten Louis Tiffany bist?«

Dorothy nickte. Sie war so bescheiden, ihre Herkunft hatte sie bisher mit keinem Wort erwähnt. Deshalb also konnte sie sich eine teure Villa mit großem Park leisten, eine Kinderfrau und einen Hauslehrer.

»Und das sagst du erst jetzt?«

»Es gab vorher noch keine Gelegenheit, es zu erwähnen.« Sie machte eine Pause, bevor sie weiterredete. »Meine Kindheit war vermutlich genauso traurig wie deine, Anna. Mein Vater hatte nie Zeit, und meine Mutter… manchmal lag sie tagelang im Bett und weinte, wollte nichts essen, nichts trinken. Wir Kinder waren uns selbst überlassen – schön, wir hatten Miss Flemming, unsere Gouvernante…« Wieder machte sie eine Pause. »Wir Mädchen haben uns um unseren Bruder gekümmert. Es war ganz selbstverständlich für uns, aber wenn ich jetzt darüber nachdenke…« Sie seufzte schwer. »Das war es nicht. Für meine Kinder habe ich mir immer etwas anderes gewünscht: ein Elternhaus voller Liebe und Frohsinn. Weißt du, was ich meine?« Sie sah Anna an.

»O ja, das weiß ich nur zu gut, Dorothy.«

23

Zurück in Wien spielte sich bald ein sehr schönes Ritual ein. Jeden Vormittag holte Dorothy Annas Vater zu einer kleinen Spritztour ab. Sooft es ging, begleitete Anna die beiden, und dann brausten sie durch Wien. Manchmal verließen sie auch die Stadt und fuhren aufs Land, wo sie eine Stunde lang spazieren gingen, Annas Vater zwischen sich.

Anna hatte sich entschlossen, ein Buch über die Technik der Kinderanalyse zu schreiben. In Dorothy hatte sie eine geduldige und interessierte Zuhörerin gefunden.

An diesem Nachmittag saßen sie beide in Annas Arbeitszimmer. Das Fenster war geöffnet, und die Vorhänge bauschten sich im Wind. Anna hatte ihren Federhalter aufgenommen und spielte damit, während sie aus dem Fenster schaute.

Ein Teil von Dorothys Familie und Leben zu sein – und genau das war sie mittlerweile – war wunderbar, und doch lag ihr etwas bleischwer auf der Seele: Nach wie vor biss sie sich an Bob die Zähne aus. Inzwischen verweigerte er sich ihr vollkommen. Während seiner Stunden saß er vor ihr am Schreibtisch, die Arme verschränkt, den Blick bockig zum Fenster gerichtet, den Mund zusammengepresst. Egal, was sie vorschlug, sagte oder tat: Er war dagegen. Manchmal brachte er einfach nur ein »Lass mich!« hervor.

War sie mit ihren Fähigkeiten als Analytikerin bei ihm am Ende angelangt?

Sie hatte es mit Konsequenz, Beharrlichkeit und Einfallsreichtum versucht. Erfolglos.

»Ein Patient, der nicht mitarbeitet, bringt jeden Analytiker an seine Grenzen«, hatte ihr Vater gemeint.

Es war dabei nicht um Bob gegangen – ihn ein weiteres Mal um Rat zu fragen wäre ihr nicht eingefallen –, sondern um einen seiner eigenen Patienten, der nach Meinung ihres Vaters in seine Mutter verliebt war. »Ödipus-Komplex«, hatte ihr Vater bereits nach der ersten Sitzung diagnostiziert. »Das wird ein hartes Stück Arbeit.« Der junge Mann allerdings hatte nach drei oder vier Sitzungen das Handtuch geworfen, er wollte nicht hart an sich arbeiten, sondern weiterhin seiner Liebe zur Mutter frönen, wie ihr Vater meinte.

Anna befürchtete, dass die Sache mit Bob ihr Verhältnis zu Dorothy belastete. Es wäre nur natürlich, wenn Dorothy sich im Falle eines Falles auf Bobs Seite schlug. Sie war seine Mutter und Anna nur seine Analytikerin. Für seine Geschwister allerdings war sie längst mehr, sehr viel mehr: Spielgefährtin, Vertraute, Bezugsperson. Besonders der kleine Michael hing mit inniger Liebe an ihr. Dorothy schien das nicht zu stören, im Gegenteil, sie wirkte erleichtert, nicht die ganze Verantwortung allein tragen zu müssen.

»Dorothy?« Anna legte ihren Federhalter beiseite und räusperte sich. »Wir müssen über Bob reden.«

»Nimm bitte kein Blatt vor den Mund.«

»Das tue ich nie, wenn es um Kinder geht.« Sie musste sich

erneut räuspern. »Ich komme mit ihm nicht weiter.« Dieses offene Eingeständnis, das sie sich selbst gegenüber schon vor längerer Zeit gemacht hatte, fiel ihr ungeheuer schwer.

Dorothy nickte nachdenklich und lehnte sich zurück.

»Ich würde so gern etwas für ihn tun, ihm helfen, aber er lässt mich einfach nicht.«

Hoffentlich fing Dorothy nicht zu weinen an. Anna wusste nicht, wie sie dann reagieren würde.

»Glaubst du, er wird wie sein Vater?«, fragte Dorothy nach einer Weile, die Anna unerträglich lang erschien.

Sie überlegte einen Moment. »Ich möchte dich nicht anlügen: Ich weiß es nicht. Ich würde alles dafür tun, dass er ein glückliches Leben führen kann, aber ich weiß nicht, wie ich ihm dabei helfen soll.«

»Dann gibst du auf?«

Annas Magen machte einen Satz. Aufgeben war für sie noch nie infrage gekommen. »Nein. Aber ich wollte, dass du Bescheid weißt. Es wird vielleicht der Tag kommen, an dem er sich schlichtweg weigert, zu mir zu kommen. Bisher sitzt er nur da und sieht mich böse an.«

»Und wenn ich mit ihm rede?« Als hätte Dorothy das noch nicht getan. Doch er hatte nur vorgeschlagen, sie könne ihn ja nach New York zurückschicken, wenn sie ihn nicht mehr bei sich haben wolle. Kindern war offenbar gar nicht bewusst, wie viel Macht sie über ihre Eltern hatten, wenn sie ihre Karten nur richtig ausspielten.

»Wie oft willst du es noch versuchen?«

»So oft, wie auch du es tust«, erwiderte Dorothy und streckte die Hand aus, um sie auf Annas zu legen. »Wir werden beide nicht aufgeben, nicht wahr? Ich habe nachgedacht, Anna, auch über Bob. Wir haben irgendwann darüber gesprochen, dass ich mir eine besondere Schule für ihn wünschen würde, erinnerst du dich?«

»Aber natürlich erinnere ich mich.«

Dorothy strich über ihren dunkelgrauen Rock. »Ich glaube, ich werde mir auch ein Dirndl zulegen.«

Anna musste lachen. »Du schweifst entweder ab oder weichst aus.«

Dorothy grinste, wurde aber gleich wieder ernst. »Wir könnten doch eine Schule gründen.«

Anna sah sie verdutzt an. »Eine Schule? Wir?«

»Warum denn nicht?« Dorothy beugte sich vor. »Wir könnten sie so gestalten, wie wir es uns für unsere Kinder wünschen.« Ob ihr aufgefallen war, dass sie »unsere Kinder« gesagt hatte? »Eine Schule, wie sie gut für Bob und für deinen Neffen wäre.«

Anna spielte wieder mit dem Federhalter in ihrer Hand. »Ich habe noch nie darüber nachgedacht, eine Schule zu gründen, aber du hast recht. Wir wünschen uns eine besondere Schule, warum gründen wir dann keine? Dann können wir entscheiden, welche Schüler wir annehmen, und können uns die Lehrer aussuchen. Ich könnte die Schüler analytisch betreuen«, überlegte sie laut. »Aber eine solche Schule kostet Geld.«

»Das würde ich zur Verfügung stellen«, sagte Dorothy.

»Das würdest du tun?«

»Könnte ich mein Geld besser anlegen?«

»Nein.« Anna lächelte. »Geld in seine Kinder zu stecken ist wohl die beste Investition.«

»Das sehe ich genauso.« Dorothy beugte sich noch weiter vor und griff nach ihren Händen. »Wann fangen wir an?«

»Morgen?« Anna lachte.

»Wunderbar!« Dorothy räusperte sich. »Ich möchte dir noch etwas sagen, Anna. Bevor ich dich traf, wusste ich nicht, was es bedeutet, jemanden zu haben, mit dem ich mich so wohlfühle, dass ich ...« Sie schien nach den richtigen Worten zu suchen. »Dass ich einfach nur glücklich bin. Ich weiß, es ist eigentlich ... seltsam, immerhin sind wir nicht Mann und Frau ...« Sie verstummte und schien wieder nach Worten zu suchen. »Aber ist das nicht eigentlich vollkommen gleichgültig? Hauptsache, wir haben einander gefunden.«

Anna hatte während Dorothys Rede immer wieder geschluckt. »Dorothy ...«

»Du musst nichts sagen, Anna, gar nichts. Normalerweise bin ich nicht so rührselig, und ich rede auch selten so viel auf einmal, aber ich wollte es dir so gern sagen.«

Anna rang erfolgreich die aufsteigenden Tränen nieder, und Dorothy schwenkte urplötzlich auf ein anderes Thema um. Sie setzte sogar ein anderes Gesicht auf. »Wie weit bist du mit deinem Buch?«

»Ich hoffe, dass es Ende des Jahres fertig ist.«

»Ich werde die Erste sein, die es liest.«

»Natürlich.«

Sie lächelten einander an. Sagen mussten sie nichts mehr.

24

Wien, im Winter desselben Jahres

An diesem trüben, nebligen Novembermorgen machte Anna die Leine an Wolfs Halsband fest und ging mit ihm zur Tür.

Er sträubte sich etwas, was ungewöhnlich war, normalerweise war er als Erster an der Tür. »Komm, du bist nicht aus Zucker. Nur eine kleine Runde. Ich muss nachdenken.«

Am Abend würde sie ihre erste Kursstunde im Institut geben. Das Thema war *Die Technik der Kinderanalyse und die Abgrenzung gegen die Erwachsenenanalyse.* Eine Problemstellung, die ihr sehr wichtig war, weil es noch immer Kollegen gab, die der Meinung waren, dass Kinder als kleine Erwachsene betrachtet und auch so behandelt werden sollten.

Sie zog sich die Wollmütze tiefer in die Stirn, um gegen den feuchtkalten Nebel gewappnet zu sein. Was für ein scheußliches Wetter!

Wolf zog an der Leine, wollte schneller gehen, aber sie ließ ihn nicht. Wenn sie zu schnell lief, konnte sie nicht nachdenken. »Heut nicht, Wolf. Wir bleiben bei meinem Schritt.«

Drei Kinder kamen ihnen entgegen, als sie in die Seitenstraße einbogen. »Ist der brav? Darf ich ihn anfassen?« Ein niedliches Mädchen mit blonden Zöpfen und roten Apfelbäckchen wollte sich vor Wolf hinhocken, Anna konnte sie gerade noch davon abhalten.

»Nicht!«

Das Mädchen fuhr zusammen, seine Unterlippe bebte.

Anna sprach beruhigend weiter. »Das ist ein Schäferhund, er ist sehr wachsam und glaubt, mich immerzu beschützen zu müssen. Er könnte dich für einen Angreifer halten und dich beißen.« Das Mädchen wich einen Schritt zurück. »Aber das wird er nicht, keine Sorge. Trotzdem.« Anna ging in die Hocke, um mit dem Mädchen auf Augenhöhe zu sein. »Du solltest nie, hörst du, niemals auf einen dir fremden Hund zustürmen. Gleichgültig, ob er winzig klein oder sehr groß ist. Kleine Hunde beißen manchmal aus Furcht oder weil sie sich erschreckt haben. Große tun es, weil sie dir Angst einjagen wollen. Hast du das verstanden, meine Kleine?«

Das Mädchen nickte mit ernster Miene.

»Gut.« Anna strich ihr über den Kopf und griff dann in ihre Manteltasche. Sie hatte stets ein paar Bonbons dabei. Sie gab jedem Kind zwei und ging weiter.

Vielleicht sollten wir Wolf in den Schulalltag integrieren, überlegte sie. Er könnte unruhige Kinder beruhigen und die, die immer etwas in sich gekehrt und eher ängstlich waren, könnte er dazu animieren, über sich hinauszuwachsen.

Am Donauufer blieb sie stehen und ließ ihren Hund frei laufen. Er liebte es, am Ufer entlangzusprinten. Anna sah ihm dabei zu, die kalten Hände tief in den Manteltaschen vergraben. Ein wenig nervös war sie jetzt schon. Hoffentlich lief am Abend alles glatt. Sie fragte sich, ob sie für alle Zeiten vor einem Vortrag so aufgeregt sein würde oder ob sich mit der Zeit eine gewisse Routine einstellte.

Auch ihre Füße waren eisig, und sie wippte auf den Zehenspitzen. Ob Dorothy wohl noch schlief? Oder frühstückten sie und die Kinder gerade? Ach, wie schön es doch wäre, wenn sie alle zusammen in einem Haus wohnen würden.

Anna pfiff nach ihrem Hund und befestigte die Leine wieder an seinem Halsband. Während sie zur Berggasse zurückgingen, überlegte sie sich eine kurze Begrüßungsrede für die Kursteilnehmer.

Sie war so in Gedanken vertieft, dass sie Dorothy nicht bemerkte, die soeben aus der Konditorei kam. Um ein Haar wären sie ineinandergelaufen.

»Dorothy!«

»Anna!«

Sie schauten einander an, lächelten.

»Ich habe eben an dich gedacht«, sagte Anna.

»Was für ein netter Zufall. Ich habe auch an dich gedacht. Ich dachte, wir könnten am Sonntag vielleicht mit den Kindern in den Zoologischen Garten gehen.«

»Da war ich vor zwei Wochen mit ihnen.«

Sie hatten eine Menge Spaß gehabt, sogar Bob war ein wenig aufgetaut und hatte seinen Schwestern die Schimpansen gezeigt, die ihm am besten gefallen hatten. »Sieh mal, der eine sieht aus wie du, Mabbie!«, hatte er sie geneckt, und seine Schwester hatte gekichert.

»Nein, er sieht ganz genauso aus wie du. Ihr habt dieselbe Nase.«

»Die gleiche«, hatte Anna sie verbessert. »Hätten sie dieselbe Nase, müssten sie sich die teilen.«

Daraufhin war Bob in brüllendes Gelächter ausgebrochen, und Anna war das Herz aufgegangen. Vielleicht würden sie ja doch einen Weg zueinander finden?

»Ach ja, stimmt.« Dorothy lächelte. »Bob hat noch Tage später davon erzählt.«

»Was würdest du davon halten, wenn wir in den Prater gehen?«

»O ja, das machen wir, Anna!« Dorothy legte die Hand auf ihren Arm. »Für heute Abend wünsche ich dir Glück. Ich werde die ganze Zeit an dich denken.«

Die erste Kursstunde war sehr gut verlaufen, die Zuhörer hatten interessierte Gesichter gemacht und anschließend einige Fragen gestellt. Beschwingt und glücklich war Anna heimgefahren. Weil sie nicht gleich einschlafen konnte, war sie wieder aufgestanden und hatte weiter an ihrem Buch gearbeitet.

Anschließend hatte sie einen Brief an Lou begonnen, um ihr von dem Abend zu berichten. Doch nach wenigen Sätzen hatte sie innegehalten. Sie sollte ihr endlich mehr von Dorothy erzählen.

Aber am Ende beschränkte sich der Brief wieder nur auf ein paar Beschreibungen dessen, was sie tagsüber und am Tag zuvor gemacht hatte.

Als das Telefon im Flur klingelte, fuhr sie zusammen und sprang auf.

Die Freuds waren eine der ersten Familien gewesen, die ein Telefon bekommen hatten, doch die wenigen Male, die ihr Vater es benutzt hatte, konnte man an zwei Händen abzählen. Er mochte es einfach nicht, mit jemanden zu reden, den er nicht sehen konnte. Anna glaubte, dass es noch einen anderen Grund gab. Ihr Vater genoss es, Autorität auszustrahlen, woraus er auch gar keinen Hehl machte, und dieser strenge Nimbus verpuffte am Telefon ohne Angesicht zu Angesicht.

Es gab zwei Sigmund Freuds: den Vater und Familienmenschen einerseits und andererseits den Analytiker und Professor. Sehr deutlich war das auch auf den Fotos zu sehen, die Annas Schwager Max von ihm gemacht hatte. Ihr Vater hatte darauf bestanden, stehend abgelichtet zu werden, mit strengem Blick und Zigarre in der Hand. Anna nannte diese Miene sein »Professorengesicht«.

Als sie das Telefon erreicht hatte, hörte das Klingeln auf. Nun, der Anrufer würde es morgen sicherlich erneut versuchen.

Anna wollte in ihr Zimmer zurückgehen, doch sie sah, dass bei ihrem Vater noch Licht brannte, wie meistens um diese Zeit. Sie klopfte an und trat ein.

»Arbeitest du etwa noch?« Sie ließ es nicht vorwurfsvoll, sondern interessiert klingen.

»Nur noch diese eine Seite.« Vor ihm auf dem Schreibtisch lag ein Stapel Papier, daneben der volle Aschenbecher.

Anna schüttelte den Kopf.

»Was, Anna?« Er hatte es offenbar gesehen, obwohl er über seine Arbeit gebeugt saß.

»Soll ich das Fenster öffnen?«

»Deine Mutter hat mir schon die Leviten gelesen.«

»Ich wollte nur sagen …«

»Dass ich zu viel rauche. Ich weiß.« Er hatte nicht aufgeblickt. »Wie war dein Vortrag?«

»Sehr schön. Alle haben sehr interessiert gelauscht.«

Er hob den Kopf und sah sie an. »Das freut mich. Aber ich habe nichts anderes erwartet.« Das war mehr Lob als so manches nette Wort. Er legte den Federhalter aufs Papier und lehnte sich zurück. »Ich werde im Dezember Albert Einstein in Berlin treffen.«

»*Den* Albert Einstein?« Sie war näher getreten.

Er nickte.

»Ui, da wäre ich gerne dabei.«

»Vielleicht können wir das einrichten.«

»Du würdest mich dabeihaben wollen?«

Er stand auf und ging zu dem kleinen Schränkchen, wahrscheinlich, um sich ein Glas Wasser einzuschenken. Alkohol wurde in ihrer Familie nicht getrunken, ihr Vater verabscheute ihn. »Warum sollte ich das nicht wollen?« Er trank einen großen Schluck und seufzte so schwer, dass Anna gleich wieder alarmiert war.

»Was hast du?«

»Nichts, ich bin nur müde.«

»Warum sitzt du dann hier, anstatt in deinem gemütlichen Bett zu liegen?«

Er lachte lauthals, und sie schaute ihn verblüfft an, weil er schon länger nicht mehr so herzlich gelacht hatte. »Du hast recht, ich sollte schlafen gehen.« Er steckte den Glasstopfen auf die Karaffe. »Früher habe ich die halbe Nacht hier gesessen und gearbeitet, zum Teufel«, murrte er.

»Früher war früher, Papa.«

»Mir fehlt das ›früher‹.«

Er sah sie eine Weile an. Wollte er etwas sagen? Doch er nahm nur kurz ihre Hand und legte sie an seine Wange, dann sagte er Gute Nacht und verließ das Zimmer.

25

Wien, Weihnachten

Annas Vater war schließlich doch ohne sie nach Berlin gereist. Der Grund, weshalb sie ihn nicht begleiten konnte, war eine schmerzhafte Entzündung am kleinen Zeh. Im Grunde eine Lappalie, aber der Zeh war dick angeschwollen und gerötet, und den Versuch, ihren Fuß in einen festen Schuh zu zwängen, musste sie gleich wieder aufgeben. Also hatte sie gar keine Wahl gehabt, als zähneknirschend zu Hause zu bleiben, während ihre Eltern sich in Berlin bei ihrem Bruder Oliver vergnügten. Die ohnehin schon immer etwas finstere, große Wohnung fühlte sich mit einem Mal noch düsterer und geradezu überdimensional an. Am ersten Tag hatte Anna viel geruht und gelesen, nicht mal an einen kurzen Spaziergang war zu denken. Wolf hatte sich eingeschnappt unter den Tisch verzogen und sie mit Nichtachtung gestraft.

Am zweiten Tag war sie mit der Idee aufgestanden, ihrer Freundin Eva einen längeren Besuch abzustatten. Und als diese vorschlug, ein paar Tage zu bleiben, hatte Anna erfreut und auch erleichtert zugesagt.

An diesem Abend saßen die beiden in Evas Küche und tranken eine Tasse Tee. Anna hatte ihren Fuß auf einen Hocker gelegt. »Wenn es wenigstens der große Zeh wäre, dann käme es mir nicht ganz so lächerlich vor.«

Eva lachte. »So kann man es auch sehen. Was hältst du davon, wenn wir morgen einen Schmorbraten zubereiten? Dazu vielleicht Kartoffelklöße, Erbsen und Bohnen? Was meinst du? Und zum Nachtisch könnten wir einen Pudding kochen.«

»Das klingt alles ganz fantastisch, aber du überschätzt meine gerade erst erlernten Kochkünste erheblich, liebe Eva.«

Sie hatte begonnen, bei ihrer Freundin Kochunterricht zu nehmen. Um Haushaltsdinge hatte sie sich noch nie kümmern müssen, wollte aber künftig wenigstens in der Lage sein, Kartoffeln aufzusetzen, Eier zu braten und vielleicht sogar eine Soße zuzubereiten.

Ungeschickt hatte sie sich bislang nicht angestellt, im Gegenteil, Eva hatte sie über den grünen Klee gelobt. Zu einer Leidenschaft würde das Kochen allerdings wohl nie werden. Ihr fehlte das besondere Gespür für Gewürze, was zu welchem Gericht passte, und auch die Kombination der Speisen wollte ihr nicht recht gelingen.

Eva winkte ab. »Das wird schon, Anna. Ich kümmere mich um den Braten, und du übernimmst das Gemüse.«

»Was gibt man noch mal an Bohnen?«

»Bohnenkraut.«

Anna verdrehte die Augen. »Darauf hätte ich auch selbst kommen können. Und welche Soße isst man zu einem Schmorbraten?«

»Am besten, du merkst dir eine Faustregel: Helles Fleisch, helle Soße, dunkles Fleisch, dunkle Soße.«

»Das sollte ich hinbekommen.« Anna trank ihren Tee aus. »Ich würde gerne noch mal auf etwas zu sprechen kommen.«

»Nur zu, Anna.«

»Es geht um die besondere Schule, die Dorothy sich für ihren Sohn wünscht.«

Eva nickte. »Ich erinnere mich.«

»Wir haben beschlossen, selbst eine Schule zu gründen.«

»Ach ja?« Eva hob die Augenbrauen. »Ihr steht euch sehr nahe, was?«

Sie hatte Dorothy im Sommer kennengelernt. Anna wusste nicht, was die beiden voneinander hielten, ging aber davon aus, dass sie sich nicht unsympathisch waren.

»Ich mag Dorothy sehr, ja.«

Ein Schatten huschte über Evas Gesicht, aber vielleicht bildete Anna sich das auch nur ein. »Ihr wollt also eine Schule gründen.«

Anna erzählte ihr, was sie und Dorothy besprochen hatten.

»Dorothy will das Geld zur Verfügung stellen?«, fragte Eva erstaunt. »Ist sie denn so wohlhabend?«

»Sie ist eine Tiffany-Erbin. Wie findest du die Idee?«

»Ist dir meine Meinung wichtig?«

Anna wusste nicht recht, was diese Frage sollte. »Natürlich ist sie mir wichtig.«

»Ich finde die Idee nicht schlecht. Es braucht natürlich eine gute Planung.« Eva schien über etwas nachzudenken. »Die Schule könnte hier auf unserem Grundstück sein«, meinte sie dann. »Es ist genug Platz, um ein kleineres Schulgebäude zu errichten. Die Kinder dürften den großen Garten nutzen, und wir könnten vielleicht sogar etwas anbauen. Was meinst du, Anna?«

»Das finde ich prima, Eva, und sehr großzügig von dir.« Anna fühlte sich mit einem Mal voller Tatendrang und so beflügelt, dass sie am liebsten gleich damit begonnen hätte. »Wir sollten nicht zu viele Schüler aufnehmen. Wir dachten an maximal zwanzig, und sie sollten nicht älter als fünfzehn sein. Und die Lehrer sollten analytisch geschult sein, und der Unterricht…« Sie beugte sich zu ihrem Hund hinunter, der neben ihrem Stuhl lag und herzzerreißend schnarchte. »Ich dachte an Projekt- und Anschauungsunterricht. Kinder lernen viel rascher und besser, wenn sich der komplette Unterricht an einem bestimmten Thema ausrichtet.« Diese Erfahrung hatte sie als Lehrerin gemacht.

Eva zeigte kopfschüttelnd auf den Schäferhund. »Wenn er weiter so laut schnarcht, müssen wir ihn vor die Tür setzen.«

Anna grinste. »Da sprichst du gleich etwas an: Ich würde Wolf gerne in unser Schulkonzept integrieren.«

»Und wie?«

»Er darf im Klassenzimmer sein, vorausgesetzt, er ist brav.«

»Und schnarcht nicht.«

Anna lachte. »In der Pause dürfen die Kinder mit ihm herumtollen.«

»Vorausgesetzt, sie haben keine Angst vor Hunden.«

»So eine Angst ist doch meistens erlernt. Weil sie schlechte Erfahrungen mit Hunden gemacht haben.«

»Und wie gedenkst du mit einem Kind umzugehen, das sich vor Wolf fürchtet?«

»Ich würde es ganz langsam und behutsam daran gewöhnen, wie schön es ist, einen Hund zum Gesellen zu haben. Dorothy wüsste übrigens schon einen Lehrer.«

»Und wen?«

»Er heißt Peter Blos und ist ihr privater Hauslehrer.«

Sie schwiegen eine Weile, bis Eva nachdenklich seufzte und schließlich sagte: »Weißt du, Anna, das klingt alles sehr interessant. Eine eigene kleine Schule, ganz so, wie man sie sich wünscht.«

»Es ist ein Sprung ins kalte Wasser, aber warum sollten wir es nicht versuchen?«

»Hast du schon mit deinem Vater darüber gesprochen?«

»Nein, bisher nicht.« Vielleicht hatte sie Angst, er könnte versuchen, es ihr auszureden. Die Wahrheit war, sie wusste es nicht.

»Mich würde seine Meinung interessieren. Dich nicht?«

»Mich interessiert seine Meinung immer, aber in diesem Fall… Ich weiß nicht, ich fürchte, er findet die Idee spinnert.« Jetzt, als sie es ausgesprochen hatte, wurde ihr erst bewusst, dass genau das der Grund für ihr Zögern war.

»Spinnert? Also, ich finde sie alles andere als spinnert.«

»Ich werde mit ihm reden, sobald er aus Berlin zurück ist. Er besucht dort meinen Bruder. Und ist ganz versessen darauf, seine kleine Enkelin zu sehen. Ich glaube, die kleine Eva wird später genauso hübsch wie du.«

»Lass die Schmeicheleien, Anna Freud, darauf falle ich nicht herein. Wahrscheinlich bin ich dagegen eh immun.«

»So? Immun gegen Schmeicheleien? Weiß dein Mann das schon?«

Eva lachte. »Na, und ob er das weiß.«

»Mein Vater wird sich übrigens mit Albert Einstein treffen.«

Eva pfiff beeindruckt. »Da wäre ich gerne dabei.«

»Nicht nur du.« Anna gähnte und stand träge auf, um sich zu strecken. »Ich werde schlafen gehen. Pläne machen ermüdet ziemlich, findest du nicht?«

Eva kuschelte sich unter ihre Wolldecke. »Ich bleibe noch ein bisschen hier sitzen. Gute Nacht, Anna, süße Träume. Ach, und fröhliche Weihnachten.«

»Auch für dich, Eva.«

Als Anna ein paar Tage später in die Berggasse zurückkam, erwartete sie ein Telegramm von ihrem Vater.

Einstein war sehr interessant, wir haben zwei Stunden gesprochen, mehr über Analyse als über Relativitätstheorie.

Ein Brief von ihm war ebenfalls gekommen, und sie öffnete ihn noch im Mantel. Sie las die ersten Zeilen, schlüpfte aus ihrem Mantel, legte Hut und Handschuhe ab und ging in die Küche, um Kaffeewasser aufzusetzen. Wenn die Köchin oder ihre Mutter wüssten, dass sie inzwischen nicht nur Kaffeewasser kochen konnte. »Ihr werdet Augen machen«, sagte sie laut.

Mit dem Kaffee ging sie in ihre Stube und machte es sich bequem. Wolf hatte sich bereits auf dem flauschigen Teppich ausgestreckt, den Kopf auf den Pfoten. »Sag nur, es war anstrengend, die ganze Zeit faul unter dem Tisch zu liegen und Leckerchen zugesteckt zu bekommen?«

Anna faltete den Brief ganz auseinander und las weiter.

Einstein versteht von Psychologie so viel wie ich von Physik, und so haben wir uns sehr gut unterhalten. Er sieht älter aus, als ich erwartet hatte.

»Wie charmant, Papa.« Sie musste lachen, schlang die Arme um die angezogenen Knie und legte den Kopf darauf. »Eine eigene Schule«, sagte sie laut zu sich. »Ist das nicht wundervoll?« Sie schnalzte mit der Zunge. »Ich sollte keine Selbstgespräche führen, sondern lieber Dorothy besuchen.«

Im Flur warf sie einen kurzen Blick in den Spiegel. »Frohes neues Jahr, Anna. Es wird ein spannendes Jahr, das spüre ich.«

26

Wien, Anfang des Jahres 1927

Anna saß am Frühstückstisch und blätterte in der Zeitung.

Die übrigen Familienmitglieder gingen bereits ihrer Arbeit und ihren Aufgaben nach; Anna hatte sich noch nicht aufraffen können, sie hatte grässlich geschlafen.

Das Stubenmädchen kam herein. »Soll ich heute als Erstes in Ihrer Stube sauber machen, Fräulein Anna? Der Herr Professor möchte nicht gestört werden.«

»Es ist gar nicht notwendig, Maria, aber danke. So viel Schmutz machen ich und meine Patienten nicht.«

»Wie Sie meinen, Fräulein Anna.«

Anna las einen kurzen Artikel und streckte sich. Sie sollte sich auch an die Arbeit machen, aber sie fühlte sich ungeheuer erschöpft. Ob sie etwas ausbrütete?

Sie blätterte um und erstarrte, als ihr eine kurze Schlagzeile ins Auge stach. *Der Dichter Rainer Maria Rilke ist tot.*

»Nein!« Sie schlug die Hand vor den Mund.

Mit der Zeitung in der Hand lief sie zu ihrem Vater, der am Fenster stand und herumwirbelte, als sie, ohne zu klopfen, hereinstürmte. »Rilke ist tot, Papa!«

»Was?« Er runzelte die Stirn und wedelte mit der Hand. »Gib mir die Zeitung, Anna.«

Sie reichte sie ihm und stellte sich neben ihn ans Fenster, die Arme vor der Brust verschränkt. Ihr war plötzlich kalt geworden.

Ihr Vater las einen Moment, dann stieß er ein lang anhaltendes Seufzen aus und faltete die Zeitung zusammen. »Ich wusste nicht, dass er so krank war.«

»Ich auch nicht. Ob Lou es wusste?« Hatte sie laut gesprochen oder es nur gedacht?

Ihr Vater ging zum Schreibtisch und sank auf den Stuhl.

Anna blieb davor stehen, die Arme noch immer verschränkt. »Ich werde einen Kranz in Auftrag geben. Mit Rainers Lieblingsblumen.« Kannte sie die überhaupt?

»Nimm Lilien, Anna.«

»Du hast recht, Lilien sind...« Sie schluckte, weil sie spürte, dass sie weinen musste. »Sie sind... sehr passend.« Sie schluckte erneut und lief rasch hinaus.

Einige Tage später kam Lous Brief – ohne ein einziges Wort zu Rilkes Tod. Warum schwieg sie sich darüber aus? Rilke hatte ihr so viel bedeutet, er war ihre große Liebe gewesen, wie konnte sie da schweigen? Sie musste doch kreuzunglücklich sein. Anna hätte sie gern getröstet, aber wie, wenn sie es nicht zuließ?

Und so beantwortete Anna den Brief und erwähnte Rilke ebenfalls mit keinem Wort.

Ihr Buch war unterdessen fertig gedruckt, ein Stapel lag auf ihrem Schreibtisch, und sie war so stolz, dass sie ihn immer wieder anschauen musste.

Sie nahm zwei Bücher vom Stapel, signierte sie und schrieb eine Widmung hinein. Eins war für ihren Vater, das andere für Dorothy. Würde es dem hohen Anspruch ihres Vaters genügen? Würde er es mögen?

Anna fühlte sich zum Umfallen müde und ausgelaugt. An manchen Tagen mochte sie kaum aus dem Bett steigen, und abends fiel sie wie ein Stein hinein. Erholsamen Schlaf fand sie trotzdem nur selten.

»Du siehst müde aus«, begrüßte ihr Vater sie, als sie mit dem Buch in der Hand in sein Arbeitszimmer kam.

»Ich *bin* müde, Papa.« Ein wenig schüchtern gab sie ihm ihr Buch. »Für dich. Ich hoffe, du...« Sie hielt inne. »Ich hoffe, du musst beim Lesen nicht ständig den Kopf schütteln, weil du mein Geschreibsel dumm findest.«

»Geschreibsel?« Nun schüttelte er tatsächlich den Kopf. »So sprichst du über die monatelange Arbeit, die du investiert hast?«

»Nein. Entschuldige, ich... ich weiß auch nicht, was mit mir ist. Mein Kopf fühlt sich an, als beherberge er den gesamten Wattevorrat aller Apotheken der Stadt.« Selbst das Sprechen empfand sie als anstrengend.

Er schlug das Buch auf, blätterte darin und nickte. »Es ist wirklich schön geworden.«

»Besser, du liest es erst mal, bevor du mich lobst.«

»Ein wenig mehr Selbstvertrauen würde dir nicht schaden.«

Darauf erwiderte Anna nichts. Sie war nicht der Meinung, dass sie unter mangelndem Selbstvertrauen litt.

»Nein, ich will es anders sagen.« Er hatte das Buch zugeklappt und auf den Tisch gelegt. »Du bräuchtest etwas mehr Selbstwertgefühl.«

Da mochte sie nicht widersprechen.

Er hob verwundert die Augenbrauen. »Keine Einwände, keine Widerworte? Es geschehen noch Zeichen und Wunder.«

Anna setzte sich in den Sessel, der am Fenster stand, und schlug die Beine übereinander. »Wie fühlst du dich, Papa?«

»Gut. Es gibt keinen Grund zur Sorge.«

»Je mehr du das bekräftigst, desto misstrauischer werde ich. Du solltest mich kennen.« Sie räusperte sich. »Ich möchte gern über etwas mit dir sprechen.«

Er warf einen raschen Blick auf seine Taschenuhr und schob sie zurück in seine Westentasche. »Nur zu. Mein nächster Patient kommt erst in einer guten Stunde.«

»Dorothy und ich, wir … Nein, ich fange anders an. Wir sind der Meinung, dass es Kinder gibt, die eine ganz besondere Schule bräuchten. Eine Schule, die sie nicht in ein enges, fest vorgeschriebenes Korsett zwingt.« Sie machte eine Pause und schaute ihren Vater an. Doch seinem Gesicht war wie so oft keinerlei Regung anzusehen. Als Analytiker hatte er es im Laufe der Jahre gelernt, sich keine Empfindungen anmerken zu lassen. »Eine Schule, die ihre Begabungen fördert und ihnen die Möglichkeit gibt, Schwächen mit besonderen Stärken auszugleichen.«

»Das klingt interessant. Nur weiter, Anna.«

Sie beugte sich vor. »Ernst zum Beispiel, Sophies Sohn. Er hat so viele Talente und Fähigkeiten, die an einer gewöhnlichen Schule verschüttgehen. Davon bin ich überzeugt. Deshalb fühlt er sich so unwohl dort und verweigert sich. Eine Schule könnte doch wie eine zweite Familie sein. Auch das wäre gut für Ernst. Ich denke aber nicht nur als seine Tante, ich denke vor allem auch als Analytikerin, Papa.«

»Was du nicht sagst.«

Sie schwiegen eine ganze Weile. Anna zerknüllte die Schürze ihres Dirndls und überlegte, ob sie noch mehr sagen sollte.

»Nun, ehrlich gesagt …«, durchbrach ihr Vater die Stille schließlich und öffnete eine der Schubladen in seinem Schreibtisch. Wahrscheinlich wollte er rauchen. »Herrschaftszeiten, Sakra …«, murmelte er vor sich hin, während er in der Schublade kramte. »Wo hab ich sie denn nur? Ach, da sind sie ja.« Er zog eine Zigarre hervor, betrachtete sie selig und zündete sie an. Mit einem wohligen Seufzer lehnte er sich zurück und rauchte einen Moment schweigend. »Ich habe mir über diese Dinge nie Gedanken gemacht. Aber ich glaube, du hast recht.«

Sie blinzelte verblüfft. »Wirklich? Ach, das freut mich aber. Ich dachte schon, du würdest die Idee spinnert finden.«

Er nahm einen weiteren Zug. »Ganz und gar nicht. Du sprachst eben von Mrs Burlingham und dir – soll das ein gemeinsames Projekt werden?«

Anna nickte. Für einen Moment verschwanden Müdigkeit und Erschöpfung, und sie spürte, wie schon zuvor bei Eva, das unbändige Verlangen, sofort aufzuspringen und ihren Plan in die Tat umzusetzen. »Dorothy will die Schule finanzieren. Ich habe auch mit Eva Rosenfeld darüber gesprochen. Sie findet die Idee auch gut. Und sie wäre bereit, ihr Grundstück zur Verfügung zu stellen.«

»Das ist sehr großzügig von den beiden.«

»Sie glauben an das Projekt.«

Er legte den Kopf schief und betrachtete sie. »Du bist in meine Fußstapfen getreten und imstande, eigene Abdrücke zu hinterlassen.«

Vor Freude und Überraschung errötete Anna.

»Wenn ich bei eurem Projekt in irgendeiner Form behilflich sein kann, lass es mich wissen.«

Sie stand auf und strich ihre weiße Schürze glatt. Was vergebliche Mühe war, sie würde eine neue anziehen müssen. »Danke, Papa. Deine Zustimmung und Begeisterung bedeuten mir viel.«

»Meine Zustimmung hast du nicht gebraucht. Wie alt bist du doch gleich geworden?« Er hatte die Augen geschlossen und rauchte mit genießerischem Gesichtsausdruck. »Ich finde, du solltest ein paar Tage ausspannen, Anna. Du könntest dir Mailand oder Venedig anschauen.«

»Mailand.« Sie seufzte. »Das wäre wirklich himmlisch.« Sie könnte Dorothy fragen, ob sie mitkommen würde. »Aber ich kann dich nicht allein lassen.«

»Doch, das kannst du. Ich komme wunderbar ein paar Tage ohne dich zurecht.«

»Das habe ich schon mal irgendwo gehört.«

»Natürlich hast du das, ich muss es ja ständig beteuern. Ich lege dir die Reise nicht nur ans Herz, ich würde sie dir gerne befehlen, wenn ich wüsste, dass es wirkt.«

»Na schön, du hast gewonnen.«

»Bravo.« Er schnippte Asche in den Aschenbecher. »Da ist noch etwas, das ich dir sagen wollte. Ich werde für einige Zeit ins Sanatorium gehen. Ich brauche ebenfalls Erholung.«

»Und das sagst du erst jetzt?«

Er ging nicht darauf ein. »Wir könnten es so legen, dass du verreist, während Mama und ich ins Sanatorium fahren. Was meinst du?«

»Ein guter Gedanke.« So könnte es gehen, dachte sie und spürte eine freudige Erwartung aufwallen. Sie und Dorothy in Mailand oder Venedig. Ach, das wäre fantastisch!

»Gut, dann machen wir es so.« Er schloss erneut die Augen.

Anna zog leise die Tür hinter sich zu. Sie wollte jauchzen, singen und in die Hände klatschen. Doch selbst dazu war sie zu erschöpft.

Am Tag darauf begegnete Anna Dorothy im Hausflur. »Ich war gerade bei deinem Vater. Und ich wollte mir mein Buch abholen. Wenn es nicht zu unverschämt ist.«

»Aber nein, überhaupt nicht, Dorothy. Schließlich habe ich dir eins versprochen. Komm, wir gehen nach oben in meine Stube und trinken einen Kaffee.«

Die beiden tranken Kaffee und knabberten Nussmakronen, Wolf lag unter dem Tisch.

Dorothy hatte immer wieder in Annas Buch geblättert. »Ich bin schon ganz gespannt.«

Anna schenkte ihr nach und nahm allen Mut zusammen. »Mein Vater hat mir nahegelegt, ein bisschen auszuspannen. Ich fühle mich seit einiger Zeit ständig müde und erschöpft. Und so habe ich mir überlegt, ein paar Tage wegzufahren, vielleicht nach Italien.«

Dorothy betrachtete sie und nickte. »Das ist bestimmt eine gute Idee. Ich war noch nie in Italien, es muss herrlich dort sein.«

»Oh, das ist es. Warum begleitest du mich nicht?«

»Das würde ich sehr schön finden, Anna.«

»Aber?«

Dorothy schüttelte lächelnd den Kopf. »Kein Aber. Ich begleite dich gern.«

Anna verschüttete etwas von ihrem Kaffee. »Das freut mich, Dorothy! Wie schön. Lass uns über unsere Schule sprechen. Ich habe auch Eva Rosenfeld davon erzählt, du erinnerst dich sicher an sie...«

Dorothys Hauslehrer Peter Blos hatte bereits zugesagt, in ihrer Schule als Lehrer zu arbeiten. Sie überlegten, ihn auch gleich zu fragen, ob er als Direktor zur Verfügung stünde. Dorothy hatte auf einem großen Blatt Papier die Umrisse eines Holzhauses skizziert. Sogar einen kleinen Garten hatte sie gezeichnet, der das Schulgebäude umrahmen sollte. »Die Kinder könnten Gemüse und Obst anpflanzen, das wäre doch nett, nicht wahr? Vielleicht schaffen wir sogar ein paar Hühner an.«

Anna musste an Lou denken, und ihr wurde ganz eigenartig zumute. Doch sie riss sich zusammen. »Das klingt wirklich schön. Der Schulhof sollte weitläufig sein, dann können die Kinder sich in der Pause ordentlich austoben.«

Die zehnjährige Mabbie kam hereingestürmt und blieb vor ihnen stehen. »Spielen wir was, Anna?«, fragte sie auf Englisch.

Anna hatte sich vorgenommen, mit den Kindern Deutsch zu sprechen. Ein Vorhaben, das bisher daran gescheitert war, dass sie meistens viel zu wenig Zeit hatte. Also war es bei Englisch geblieben. Auch mit Dorothy unterhielt sie sich ausschließlich in deren Muttersprache. Nur dann und wann verwendete Dorothy ein deutsches Wort und freute sich wie eine Schneekönigin, wenn sie es richtig ausgesprochen hatte.

»Wir wollten doch Deutsch miteinander sprechen, Mabbie«, erinnerte Anna das Mädchen nun mit sanfter Stimme.

Es verdrehte die Augen, zog einen Schmollmund und warf seiner Mutter einen Hilfe suchenden Blick zu.

»Na schön, später«, murmelte Anna. Ihr Kopf war zu voll, um jetzt mit Deutschunterricht zu beginnen. Sie wusste, dass sie inkonsequent war, etwas, das sie bei den Lehrern an ihrer Schule nicht dulden würde.

Dorothy sagte zu ihrer Tochter, sie solle brav sein und draußen warten, doch Mabbie blieb trotzig stehen.

»Mabbie.« Dorothy sah ihre Tochter streng an. »Please!«

Das Mädchen schnaubte, wirbelte herum und stürmte aus dem Zimmer.

»Wolltest du nie Kinder, Anna?«, fragte Dorothy.

»Nein, ich glaube, ich habe tatsächlich noch nie ernsthaft daran gedacht, Mutter zu werden.«

»Das ist eigenartig. Ich dachte, jede Frau denkt irgendwann in ihrem Leben darüber nach, ob sie nicht ein Kind haben möchte.«

»Ich fürchte, ich war immer schon anders. Ich hätte ein Junge werden sollen, vielleicht liegt's daran.«

Dorothy lachte. »Weißt du das, oder vermutest du es?«

»Ich weiß es. Mein Vater hat es mir irgendwann erzählt. Er sei sehr enttäuscht gewesen und habe gesagt: ›Kein Zipfel, wie schade.‹«

Dorothy lachte noch mehr. »Aber er hatte doch bereits drei Söhne«, sagte sie dann.

Anna zuckte mit den Schultern. Eine eigenartige, flüchtige Traurigkeit wollte sie übermannen, doch sie hatte sich schnell wieder im Griff. »Und nun zu Italien, Dorothy. Ich dachte an Mailand und Venedig. Und vielleicht noch an den Lago Maggiore …«

Dorothy seufzte verträumt. »Das klingt wunderbar. Wann fahren wir los?«

27

Mailand, im Frühjahr 1927

Dorothy konnte gar nicht genug bekommen von Mailands italienischem Flair, und auch Anna war überwältigt von Stadt und Kultur.

Ihre Hotelzimmer waren sehr schön, wenn auch recht laut, weil sie zur Straße hin lagen. Seltsamerweise störte es beide nicht. Wenn sie am Morgen frühstückten und eine von ihnen sah besonders übernächtigt aus, lachten sie darüber.

Vielleicht lag es am italienischen Lebensgefühl, das ansteckend wirkte?

Möglicherweise lag es aber auch daran, dass sie allein waren. Dorothys Kinder waren in Wien geblieben, Arthur und Ruth Sweetser kümmerten sich um sie. Arthur arbeitete als Hausmeister und Gärtner für Dorothy, seine Frau war ihr im Haushalt behilflich.

Anna genoss es, Dorothy einmal ganz für sich zu haben. Kein eifersüchtiger Bob, keine Mabbie, die ständig unterhalten werden wollte. Gleichzeitig vermisste sie die Kinder.

Wenn sie und Dorothy unterwegs etwas Hübsches für Kinder sahen, ein Spielzeug oder ein niedliches Kleidchen, kauften sie es. In einem Lädchen entdeckte Anna einen

Globus und beschloss, ihn Bob mitzubringen. Während sie bezahlte, überlegte sie, ob sie sich die Zuneigung des Jungen erkaufen wollte.

Nein, entschied sie, sie hatte einfach nur das Bedürfnis, ihm eine Freude zu machen.

»Weißt du, wie du mir vorkommst?«, sagte Dorothy, als sie wieder auf die Straße traten. »Als wärst du ihre zweite Mutter.«

Anna spürte, wie ihr das Blut in die Wangen schoss. »Findest du wirklich?«

Dorothy lächelte. »Ja. Und ich bin froh, dass es so ist.«

Die beiden besuchten den Dom, stiegen auf den Turm und genossen die atemberaubende Aussicht.

Später schlenderten sie durch prachtvolle Gärten und bewunderten Magnolienbäume, die in voller Blüte standen. Abends fielen sie todmüde ins Bett, um morgens voller Tatendrang wieder aufzustehen.

Dorothy tat Anna gut, und umgekehrt schien es ebenso zu sein. Sie beflügelten und ergänzten sich. Beide sehnten sich gleichermaßen nach Frieden und Harmonie; Anna, weil sie ohnehin ein harmoniebedürftiger Mensch war, und Dorothy vermutlich, weil sie schwere Jahre hinter sich hatte.

Ihr Vater schickte einen Brief, in dem er ihr von Alfred Wintersteins Artikel berichtete. Alfred Freiherr von Winterstein, ebenfalls Analytiker und langjähriges Mitglied der Psychoanalytischen Gesellschaft, hatte Annas Buch gelesen und lobte ihre Arbeit sehr, sie liefere einen wertvollen Beitrag zu Psychoanalyse und Pädagogik.

Anna war überrascht, mit so viel Begeisterung hatte sie gar

nicht gerechnet. Am liebsten hätte sie ein Freudentänzchen aufgeführt. Ein Lob aus der Feder eines renommierten Kollegen!

Genieß die Ferien, und mach dir keine Sorgen um mich. Warum bleibt ihr nicht noch ein paar Tage?, schlug ihr Vater in seinem Brief vor. *Du würdest ohnehin in eine leere Wohnung kommen, und ich weiß, wie sehr du das verabscheust.*

Ursprünglich hatten sie nach Ostern nach Wien zurückfahren wollen. Aber er hatte recht, und so verlängerten sie kurz entschlossen ihren Urlaub.

Als sie eines Nachmittags am Strand von Baveno, am Westufer des bezaubernden Lago Maggiore, lagen, beide schläfrig, setzte Anna sich auf. »Ich bin froh, dass wir meinen Neffen an unsere Schule holen, Dorothy. Es wird ihm guttun, und ich hoffe, dass er aufblühen wird.«

Sie schaute auf den himmelblauen See hinaus, auf dem ein paar kleine Boote dümpelten. Am Tag zuvor hatten auch sie sich ein Boot gemietet und waren auf den See hinausgefahren. Verblüfft hatte Anna festgestellt, dass sich ihr Blick auf das Leben verändert hatte. Lag das an der Urlaubsstimmung oder daran, dass sie selbst sich verändert hatte?

Sie schaute Dorothy, die neben ihr lag, die Augen geschlossen, ein feines Lächeln um den Mund, von der Seite an. Wie hübsch sie aussah und wie viel Ruhe sie ausstrahlte. Annas Herz zog sich zusammen. Sie war so dankbar, dass sie mit Dorothy den Menschen gefunden hatte, mit dem sie durch dick und dünn gehen wollte, dem sie vertraute. Sie hatte sich häufig überfordert gefühlt, weil sie immer dachte, Erwartungen erfüllen zu müssen und nicht bedingungslos die sein zu können, die sie war. In Dorothys Gegenwart durfte sie es, bei ihr fühlte sie sich aufgehoben und angenommen.

»Anna?« Dorothy hatte die Augen geöffnet und schaute sie an. »Wo warst du gerade?«

»In meinem tiefsten Inneren.«

»Und wie fühlt es sich dort an?«

»Geborgen.«

Dorothy nickte, als würde diese Antwort sie zufriedenstellen. »Du sprachst eben von deinem Neffen«, erinnerte sie Anna.

»Er kommt sich verloren vor. So wie ich früher oft. Ich weiß, wie es ist, wenn man sich als Geschwisterkind zurückgesetzt fühlt.« Anna ließ sich auf die Ellbogen zurücksinken und erzählte Dorothy von Ernst und den beiden Schicksalsschlägen, die er hatte durchstehen müssen. »Ich glaube, er fühlt sich in seiner neuen Familie nicht wohl. Alles dreht sich um seine kleine Schwester, dabei bräuchte er so dringend Aufmerksamkeit und besondere Zuwendung. Und Förderung. Der Junge ist so klug und hat so viel Fantasie.«

Dorothy nickte nachdenklich. »Wie alt ist er?«

»Gerade dreizehn geworden.«

»Ein schwieriges Alter.«

Anna legte sich auf den Rücken und blinzelte in die Sonne.

»Ich würde dich gern etwas fragen. Angenommen, dein Mann stünde plötzlich vor der Tür, würde dich um Verzeihung bitten und dich anflehen, zu ihm zurückzukehren.«

»Wofür sollte er mich um Verzeihung bitten? Er ist krank, Anna, sehr krank. Dafür kann er nichts.«

»Ich glaube, man kann sich auch für etwas entschuldigen, woran man keine Schuld trägt.«

Darüber schien Dorothy nachzudenken. »Ich weiß nicht«, sagte sie schließlich zögernd. »Nein, das finde ich nicht. Er war tatsächlich oft furchtbar ungerecht, aber auch das hatte mit seiner Krankheit zu tun.«

Anna machte »Hm« und blickte in den Himmel. Ein Schmetterling flatterte um Dorothys Kopf herum und ließ sich auf ihrem Sonnenhut nieder. »Sehr hübsch.« Sie lachte. »Er sieht aus wie eine Brosche.« Sie räusperte sich. »Dann würdest du in gar keinem Fall nach Amerika zurückgehen?«

Dorothy schüttelte vehement den Kopf. »Niemals. Ich habe diesen Schritt sehr bewusst vollzogen, habe alles hinter mir gelassen und die Kinder vor vollendete Tatsachen gestellt. Es war schwer genug, Anna«, fügte sie mit einem verhaltenen Seufzen hinzu. »Robert hat geheult und gefleht. Ich musste stark bleiben, für unsere Kinder. Vielleicht versteht er es irgendwann.«

»Das könnte er wohl nur unter der Voraussetzung, dass er gesund wird«, gab Anna zu bedenken und ärgerte sich sofort über ihre unbedachte Äußerung.

Doch Dorothy nickte. »Das ist wahr.«

»Würdest du zu ihm zurückgehen, wenn du sicher sein kannst, dass er wieder gesund ist? Vollständig geheilt?«

»Es gibt keine vollständige Heilung, das wissen wir doch beide, Anna. Diese Krankheit ist heimtückisch.« Dorothy drehte den Kopf, um Anna anzusehen. »Aber meine Antwort lautet: Nein. Ich würde niemals zu ihm zurückgehen, selbst dann nicht, wenn Robert ein völlig neuer Mensch würde.«

Anna hätte gern weitergefragt, doch sie ließ es sein. Sie war schon zu sehr in Dorothy gedrungen, hatte gebohrt und gebohrt. Nun war es genug.

»Ich möchte immer bei dir bleiben«, sagte Dorothy leise nach einer ganzen Weile, in der sie geschwiegen und nur den Wolken zugeschaut hatten.

Annas Herz machte einen gewaltigen Satz, stolperte einmal, zweimal, um dann normal weiterzuschlagen. »Das ist … schön, Dorothy. Sehr schön.« Mehr konnte sie nicht sagen.

Wieder schwiegen sie eine Zeit lang, beobachteten, wie die Wolken sich veränderten, wie graue, tief hängende Wolkenbänke aufzogen und die Leute ringsherum begannen, ihre Sachen zusammenzupacken.

»Das Wetter schlägt um.« Anna hatte die Augen zusammengekniffen.

»Morgen reisen wir ab«, meinte Dorothy bedauernd. »Aber ich freue mich ehrlich gesagt auch wieder auf Wien.«

»Ich auch. Egal, wo ich war, ich habe mich immer auf daheim gefreut. Ich neige dazu, Heimweh zu bekommen.«

»Wenn man ein Zuhause hat, ich meine, ein richtiges Zuhause, wird man sich immer freuen zurückzukehren.«

»Das glaube ich auch. Aber erst mal freue ich mich auf Venedig.« Das wollten sie am kommenden Tag besuchen.

Dorothy nahm eine Handvoll Sand und ließ ihn durch die Finger gleiten. »Ich habe mir übrigens etwas überlegt. Ich möchte eine Analyse bei deinem Vater machen.«

»Das wird ihn freuen. Er schätzt dich sehr.«

»Und ich ihn. Deshalb möchte ich auch zu niemand anderem gehen. Eine Analyse ist etwas so Privates, Intimes.«

»Vielleicht kommt für dich auch eine Lehranalyse infrage. Ich kann mir dich sehr gut als Analytikerin vorstellen.«

Dorothy lachte.

»Worüber lachst du?«

»Darüber, dass ich auch darüber bereits nachgedacht habe. Du hast meine Gedanken gelesen, stimmt's?«

»Schuldig im Sinne der Anklage.«

Die Sonne hatte sich hinter einer großen Wolke verzogen, und weitere Wolken waren im Anmarsch. Mit dem Sonnenschein schien es vorerst vorbei zu sein, es war, als wollte das Wetter ihnen den Abschied erleichtern.

Anna setzte sich auf und strich den Sand von ihren nackten Beinen. Sie waren braun gebrannt. »Wie soll unsere Schule heißen?«

»*Darüber* habe ich noch nicht nachgedacht.«

»Was hältst du von Burlingham-Schule?«

»Wieso Burlingham-Schule?« Dorothy schüttelte den Kopf. »Nein, damit bin ich nicht einverstanden.«

»Aber du bist die Geldgeberin.«

»Und wenn schon. Nein.« Wieder schüttelte Dorothy den Kopf. »Es wäre mir unangenehm. Dann vielleicht Freud-Burlingham-Rosenfeld-Schule.« Sie lachte. »Nein, viel zu lang.«

Anna musste einfach mitlachen. Dorothys Lachen war ungeheuer ansteckend. »Wir könnten sie einfach Hietzinger Schule nennen, nach dem Wiener Bezirk, in dem Evas Haus steht«, schlug sie dann vor.

Dorothy erhob sich schnaufend und reichte Anna die Hand, um ihr aufzuhelfen. »Hietzinger Schule, ja, warum nicht? Komm, lass uns heimgehen. Ich bin hungrig.«

»Schon wieder?«

Dorothy hakte sie unter. »Ich bin immer hungrig, das weißt du doch.«

Anna zwickte sie in die Seite. »Man könnte glatt neidisch werden. Sieh dich an, du bist gertenschlank.«

»Du etwa nicht?«

»Danke für diesen herrlichen, unvergesslichen Urlaub, Dorothy.«

»Da gibt es nichts zu danken, Anna. Ich habe ihn ganz genauso genossen wie du. Komm, lass uns einen kleinen Umweg machen und uns die Kamelien anschauen. Sie blühen so wundervoll.«

»Ich glaube, sie würden auch Tinky gefallen. Wir könnten uns ein paar mit nach Wien nehmen.« Anna lehnte für einen Moment den Kopf an ihre Schulter. »Vorausgesetzt, du kümmerst dich um sie. Ich habe leider kein Händchen für Blumen. Ich liebe sie nur.«

»Das genügt meistens schon.« Dorothy schaute sie an.

Anna wurde ganz eigenartig zumute, und sie musste den Blick rasch abwenden, sonst wurde sie noch sentimental. »Ich glaube, du hast recht. Mit Liebe kann man eine ganze Menge schaffen und zum Guten wenden.«

»O ja, das kann man, Anna.«

28

Im Sommer desselben Jahres

Als Anna die Nachricht erhielt, dass Evas Tochter Mädi bei einem Bergunfall ums Leben gekommen war, war sie wie vor den Kopf geschlagen. Das Mädchen war an einer Bergwand abgestürzt, und man hatte sie einen Tag lang gesucht.

Mädi war eine ausgezeichnete Kletterin gewesen, erfahren und geschickt. »In hundert Jahren würde ich es nicht schaffen, so zu klettern wie sie«, hatte Eva einmal gesagt. »Die Berge sind ihr zweites Zuhause.«

Und nun war Evas Augenstern, ihr Sonnenschein, tot.

Anna machte sich sofort auf den Weg zu ihr.

Eva und ihrem Mann Valentin schien es nicht möglich, sich gegenseitig Halt zu geben. Anna hatte die Sprachlosigkeit sofort gespürt, als sie das Haus betreten hatte. Die Mädchen, die Eva aufgenommen hatte, hatten sich in ihre Zimmer verzogen, und im Haus herrschte eine überwältigende Stille, so laut, dass Anna zusammengezuckt war.

Sie blickte sich im Flur um. Es war, als wäre die Zeit stehen geblieben, als hätte jemand die Zeiger angehalten, um die Uhren am Weiterticken zu hindern.

»Eva? Bist du da?« Anna hörte das Blut in ihren Ohren rauschen.

In der oberen Etage waren Schritte zu hören. Schwerfällige Schritte.

»Eva?«, rief sie erneut.

»Anna?«, kam es leise und ungläubig von oben.

Ihre Freundin kam die Treppe herunter, das Gesicht verquollen, die Augen gerötet, das Haar ganz wirr. Sie trug einen verknitterten dunklen Rock, darüber ein Hemd, das offenbar mal ihrem Mann gehört hatte, und sie war barfuß. »Anna…« Sie blinzelte, als könnte sie es immer noch nicht glauben.

»Ich bin da, Eva.«

»Ich… sie…« Eva holte tief Luft, dann stürzte sie auf Anna zu und sank ihr in die ausgestreckten Arme.

»Sie war so unerschrocken und neugierig«, sagte Eva später, als sie zusammen im Garten unter dem alten, schiefen Birnbaum saßen. »Ich schaue immer noch zur Tür, wenn ich ein Geräusch höre, weil ich sicher bin, dass sie es ist.«

Anna legte ihr die Hand auf den Unterarm und ließ sie einfach reden.

»Ich kann nicht mal mehr weinen. Ich kann gar nichts mehr, ich bin leer, tot. Ich bin mit meiner Mädi gestorben.«

Anna strich ihr sacht über den Handrücken.

»Valentin will, dass wir ihre Sachen zusammenpacken. Er erträgt es nicht, all das zu sehen, was sie…« Eva wischte sich über die Nase.

»Und du? Was möchtest du?«

»Wir können nicht alles zusammenräumen, Anna. Das geht doch nicht. Ich will, dass ihr Zimmer so bleibt, wie es war. Dass sie jederzeit heimkommen und …« Eva schniefte und schüttelte den Kopf. »Aber nein, sie wird ja nicht kommen. Sie wird nie mehr kommen.« Sie hob das Gesicht und sah Anna aus unendlich traurigen Augen an. »Ich werde nie mehr glücklich sein können. Sie war ein so gescheites, begeisterungsfähiges Mädchen. Ich war so stolz auf sie, so ungeheuer stolz. Oft hab ich gedacht, dass ich als Mädchen furchtbar gern so gewesen wäre wie sie.«

Anna nickte schweigend. Auch sie hatte das eine oder andere Mal gedacht, dass sie gerne wie Mädi wäre. Ihr wäre es gleichgültig gewesen, ob ihr Vater lieber einen weiteren Sohn gehabt hätte, sie hätte sich nicht darum geschert, dass ihre Geschwister sie ignorierten. Vielleicht hätte sie sogar darüber gelacht und gesagt: »Ich brauche euch nicht. Ich habe ja mich.«

»All die Auszeichnungen, die sie bekommen hat. Eine richtige Amazone war sie. Mutig und tapfer wie ein Junge. Unerschrocken, aber niemals unvorsichtig.« Eva hob den Kopf und sah Anna wieder an. »Ich verstehe es nicht. Wie konnte das geschehen? Sie war doch eine so gute Kletterin.«

Anna spürte, dass sie selbst weinen musste, und genau das wollte sie vermeiden. Sie wollte Eva doch Trost spenden und sie nicht noch trauriger machen.

»Ich bin so wütend, dass man sie mir genommen hat«, flüsterte Eva. »Man hat sie mir einfach weggenommen. Ich weiß nicht, ob ich diese Wut aushalten kann, Anna.«

»Sag mir, was ich für dich tun kann, und ich tu's.«

Es sah ganz kurz so aus, als wollte Eva lächeln, doch sie brachte es nicht zustande.

»Hätte ich eine Tochter, würde ich sie mit dir teilen«, sagte

Anna und drückte ihre Hand. Sie meinte es genau so, wie sie es sagte.

»Ach, Anna…« Es klang gerührt, ergriffen. »Ich danke dir so sehr.«

»Wofür denn? Ich kann doch rein gar nichts tun.«

»Du tust doch gerade etwas für mich.«

Die beiden schwiegen lange.

»Weißt du, die ganze Zeit muss ich daran denken, dass sie vielleicht noch leben würde, wenn ich dabei gewesen wäre. Wenn ich sie auf diesen… verfluchten Berg begleitet hätte!« Eva hatte bei jedem Wort lauter gesprochen. »Aber ich war nicht bei ihr. Ich war nicht bei meinem geliebten kleinen Mädchen. Ich habe sie alleingelassen!«

»Nein, das hast du nicht.« Anna legte den Arm um ihre Schultern. Wie zart sie sich anfühlten. »Mädi war eine ausgezeichnete Bergsteigerin. Du hättest nichts tun können, Eva, gar nichts. Das Schicksal hat sie dir genommen, und das Schicksal lässt sich nicht überlisten.«

»Ja.« Mehr sagte Eva nicht.

Wieder schwiegen sie eine Zeit lang.

»Nein, ich möchte noch nicht alles zusammenpacken«, durchbrach ihre Freundin schließlich die Stille. »Ich glaube, ich möchte manches noch so lassen, als käme sie jeden Moment in ihr Zimmer gelaufen.«

Anna nickte. Sie würde es ganz genauso machen. »Hältst du das aus?«, fragte sie leise.

»Ja, das halte ich aus. Weil ich alles andere nicht aushalten würde.« Eva lehnte den Kopf an Annas Schulter. »Die Welt ist eine andere geworden.«

Anna nickte wieder. »Ja, Eva, auch für mich.«

In der folgenden Zeit kümmerte Anna sich sehr um Eva und besuchte sie manchmal auch unangemeldet, um nach ihr zu sehen.

Die Trauer hatte ihre Freundin fest im Würgegriff. Oft sprachen sie kein einziges Wort, wenn sie beisammensaßen. Manchmal weinte Eva nur leise, dann wieder redete sie fast ununterbrochen über ihre verstorbene Tochter.

Ihr Mann hatte sich zurückgezogen und reagierte auf alle Annäherungsversuche barsch und ungehalten, wie sie Anna irgendwann erzählte. »Er kann nicht aus seiner Haut. Aber ich bin doch seine Frau. Er könnte es wenigstens versuchen, oder etwa nicht?«

Anna riet ihr, ihm noch etwas mehr Zeit zu geben.

»Die Zeit heilt alle Wunden?«, fragte Eva ein wenig spitz.

Anna wusste nicht, was sie sagen sollte.

»Nein.« Eva schüttelte heftig den Kopf. »Komm mir nicht damit, Anna, die Zeit heilt nicht alle Wunden. Die Wunden vernarben, nichts weiter.« Sie seufzte schwer. »Entschuldige bitte, ich wollte nicht… Du meinst es nur gut mit mir.«

Den Plan für eine private Schule hatte Anna zwischenzeitlich auf Eis gelegt. Sie wollte den Kopf frei haben, um für Eva da sein zu können. Alles andere war vorerst unwichtig.

In dieser Zeit bekam sie das erste Mal ein Kind in die Analyse, das Probleme hatte, sich mitzuteilen und auszudrücken. Das Mädchen hatte vor ein paar Monaten seine Mutter verloren und sprach seitdem kaum noch.

Es saß Anna gegenüber auf einem Stuhl, die Hände unter die Schenkel geschoben, und blickte nicht auf, als sie es ansprach.

»Aber deinen Namen wirst du mir bestimmt sagen.«

»Ruth«, kam es ganz leise.

»Das ist ein sehr schöner Name. Du bist fünf Jahre alt, nicht wahr?«

Ein Nicken.

Anna stand behutsam auf und nahm eine Puppe aus dem Regal, die bislang ein eher trauriges Dasein gefristet hatte. Sie war noch kein einziges Mal zum Einsatz gekommen. Der Plüschbär, der an ein paar Bilderbücher gelehnt danebensaß, hatte immerhin schon einem kleinen Jungen Trost gespendet.

Anna legte Ruth die Puppe in den Schoß. »Sie hat noch keinen Namen. Magst du ihr einen geben?«

Zum ersten Mal hob das Mädchen den Kopf. Einen Moment dachte es nach, dann flüsterte es: »Maria.«

So hatte seine Mutter geheißen, wie Anna vom Vater erfahren hatte. »Dann heißt sie nun also Maria. Möchtest du ihr Haar kämmen, Ruth?«

Das Mädchen schüttelte den Kopf.

»Aber du möchtest sie halten?«

Wieder ein Nicken.

Anna saß still da und wartete geduldig.

Nach einer Weile fragte sie leise: »Ist Maria traurig?«

Das Mädchen nickte zögernd.

»Und was glaubst du, warum ist sie traurig?«

Ruth zuckte mit den Schultern. »Weiß nicht. Vielleicht, weil sie ganz allein ist.«

»Aber wir sind doch da.«

Ruth betrachtete die Puppe mit ernster, sorgenvoller Miene.

Nach einer weiteren Weile deutete sie zaghaft auf Hals und Bauch der Puppe. »Da drin tut es ihr weh.«

»Möchtest du sie trösten?«

Sie schaute Anna zunächst an, als wäre das ein aberwitziger Vorschlag, dann jedoch erhob sie sich und ging mit der Puppe umher: vom Fenster zur Couch, von dort zur Tür und wieder zum Fenster. Dabei sprach sie leise und beruhigend und wiegte die Puppe in ihren Armen.

Schließlich setzte sie sich wieder, die Puppe hielt sie weiterhin fest.

»Geht es Maria jetzt ein klein bisschen besser?«, erkundigte Anna sich.

Das Mädchen hob die Puppe vor sein Gesicht und sprach durch sie hindurch: »Meine Mama ist jetzt im Himmel. Sie kommt nicht mehr heim, aber sie hat mich immer noch sehr lieb.«

Als der Vater Ruth abholte, sagte sie: »Die Maria ist auch traurig, Papa.«

»Maria ist die Puppe«, erklärte Anna rasch, und er nickte. »Wir sehen uns nächste Woche wieder, Ruth.« Sie hatte sich zu dem Mädchen gehockt. »Einverstanden?«

»Ist Maria dann auch wieder da?«

»Aber natürlich. Sie wird hier auf dich warten.«

Ruth gab der Puppe einen Kuss und drückte sie Anna in die Hand. Dann verließ sie ohne ein weiteres Wort mit ihrem Vater das Zimmer.

Anna setzte sich an ihren Schreibtisch und machte sich ein paar Notizen. Auch wenn sie den Plan mit ihrer Schule vorerst hintangestellt hatte, freute sie sich schon jetzt auf diese neue, herausfordernde Arbeit.

Als Lehrerin hatte sie ihre Schülerinnen am liebsten beim

Spielen beobachtet. In den Pausen war sie hinaus in den Hof gegangen, wo die Mädchen *Himmel und Hölle* spielten, sich Bälle zuwarfen oder beisammenstanden und miteinander tuschelten. Wie verhielt sich ein Kind, wenn es ausgegrenzt oder ungerecht behandelt wurde? Wenn es wütend oder besonders traurig war? Wie verhielten sich Geschwister untereinander? All diese Beobachtungen hatte sie akribisch aufgeschrieben und ihre Schlüsse daraus gezogen.

Anna reiste nach Innsbruck zum Psychoanalytischen Kongress. Zum ersten Mal wollte sie einen eigenen Vortrag *Zur Theorie der Kinderanalyse* halten.

Davor graute es ihr, aber sie würde sich nicht drücken. Noch immer hoffte sie, das Halten von Vorträgen und Reden lernen und sich an das scheußliche Lampenfieber gewöhnen zu können. Ursprünglich hatte sie ein anderes Thema gewählt, doch Max Eitingon, auch er ein guter Freund der Familie Freud, hatte ihr abgeraten. »Ich ahne, dass du, sobald das Thema Erziehung auf den Tisch kommt, mit Melanie Klein aneinandergeraten wirst.« Womit er vermutlich recht hatte.

Melanie Klein, die ebenfalls als Kinderanalytikerin arbeitete, neigte dazu, ihre Ansichten sehr vehement zu äußern und vor allem Anna verbal und auch recht harsch anzugehen. Es war nur Annas Ruhe und Umsichtigkeit zu verdanken, dass es bislang bei hitzigen Diskussionen geblieben war. Klein war der Auffassung, dass Kinder zu aggressiven Impulsen neigten und sich deshalb ständig mit Schuldgefühlen plagten. Ihrer Meinung nach waren Kinder von Geburt an nicht auf Menschen, sondern auf Objekte fixiert.

Anna stimmte dem ganz und gar nicht zu, doch sie hatte sich bislang zurückgehalten und sich dabei oft auf die Zunge gebissen. Sie wollte keinen Streit vom Zaun brechen, der ohnehin im Sande verlaufen und nichts bringen würde.

Auf dem Kongress wurde sehr leidenschaftlich darüber diskutiert, ob die Ausbildung zum Analytiker in Zukunft auf Mediziner beschränkt werden sollte. Eine Diskussion, an der sich fast ausschließlich die Männer beteiligten, wie es häufig der Fall war. Die Damen hielten sich zurück und dachten nach, während die Männer immer lauter wurden. Einige waren sogar aufgesprungen und gestikulierten wild.

Anna hatte sich das eine Weile angesehen, dann fand sie, es war an der Zeit, etwas zu unternehmen, ehe es zu einem Tumult kam. Mit fester, ruhiger Stimme stand sie auf. »Meine Herren.«

Es wurde augenblicklich still im Saal, sie war selbst ganz verblüfft, welche Wirkung ihre im Grunde zarte Stimme hatte. Alle drehten sich zu ihr um. Wieder begegnete sie Helene Deutschs Blick, die nicht weit entfernt saß. Gut so, Anna, meinte sie in ihren funkelnden Augen zu lesen. »Wir wollen doch bitte die Ruhe bewahren.«

Einige räusperten sich.

»Es nützt keiner Diskussion, wenn sie immer lauter und unsachlicher wird. Wir sollten in aller Ruhe die Argumente vorbringen und dann abwägen.« Anna setzte sich wieder.

»Fräulein Freud hat recht.« Ein Mann war aufgestanden, sie konnte ihn nur von hinten sehen. »Es bringt nichts, wenn wir uns die Köpfe heißreden. Lassen Sie uns weiter Argumente sammeln …«

Danach war die Diskussion deutlich ruhiger und entspannter weitergegangen, zu einer Einigung war es allerdings nicht gekommen. Man hatte die Debatte schließlich vertagt, was zeigte, dass sie nicht von einer solchen Dringlichkeit war, wie es anfangs schien.

Als Anna aufstand, um ihren Vortrag zu halten, zitterten ihre Knie so sehr, dass sie glaubte, es nicht bis zum Pult zu schaffen. Sie hatte sich ein paar Notizen gemacht, um nicht den Faden zu verlieren, doch es stellte sich heraus, dass sie nicht hineinzusehen brauchte. Sie sprach frei, blickte offen in die Runde und hob ihre Stimme, wenn es nötig war. Sie versuchte, so anschaulich wie nur möglich zu formulieren, schmückte an der richtigen Stelle aus und brachte die Zuhörer auch schon mal zum Schmunzeln. Sie wollte es so machen, wie sie selbst Vorträge schätzte: lebendig, klar und deutlich. Die Nervosität und Anspannung fielen mehr und mehr von ihr ab, bis sie sich schließlich in einem kleinen Kreis ihr wohlgesinnter Menschen glaubte, die an ihren Lippen hingen.

Nach ihrem Vortrag kamen viele zu ihr und schüttelten ihr die Hand. »Das war famos, Fräulein Freud«, und: »Sie kommen ganz nach Ihrem Vater. Auch er hat immer so brillant geredet.«

Es gab jedoch auch kritische Stimmen.

»Wie oft sind Sie schon an Ihre Grenzen gestoßen, Fräulein Freud?« Zwei Männer standen vor ihr, einer so ungewöhnlich groß, dass ihm der andere kaum bis zur Schulter reichte. »Verzeihung.« Der Große reichte ihr die Hand, um sie so schnell wieder zurückzuziehen, als hätte er sich an der ihren verbrannt. »Eugen Dellkamp. Sie haben sicher schon von mir gehört.«

Nein, das hatte sie nicht. Sollte sie? Sie erinnerte sich auch nicht, dass ihr Vater je diesen Namen erwähnt hatte. »Ich persönlich halte nichts davon, Kinder zu analysieren.« Er sah sie herausfordernd an.

»Damit sind Sie nicht allein«, erwiderte Anna liebenswürdig.

»Dachte ich mir.« Es klang spöttisch.

Der Mann neben ihm, der sich nicht vorgestellt hatte, wippte auf den Zehenspitzen. »Wie sieht Ihr Herr Vater das eigentlich, Fräulein Freud?«

»Ähnlich wie Sie«, antwortete sie wahrheitsgetreu.

Die beiden Männer sahen sich an und warfen sich vielsagende Blicke zu.

Max Eitingon gesellte sich zu ihnen und legte Anna für den Bruchteil eines Moments die Hand auf die Schulter, obwohl er wusste, dass sie derart vertrauliche Berührungen nicht schätzte. Es hatte Zeiten gegeben, da hatte auch er um sie geworben, manchmal eher halbherzig, dann wieder feurig und engagiert. Beides hatte Anna abgeschreckt, und sie hatte versucht, die richtigen Worte zu finden, um ihm deutlich zu machen, dass sie nicht an ihm als zukünftigem Ehemann interessiert war. Als Freund mochte sie ihn jedoch.

»Das war wunderbar, Anna. Ich bin beeindruckt. Sie nicht auch, meine Herren?« In seinen Augen blitzte es.

Die beiden Männer räusperten sich und murmelten etwas, bevor sie sich verabschiedeten und weiterzogen.

»Du besitzt das Geschick, Leidenschaft an den Punkten einzubringen, die dir offenbar besonders wichtig sind.« Eitingon errötete leicht, vermutlich, weil er von Leidenschaft gesprochen hatte. Rasch redete er weiter. »Deine Ansätze sind außerordentlich interessant, wenn auch ich sie nicht bedingungslos teile.«

»Danke für das Kompliment, Max. Ist das nicht das Spannende an unterschiedlichen Auffassungen?«, gab sie zurück, und er grinste, als hätte er ihren Einwand erwartet. »Man versucht, sein Gegenüber zu überzeugen, mit sehr oder auch weniger überzeugenden Argumenten. Und ein bisschen bleibt immer hängen, nicht wahr?«

Eitingon brach in lautes Lachen aus. »Wie wahr, Anna, wie wahr. Ich muss ja zugeben, dass ich sehr skeptisch war. Kinder und Analyse? Aber ich glaube, du machst deine Sache wirklich gut. Dein Vater wird mächtig stolz auf dich sein.«

»Er hat mir ungeheuer viel beigebracht.«

Eitingon drehte sich halb um und senkte die Stimme. »Sie steht da und starrt dich an. Ich wette, sie ringt mit sich, ob sie herkommen und mit dir streiten will.«

»Du meinst Melanie Klein?«

Er nickte.

Anna hatte bereits bemerkt, wie sie dastand, ein Glas Portwein in der Hand, und zu ihr herüberschaute. »Mir soll es recht sein. Vielleicht reden wir uns die Köpfe heiß, schütteln uns anschließend die Hände und sind von da an ein Herz und eine Seele.« Sie musste selbst lachen. »Nein, wahrscheinlich nicht.« Dabei hatte sie persönlich nichts gegen Klein, sie konnte nur ihre Ansichten nicht teilen und mochte auch die Art und Weise nicht, wie sie sie vertrat.

Eitingon lachte ebenfalls. »Sie ist viel zu verbissen, zu starr in dem, wovon sie überzeugt ist. Aber als Zuhörer stünde ich gern zur Verfügung.« Er hob die Hand. »In sicherer Entfernung wohlgemerkt.«

Die Spannung zwischen ihnen schien Vergangenheit zu sein.

Er ließ sie allein, um sich mit anderen Teilnehmern zu unterhalten, und sie schlenderte weiter, gesellte sich hier und da zu kleineren Grüppchen, wechselte ein paar Worte, nahm Lob entgegen und beschloss dann, zu Bett zu gehen. Sie fror, wie so oft, wenn die Müdigkeit sie übermannte.

Melanie Klein hatte die ganze Zeit abseits gestanden und Anna beobachtet. Rang sie mit sich, ob sie eine Diskussion beginnen sollte? Überlegte sie vielleicht sogar, ihr zu gratulieren?

Als Anna zur Tür ging und ihre Blicke sich für einen Augenblick trafen, meinte sie, ein amüsiertes, leicht überhebliches Lächeln auf Kleins Gesicht zu sehen. Sie nickte ihr zu und verließ den Saal.

29

Zurück in Wien sprach Anna mit Dorothy über Eva Rosenfeld und ihre gemeinsamen Pläne für die Schule. »Wir müssen ihr Zeit lassen, so viel Zeit, wie sie braucht.«

»Und wenn wir die Schule allein auf die Beine stellen?«, schlug Dorothy vor.

Es war ein Freitag Anfang September, und sie saßen in Dorothys Garten. Die Sonne schien, die Vögel zwitscherten und scharrten unter den Büschen.

Inzwischen trug Dorothy genau wie Anna am liebsten Dirndl.

»Wir könnten versuchen, ein anderes Gelände zu finden.«

Arthur Sweetser stand einige Schritte entfernt und harkte das erste Laub zusammen. »Miss Freud!« Er winkte Anna zu, gestützt auf seine Harke. »How are you?«

»I'm fine, thanks!«, rief sie zurück. »Wieso lässt er das Laub nicht einfach liegen?«, flüsterte sie dann. »Die Blätter sehen so hübsch aus auf dem Rasen.«

»Weil Arthur Unordnung nicht ausstehen kann.« Dorothy zwinkerte ihr zu.

»Ich glaube vielmehr, dass ihm schnell fad wird, und *das*

kann er nicht ertragen. Oder liegt es an seiner Frau? Kann er Ruth womöglich nur schwer ertragen?«

»Schsch.« Dorothy gluckste.

Anna musste lachen und presste sich die Serviette vor den Mund.

Arthur ließ die Harke sinken und schien zu lauschen. Dann rief er Dorothy zu, ob sie Besuch erwarte, und sie verneinte.

Er lief ins Haus und kam kurz darauf mit Eva zurück.

Anna war ganz überrascht, mit ihr hatte sie nun gar nicht gerechnet. Sie begrüßte Eva mit einem Kuss auf die Wange. Aus dem Augenwinkel sah sie, wie Dorothy flüchtig die Stirn runzelte.

Eva und Dorothy schüttelten sich förmlich die Hände. Ob sie sich vielleicht doch nicht sonderlich mochten?

»Einen Kaffee, Mrs Rosenfeld?«, fragte Dorothy.

»Sehr gerne, Mrs Burlingham.«

Dorothy nickte und ging ins Haus.

Eva wartete, bis sie nicht mehr zu sehen war, dann sagte sie: »Ich bin wegen unserer Schule hier, Anna.«

»Lass uns warten, bis Dorothy wieder da ist«, bat Anna.

»Es ist herrlich hier, nicht wahr?« Eva sah sich um, in ihrem Blick lag allerdings keine echte Bewunderung. »Man sieht, dass Mrs Burlingham mit dem goldenen Löffel im Mund geboren wurde. Das hier ist kein Garten, sondern ein Park.«

Anna wunderte sich über ihren Anflug von Ärger. Rasch schluckte sie ihn hinunter. »Wie geht es dir, Eva?« Die Freundin war noch immer blass, mit dunklen Ringen unter den Augen.

»Besser. Danke für deine Fürsorge, Anna. Ich weiß das wirklich zu schätzen.«

»Und wie geht es deinem Mann?«

»Wenn ich das wüsste. Er spricht ja nicht darüber.« Sie wollte noch etwas sagen, doch Dorothy kam zurück, schenkte frischen Kaffee nach und setzte sich wieder zu ihnen.

»Haben Sie keine Haushälterin oder wenigstens ein Dienstmädchen?«, fragte Eva etwas spitz. Oder hatte nur Anna den besonderen Unterton in ihrer Stimme gehört?

»Arthurs Frau geht mir im Haushalt zur Hand«, erklärte Dorothy gewohnt höflich. »Aber ich bin imstande, meinen Gästen selbst Kaffee zu bringen.«

Die beiden Frauen schauten sich an, und Anna überlegte, ob sie etwas Unverfängliches sagen sollte, um die Missstimmung gleich im Keim zu ersticken.

»Ich finde, wir sollten die Schule im Oktober eröffnen«, sagte Eva unvermittelt, nachdem sie einen Schluck getrunken und sich ein Plätzchen genommen hatte.

Anna und Dorothy wechselten einen überraschten und auch etwas verunsicherten Blick.

»Noch vor ein paar Wochen konnte ich mir das nicht vorstellen. Ich konnte nicht mal daran denken. Aber nun …« Eva seufzte und räusperte sich, und Anna meinte zu sehen, dass sie für einen winzigen Augenblick die Augen gen Himmel richtete. »Es soll zu Ehren meiner Mädi sein.«

»Das …«, Anna musste schlucken, »finde ich sehr schön.«

»Ich brauche eine Aufgabe, sonst werde ich noch verrückt.«

»Was sagt Valentin dazu?«

Eva beugte sich vor. Um ihren Mund lag mit einem Mal

ein harter, verkniffener Zug. »Nichts, wie immer. Er lebt in seiner eigenen Welt, das weißt du doch. Und ich komme in dieser Welt scheinbar nicht mehr vor. Immerhin erinnert er sich hin und wieder daran, dass er noch einen Sohn hat. Abgesehen davon …«, sie ließ einen Augenblick verstreichen, bevor sie weiterredete, »… kümmert mich seine Meinung nicht so sehr wie dich die deines Vaters.«

Dorothy schnappte nach Luft, und Anna blinzelte verdutzt. Sie wollte etwas entgegnen, biss sich aber auf die Zunge. Aus Eva sprachen noch immer die Trauer und Ohnmacht, sie sollte nachsichtig mit ihr sein.

Dorothy schien etwas entgegnen zu wollen und warf Anna einen fragenden Blick zu. Anna war gerührt, schüttelte aber kaum merklich den Kopf. Bitte nicht, lass sie. Sie meint es nicht so.

»Entschuldigung«, murmelte Eva nach einer Weile zerknirscht. »Ich sollte nicht so gehässig über meinen Mann sprechen. Er kann ja nichts dafür, dass er seine Trauer nicht zeigen kann.«

Dorothy rührte in ihrer Kaffeetasse und schwieg.

»Du möchtest also, dass wir im Oktober eröffnen?«, fragte Anna, nachdem sie sich wieder gefasst hatte.

»Ja, das möchte ich. Ein guter Zeitpunkt, findet ihr nicht?«

Dorothy und Anna nickten zögernd.

Eva hob ihre Kaffeetasse. »Auf die Hietzinger Schule!«, rief sie überschwänglich.

30

Das Holzhaus, das Dorothy in Auftrag gegeben hatte, wurde rechtzeitig fertig, auch wenn innen noch einiges zu tun war. Die Möbel waren noch nicht geliefert, und die notwendigen Lernutensilien mussten auch noch beschafft werden. Dorothy hatte angeboten, sich auch darum zu kümmern.

Am Tag der Einweihung stellten sich Anna, Dorothy, Eva und die beiden Lehrer im Spalier auf, um die Kinder zu begrüßen. Ein paar von ihnen waren schüchtern und vorsichtig, beäugten kritisch das Holzgebäude, in dem ihr Klassenzimmer war, und liefen aufgeregt durch den Garten. Andere begannen, Ball zu spielen, und wurden immer wilder.

Anna rief sie schließlich zur Ordnung und öffnete die Tür, um sie ins Schulgebäude zu lassen.

Anna musste lachen, als Adelaide Sweetser, Arthur und Ruths Tochter, umherging und sich neugierig umschaute. »Sieht aus wie eine richtige Schule«, meinte sie schließlich.

»Hast du etwas anderes erwartet?«

Adelaide zuckte mit den Schultern. »Schon, ja.«

»Und was?«

»Ein Haus mit einer großen Stube, in der wir auf der Couch sitzen und lernen.«

Anna lachte wieder. »Würde dir das besser gefallen?«

Das Mädchen zuckte erneut mit den Schultern. »Vielleicht.«

Anna kannte Adelaide bereits recht gut, sie war ein aufgewecktes, ausgesprochen intelligentes und wissenshungriges Mädchen. Es war gut, sie an die Schule geholt zu haben.

Anna erhoffte sich von der Schule auch neue Erkenntnisse für ihre Arbeit und wollte die, die sie als Lehrerin bereits gemacht hatte, noch vertiefen.

Der Unterricht sollte fantasievoll und abwechslungsreich gestaltet werden, sodass jedes Kind etwas daraus mitnehmen konnte. Lernen sollte Spaß machen, Freude bereiten und dazu animieren, über sich hinauszuwachsen. Wer ungern und nur mäßig rechnete, wurde dazu ermuntert, nicht aufzugeben oder seine Schwäche durch andere Fähigkeiten auszugleichen.

Die Lehrer wollten die Neugier der Kinder wecken und gestatteten ihnen zudem, ihre Tagträume und Fantasien auszuleben, ohne sich dafür schämen zu müssen. Etwas, das Anna angeregt hatte, weil sie es für ungemein wichtig hielt.

Peter Blos dachte sich spannende Themen für Aufsätze aus, zum Beispiel über die Frage: *Was wäre, wenn du plötzlich ganz allein auf der Welt wärst?*

Er gab Anna die Aufsätze zu lesen, und sie war verblüfft und beeindruckt, worüber die Kinder sich Gedanken machten, was für Pläne und Ziele sie hatten und wie sie glaubten, mit einer derartigen Situation zurechtzukommen. Offenbar unterschätzte man Kinder viel zu häufig.

Die Gemeinschaft unter den Schülern war freundschaftlich und hilfsbereit. Aggressionen, offene und solche, die erst allmählich hervortraten, waren sehr selten zu beobachten. Wenn die Jungen doch einmal aneinandergeraten waren, ließ Blos sie harmlose Boxkämpfe nach festen Regeln ausfechten.

Eva kümmerte sich in erster Linie um das leibliche Wohl der Kinder und beaufsichtigte sie bei der Gartenarbeit. Hin und wieder übernahm sie auch den Musikunterricht, dann öffnete sie die beide Fensterflügel, und lautes, fröhliches Singen erschall. Einerseits ging Anna dann das Herz auf, andererseits fragte sie sich, ob Eva ihnen allen etwas vorspielte: die Rolle der Mutter, die den tragischen Tod ihres über alles geliebten Kindes bereits verwunden und sich mit ihrem Schicksal arrangiert hatte.

Wenige Wochen später musste Eva wegen Nierenkoliken ins Spital. Als Anna sie dort besuchte, erzählte sie von ihrer Schwangerschaft. »Ich dachte, ich kann mich auf das Kind freuen, aber es geht nicht, Anna. Ich schaffe es einfach nicht. Soll ich diese Schwangerschaft als Wiedergutmachung für Mädis Tod sehen?« Sie schnaubte. »Kein Kind der Welt kann mir meinen Augenstern ersetzen.«

Anna saß neben ihr auf der Bettkante, die Astern, die sie mitgebracht hatte, noch im Schoß. »Kein Kind kann ersetzt werden, Eva.«

»Warum bist du nur immer so schrecklich vernünftig?«, fuhr Eva sie an. »Woher willst du wissen, wie es ist, wenn man ein Kind verliert? Du bist keine Mutter und wirst nie eine sein!«

Anna stand auf, holte eine Vase und stellte die Astern ins Wasser. Einen Moment blieb sie am Fenster stehen, dann drehte sie sich zu Eva um. »Du sprichst von Vernunft«, sagte sie ruhig. »Ich war nie besonders vernünftig, Eva. Mein Vater hat mir das oft genug an den Kopf geworfen. Aber du hast wohl recht, ich werde nie Mutter sein.«

Evas Schultern bebten. Weinte sie, oder war sie noch immer aufgebracht? Es war nicht zu sehen, weil sie den Kopf gesenkt hatte. »Bitte verzeih, Anna«, sagte sie leise. »Du bist meine Freundin, ich sollte nicht so zu dir sein. Ich bin nur so… so furchtbar wütend. Auf alles.«

Anna nickte. »Ich weiß, Eva.«

»Ich will dieses Kind nicht«, flüsterte Eva. »Die Ärzte haben mir geraten, die Schwangerschaft abbrechen zu lassen. Wegen der Koliken. Und ich habe zugestimmt.«

Anna war zutiefst erschrocken und bestürzt.

»Und lass das Trösten, bitte«, sagte Eva weiter. »Es hilft mir nicht, wenn du lieb zu mir bist. Ich fühle mich dann nur noch elender. Weil ich nicht aus meiner Haut kann.«

»Wäre es dir lieber, wenn ich wieder gehe?« Annas Stimme war rau, sie befürchtete, weinen zu müssen. Sie war wie vor den Kopf geschlagen. Hatte sie Eva als Freundin verloren? Wo sie sich immer so um sie bemüht hatte? Oder brauchte es einfach noch Zeit, bis Eva wieder zu Kräften gekommen war? *Und zu Verstand,* hörte sie ihren Vater sagen.

»Ja, Anna, das wäre mir sehr viel lieber. Danke, dass du da warst, du bist eine gute Freundin. Es liegt an mir, ich bin eine lausige, ganz schreckliche Freundin.«

Anna drückte Eva kurz die Hand und verließ das Zimmer.

Sie schwankte zwischen Mitgefühl und Unverständnis, hatte sie doch geglaubt, Eva zu kennen. Doch das war offenbar nicht der Fall. Man konnte einen Menschen immer nur so gut kennen, wie dieser es zuließ.

Es hatte zu regnen begonnen, und der Wind hatte aufgefrischt. Ein scheußliches Wetter. Es passte zu ihrer trüben Gemütsverfassung.

Die Wiener Jahre III

1937-1938

31

Wien in der Berggasse 19, Anfang des Jahres 1937

Der Nationalsozialismus war wie eine neue Pestepidemie über Deutschland und Österreich geschwappt. Hatte es auch vorher schon Anfeindungen und Ausgrenzungen gegen Juden gegeben, so wurden sie nun auf offener Straße beschimpft und bespuckt, die Angriffslust stieg von Tag zu Tag.

Als Anna erfahren hatte, was für verheerende Folgen die Machtergreifung der Nationalsozialisten in Deutschland für die Psychoanalyse hatte, war sie erschüttert gewesen.

Sämtliche ärztliche Organisationen waren aufgefordert worden, ihre Leitungen zu »arisieren«. Kurz darauf hatte man begonnen, die Werke ihres Vaters und anderer jüdischer und auch nicht jüdischer Analytiker zu verbrennen. Die Bücher waren auf den Berliner Opernplatz geschafft worden und vor den Augen eines johlenden Publikums angezündet worden.

Ihr Vater war erstaunlich – und für Anna unbegreiflich – gelassen geblieben. »Im Mittelalter wäre ich selbst auf dem Scheiterhaufen gelandet. Heutzutage muss man sich mit meinen Büchern zufriedengeben.«

»Mehr hast du dazu nicht zu sagen?«, hatte sie fassungslos gefragt. Machte es ihm wirklich so wenig aus, wie er sie glauben machen wollte? Ihm musste doch das Herz bluten. Für sie war eine Bücherverbrennung ein entsetzlicher Frevel.

Man hatte aber nicht nur Bücher von Analytikern den Flammen übergeben, sondern auch Werke von Einstein, Feuchtwanger, Kafka und Heine. Anna war es eiskalt den Rücken hinuntergelaufen.

Im Jahr darauf wurde Engelbert Dollfuß, der österreichische Bundeskanzler, der das Land seit Anfang des Jahres diktatorisch regierte, während eines Putsches im Kanzleramt angeschossen. Er hatte seine Minister aus Sicherheitsgründen weggeschickt und verblutete, weil die Putschisten sich weigerten, ihm zu helfen.

Anna hoffte inständig, dass ihr Vater nun endlich aufwachte. Vergeblich.

Ihre Brüder Ernst und Oliver emigrierten nach England und Frankreich, und Ernest Jones legte ihrer ganzen Familie eindringlich nahe, das Land ebenfalls zu verlassen.

Marie Bonaparte, die Urenkelin von Napoleons Bruder und Prinzessin von Dänemark und Griechenland, hatte Annas Vater geradezu angefleht, Wien den Rücken zu kehren. Seit einer Analyse, die sie bei ihm gemacht hatte, war sie eng mit den Freuds verbunden.

Doch Annas Vater – auch das war für sie unbegreiflich – wollte ausharren, als blende er die drohende Gefahr, das bevorstehende Unheil einfach aus.

Eine eisige Schlinge hatte sich um Annas Herz gelegt, die sich immer fester zusammenzog.

Die Hietzinger Schule – eine Schule, die nicht nur anders, sondern auch besser werden sollte – hatten sie nach fünf Jahren wieder geschlossen. Die Schüler sollten angstfrei lernen, sich frei entwickeln und Freude daran haben, ihren Kopf zum Denken zu benutzen. Es hatte sich jedoch gezeigt, dass die Idee zwar gut, die tatsächliche Umsetzung und Entwicklung aber nicht von Erfolg gekrönt war. Statt ihren Schülern auch Disziplin und Ausdauer beizubringen, hatten sie vorrangig auf Kreativität und Spontaneität gesetzt. Doch das Leben bestand vor allem aus Pflichterfüllung, Verantwortung und Routine, und das hatten sie den Kindern nicht mitgegeben.

Die Schule letztendlich wieder aufzulösen war für Anna und Dorothy eine logische Konsequenz gewesen, auch wenn es ihnen schwergefallen war. Dorothy, die inzwischen ebenfalls als Analytikerin arbeitete, sah die Schule im Nachhinein sogar als eine Art Flause, die sie sich in den Kopf gesetzt hatten.

»Eine Flause?« Anna hatte den Kopf geschüttelt. »Nein, Dorothy, sie war ein Hoffnungsschimmer, um Kindern wie deinem Sohn und meinem Neffen die Chance zu geben, sich an einer Schule entwickeln zu können.«

Sie war der Meinung, dass nicht jede Herausforderung und Aufgabe, der man sich stellte, auch bewältigt werden konnte. Manchmal waren die Ziele, die man sich gesteckt hatte, zu hoch, und man scheiterte zwangsläufig. Für Anna war die Hietzinger Schule ein Projekt, das sie um eine Erfahrung reicher gemacht hatte. Sie hatte neue Erkenntnisse gewonnen, von denen ihre Arbeit als Analytikerin profitierte.

Wie wichtig das Spielverhalten der Kinder war zum Beispiel, und wie wertvoll die Schlüsse waren, die sie daraus ziehen konnte. Diese Erkenntnisse hatten sie dazu gebracht, das Spielen in ihrer Analysearbeit vermehrt einzusetzen.

Die Glasmurmeln, die zuvor ein reines Spielzeug gewesen waren, wurden zu »Seelenöffnern«, wie Anna es nannte. Während sie den Kindern eine Murmel zurollte, stellte sie wie beiläufig eine Frage. Es konnte geschehen, dass ein Kind nicht reagierte und die Murmel achtlos an sich vorbeikullern ließ. Dann versuchte sie es mit einem anderen Spielzeug.

Sie stellte eine kleine Kiste mit bunten Holzbauklötzen auf den Tisch und wartete, ob das Kind begann, damit zu bauen. Wenn nicht, machte sie den ersten Schritt und stellte ein paar Klötze aufeinander. In den meisten Fällen machte das Kind ziemlich rasch mit, hatte Verbesserungsvorschläge, wie die Burg oder das Schloss noch hübscher, noch stabiler, noch aufwendiger wurde. Und dabei begann es zu erzählen, oft so selbstvergessen, als rede es mit sich selbst.

Für Anna waren diese Momente, als öffnete sich ein geheimnisvolles Kästchen, zu dem sie nach längerer Suche den Schlüssel gefunden hatte.

Auch die gemeinsamen Mahlzeiten in der Schule gaben oft Aufschluss, wie Kinder sich entwickelten. Ein Kind, das sehr um Liebe und Anerkennung kämpfen oder womöglich ganz darauf verzichten musste, blieb oftmals in seiner Entwicklung stecken oder machte sogar Rückschritte. Diese Kinder wollten manchmal wieder gefüttert werden und benahmen sich wie Kleinkinder.

Die Bindung an seine Eltern, das wusste Anna längst, war das, was ein Kind am meisten zu schützen versuchte. Ein Kind, das sich geliebt und geborgen fühlte, war imstande, vieles zu ertragen, es konnte sich gut weiterentwickeln und empfand eine Abnabelung später als normal und selbstverständlich.

Anna fand gerade diese Abnabelung, das Sich-Abgrenzen von den Eltern besonders wichtig.

Bereits vor der Schließung der Schule hatten sie und Eva Rosenfeld sich voneinander entfernt. Ihre Freundschaft hatte einen Riss bekommen.

Evas Ehe war zerbrochen, und sie war mit ihrem Sohn nach Berlin gegangen, wo sie in einem psychoanalytischen Sanatorium arbeitete. Zwei Jahre nach Hitlers Machtergreifung in Deutschland hatte sie Berlin wieder verlassen und war mit Viktor nach England emigriert.

Als Anna von Evas Techtelmechtel mit einem anderen Mann erfahren hatte, war sie schockiert gewesen. Wie hatte Eva ihren Mann so viele Jahre hintergehen können?

Anna war auch enttäuscht, weil sie sich ihr nicht anvertraut hatte. War es überhaupt Freundschaft gewesen, was sie verbunden hatte?

Ein Jahr vor der Schulschließung hatte Annas Neffe Ernst die Schule wieder verlassen, um nach Berlin auf ein Internat zu gehen. Er, der kluge, ehrgeizige Schüler, der immer Angst gehabt hatte zu versagen, hatte diesen Beschluss von sich aus gefällt. Für Anna war das der Beweis, dass ihre Schule ihm geholfen und gutgetan hatte, dass sie ihn verändert hatte. Allein dafür hatte es sich gelohnt.

In den vergangenen Jahren hatte ihr Vater weitere Operationen, noch mehr Prothesen und eine schwerwiegende Lungenentzündung überstanden. Letztere hatte ihn sogar dazu gebracht, das Rauchen einzustellen – wenigstens vorübergehend.

Anna hatte es längst aufgegeben, ihn zu ermahnen oder auch nur missbilligend den Kopf zu schütteln, wenn er nach seinen Zigarren griff.

Vor einem Jahr, pünktlich zu seinem achtzigsten Geburtstag, war ihr Buch *Das Ich und die Abwehrmechanismen* erschienen. Es war ein wunderbares Gefühl gewesen, ihm ein signiertes und mit einer Widmung versehenes Exemplar zu überreichen.

Er hatte sofort begonnen, darin zu blättern und einiges zu überfliegen. »Ein schönes Geschenk, Anna. Ich danke dir.«

Sie war angespannt gewesen, nervös, wie immer, wenn er etwas von ihr las. Würde er zufrieden sein? Aber sie hatte sich nicht getraut, ihn offen danach zu fragen. Sie vertraute darauf, dass er von sich aus darauf zu sprechen kam.

Das Buch hatte ihr einiges abverlangt. Die ersten zwei Drittel waren ihr leicht von der Hand gegangen, es war ihr vorgekommen, als schriebe es sich ganz von allein. Doch die letzten Seiten hatten es in sich gehabt. Da hatten sie ihre alten Selbstzweifel wieder eingeholt. War sie tatsächlich imstande, ihre Ansätze so interessant zu schildern, dass die Leute das Buch gerne lesen würden? Dass sie etwas daraus mitnehmen konnten? Sie hatte sich sogar Melanie Klein vorgestellt, wie sie mit gerunzelter Stirn und gerümpfter Nase in Annas Buch las, um es anschließend in hohem Bogen durchs Zimmer zu schleudern. »Sie taugt wahrhaftig nicht als Analytikerin für Kinder!«

Als das Buch dann endlich fertig war, hatte sie laut gejubelt und war zu Dorothy gelaufen. »Es ist vollbracht, Dorothy! Ich hab's geschafft!«

»Und? Bist du zufrieden?«

Sie hatte genickt, erleichtert und freudig. »Ja, ich bin sogar sehr zufrieden.« Und das war die Wahrheit.

Vier Jahre nachdem Hitler Reichskanzler geworden war brodelte es noch immer in Deutschland. Inzwischen war die psychoanalytische Bewegung dort vollständig zerschlagen, eine Zweigstelle des Psychoanalytischen Verlags in Berlin hatte man geschlossen und das Geld und sämtliche Bücher beschlagnahmt. Wann immer Anna die Radionachrichten hörte, wurde ihr angst und bange. Wie würde es weitergehen? Konnte es noch schlimmer werden?

32

Wien, im Februar 1937

An diesem kühlen, nebligen Vormittag saßen Anna und Dorothy zusammen in der Küche der Freuds und tranken noch einen Kaffee. Dorothy wohnte inzwischen in der Wohnung direkt über der Familie. Paula Fichtl, die seit ein paar Jahren als Stubenmädchen bei ihnen arbeitete, wuselte um sie herum und wischte Staub.

»Tun Sie mir einen Gefallen, Paula?«, bat Anna sie mit einem verhaltenen Seufzen.

»Aber gewiss, Fräulein Anna.«

»Seien Sie so gut, und wischen Sie im Arbeitszimmer meines Vaters weiter. Sie machen mich mit Ihrem Staubwedel ganz narrisch.«

»Ich bitte vielmals um Verzeihung, Fräulein Anna.«

»Möchtest du noch ein Häferl Kaffee, Dorothy?«

»Nein, vielen Dank. Ich bin schon ganz wurlert.«

Sie unterhielten sich nach wie vor hauptsächlich auf Englisch, umso mehr freute es Anna, wenn ihre Freundin hier und da ein österreichisches Wort einstreute. Sie lächelte und legte die Hand auf die von Dorothy. Sagen musste sie nichts.

Paula wirbelte weiterhin mit dem Staubwedel durch den

Raum, und Anna räusperte sich. Schuldbewusst und sichtlich zerknirscht hielt Paula inne. »Verzeihung, Fräulein Anna, aber ich bin heut so… so…Ach, ich weiß auch nicht, Fräulein Anna. So, als läge was in der Luft. Kennen Sie das auch, dass Sie ganz kribbelig sind und nicht sagen können, woran's liegt?« Sie schob sich den Staubwedel unter den Arm. »Aber ich hör schon auf.«

»Danke, Paula.« Aus dem Augenwinkel sah Anna Dorothy amüsiert schmunzeln.

»Im Arbeitszimmer des Herrn Professor bin ich schon fertig, Fräulein Anna.«

Dorothy gluckste leise und hielt hastig die Tasse an ihre Lippen.

»So? Na, dann…« Anna überlegte, wohin sie das emsige Dienstmädchen noch schicken könnte. Sie wollte mit Dorothy über die Kinderkrippe sprechen, die sie in diesem Monat eröffnen würden.

»Ich könnt im Schlafzimmer…«, begann Paula. »Ach nein, da ist schon die Mizzi. Dann vielleicht in Ihrer Stube…«

»Ja, nur zu, Paula. Hat mein Vater schon einen Patienten?«

»Jawohl, Fräulein Anna. Vorhin kam eine verschleierte Frau.«

Paula durfte die Patienten hereinlassen, eine Aufgabe, die sie mit großer Begeisterung übernommen hatte. »Ich wollt sie in die Küche bitten, weil sie noch warten musste, aber das wollte sie nicht. Sie wollte lieber im Wartezimmer warten.« Inzwischen hatte sie sich daran gewöhnt, dass viele Patientinnen verschleiert kamen, weil sie nicht erkannt werden wollten. »Dann mache ich mich mal bei Ihnen an die Arbeit.« Sie war bereits an der Tür.

»Wollen Sie noch so gut sein und Lün mitnehmen?«, bat Anna.

Die dunkle Chow-Chow-Hündin, die zu ihren Füßen gelegen hatte, erhob sich träge und gähnte. Sie war seit Wolfs Tod der Familienhund der Freuds.

Anna wusste, dass Paula ihr ein Leckerchen zustecken würde, sobald sich die Tür hinter ihnen geschlossen hatte. Paula hatte einen Narren an der Hündin gefressen, aber sie liebte ohnehin bedingungslos und hingebungsvoll alles, was Annas Vater liebte.

Als sie die Tür hinter sich geschlossen hatte, war ein »Na, wo ist denn meine kleine Lün? Ja, wo ist sie denn?« zu hören, und Anna und Dorothy lachten leise.

»Sie ist lieb, aber furchtbar einfältig«, flüsterte Dorothy.

Bevor Paula zu den Freuds gekommen war, hatte sie bei ihr als Kindermädchen gearbeitet.

»Es gibt Schlimmeres als Einfältigkeit«, meinte Anna. »Himmelschreiende Respektlosigkeit zum Beispiel.«

»Ich glaube, sie schwärmt ein bisschen für deinen Vater.«

»Oh, nicht nur ein bisschen, Dorothy. Du müsstest mal sehen, mit wie viel Hingabe sie sich seinen Statuetten widmet. Jede wird wie mit Samthandschuhen angefasst und anschließend exakt so wieder hingestellt, wie sie zuvor dagestanden hat. Paula weiß auch haargenau, wo welches Buch in seinen Regalen steht. Ich habe längst den Überblick verloren, und ich glaube, mein Vater auch. Aber er muss nur vor sich hin murmeln, dass er etwas nachschauen möchte, schon läuft Paula hin und bringt ihm das Buch.«

»Vielleicht steht sie nachts heimlich auf und lernt die Bücherreihenfolge in seinen Regalen auswendig.«

»Gut möglich. Wenn er zu ihr sagen würde: ›Paula, seien Sie doch so gut und klettern kopfüber aus dem Fenster‹, würde sie keinen Moment zögern.«

Dorothys Mundwinkel zuckten, aber sie erwiderte nichts.

Anna schob ihre leere Tasse von sich. »Ich freue mich so auf unser neues Projekt.«

Die Krippe würde Kinder im Alter bis zu drei Jahren aufnehmen, vor allem solche aus einfachsten und ärmsten Verhältnissen. Anna wollte auch diesen Kindern die Möglichkeit geben, sich gut entwickeln zu können. Die Krippe sollte dreierlei zugleich sein: eine soziale Einrichtung, eine Ausbildungsstätte für Analytikerinnen und eine Art Forschungsstation.

Dabei würde es für Anna besonders interessant sein zu sehen, wie unterschiedlich sich Gleichaltrige und Geschwister entwickelten, wie sie miteinander umgingen und ob und in welcher Hinsicht ihre Herkunft eine Rolle spielte.

Dorothy und Edith Jackson, eine amerikanische Ärztin, die bei Annas Vater eine Analyse gemacht hatte, finanzierten das Projekt.

Wenige Stunden später wurde ein Brief von Ernst Pfeiffer gebracht, einem guten Freund ihrer Freundin Lou, die vor ein paar Jahren an Diabetes erkrankt und inzwischen fast blind war. Pfeiffer und sie kannten sich seit Längerem, er war für Lou mehr und mehr unverzichtbar geworden. Er las ihr vor, war ihr bei der Korrespondenz behilflich und hatte versprochen, ihr beim Niederschreiben ihrer Memoiren zu helfen.

Pfeiffers Handschrift war Anna daher vertraut, doch es war das erste Mal, dass ein Brief auch seinen Absender trug.

Sie hatte ein ungutes Gefühl, das sich noch verstärkte, je länger sie den Brief in der Hand hielt. Sie ging in ihre Stube und setzte sich auf einen Stuhl am Fenster, den ungeöffneten Brief im Schoß.

Dorothy kam herein und schaute sie besorgt an. »Was hast du denn? Du bist ganz blass.«

»Wenn ich das nur wüsste.« Anna hatte den Brief wieder aufgenommen und betrachtete ihn.

»Von wem ist er?«

»Von Ernst Pfeiffer. Ich hatte dir von ihm erzählt, erinnerst du dich?«

Dorothy zog sich den Sessel heran. »Ja, ich erinnere mich. Was beunruhigt dich so? Du weißt doch, dass er die Briefe für Lou schreibt.«

»Das ist es nicht«, entgegnete Anna matt. Ihr war kalt geworden, und sie angelte nach ihrer Strickjacke, die über der Stuhllehne hing. »Sein Absender steht auf dem Umschlag.«

»Oh.« Mehr sagte Dorothy nicht.

»Sie wollte die *Rilke-Elegien* zurück«, sagte Anna tonlos.

»Ich verstehe nicht …«

»Lou hat sie damals für mich abgeschrieben und mir geschenkt, weil sie noch nicht gedruckt waren.« Anna musste mehrmals schlucken. »Ein so wundervolles Geschenk. Und letztes Jahr fragt sie mich, ob ich die *Elegien* noch hätte. Natürlich hab ich sie noch, ich habe nie zuvor ein so schönes Geschenk erhalten.«

Mit zitternden Fingern öffnete sie den Umschlag. Eine Todesanzeige, ausgeschnitten aus einer Tageszeitung, fiel heraus. Beim Lesen flimmerte es vor ihren Augen. *Lou Andreas-Salomé ist am 5. Februar 1937 von uns gegangen.*

Lous Haushälterin und Erbin hatte die Anzeige aufgegeben.

Steifbeinig stand Anna auf und ging zum Fenster. Wie so oft spendete ihr auch jetzt der Anblick des grauen Hauses gleich gegenüber Trost. Sie hatte noch nie verstanden, warum das so war. Wie konnte ein Gebäude Trost spenden? Lag es an seiner Beständigkeit? Das Haus stand seit ungezählten Jahren, würde sicher auch noch Jahrzehnte später dort stehen, während es darum herum ständig Veränderungen, Neuerungen gab. War es das, was sie tröstete, beruhigte? Dass doch nicht alles im Wandel war?

Sie las erneut die Todesanzeige und spürte heiße Tränen hinter den Lidern brennen. Lou war bereits tot gewesen, als Anna ihr zuletzt geschrieben hatte. Als sie munter geplaudert hatte und vollkommen ahnungslos gewesen war. Wie konnte es sein, dass sie nicht gespürt hatte, dass Lou im Sterben lag? Ihr Vater hatte ihr vor Jahren eine telepathische Fähigkeit bescheinigt, was sie lachend zur Kenntnis genommen hatte. »Lach ruhig, Anna«, hatte er gemeint. »Diese Fähigkeit wird dich durchs Leben begleiten, ob du nun willst oder nicht.«

»Ich hab's nicht gespürt«, flüsterte sie nun. »Ich war so sehr mit mir selbst beschäftigt, dass ich keinen Gedanken für Lou übrighatte.«

Sie war entsetzt gewesen, überrumpelt, als Lou sie nach den *Elegien* gefragt hatte. Die Rückgabe hatte sie lange hinausgezögert, in der Hoffnung, Lou würde sich besinnen. Die *Elegien* waren ein Geschenk gewesen, und ein Geschenk forderte man nicht zurück. Oder hatte sie da etwas missverstanden?

Lou nun nicht mehr danach fragen zu können, nie mehr

einen Brief von ihr zu erhalten fühlte sich so schrecklich an, dass Anna die Stirn an die Scheibe presste und laut aufschluchzte.

Dorothy kam zu ihr und legte den Arm um sie.

Erst vor wenigen Wochen hatte sie ihrem schlechten Gewissen nachgegeben und die *Elegien* in einen Umschlag gesteckt.

Und nun war Lou tot. Nicht mehr da. Das Loufried würde ohne sie auskommen müssen. Es würde traurig dort ohne sie sein, unglaublich trist und kalt. Und so still.

Alles, was sie beide dort erlebt hatten, strömte auf Anna ein. Die herrliche gemeinsame Zeit, die sie dort verbracht hatten. Vor fünf Jahren war Anna das letzte Mal in Göttingen gewesen. *Es sind nur zwei Tage,* hatte sie Lou wenige Wochen zuvor geschrieben. *Aber es ist besser als nichts.*

Sie hörte sich und Lou lachen, sah sich im Wintergarten sitzen und Kaffee trinken, während draußen der Regen ans Fenster platschte. Sie in braunem Rock und grünen Wollstrümpfen.

»Das ist neuer Pariser Chic, nehme ich an?«

»Ich gehe immer mit der Mode, Lou, das weißt du doch.«

»Ich bewundere deinen Geschmack.«

Sie sah sich auf der Gartenliege unterm Apfelbaum liegen, hatte Lou vor Augen, die laut lachend dastand, als Anna bei Gewitter die Hühner zusammentrieb. *»Pass auf, das Weiße entwischt!«*

»Ach, Lou, meine liebe Lou …« Anna schluckte erneut.

Nun hatte sie zwei Freundinnen verloren, erst Eva und nun Lou.

Sie überließ sich ihren Gefühlen und weinte hemmungslos, das Gesicht an Dorothys Schulter gedrückt. Es tat so gut, sich fallen lassen zu können.

»Es tut mir furchtbar leid, Anna.«

Es klopfte.

»Fräulein Anna?« Paula trat ein.

»Was gibt es denn, Paula?«

Paula knickste. »Ich bitte vielmals um Verzeihung für die Störung…« Sie errötete. »Ich wollte nicht… Ich dachte…«

»Reden Sie nur, Paula«, ermunterte Anna sie.

»Der Herr Professor möchte Sie sprechen.«

»Sagen Sie ihm, ich komme gleich.« Als Paula wieder gegangen war, stieß sie ein lang anhaltendes Seufzen aus. »Wie soll ich ihm nur sagen, dass Lou tot ist? Es wird ihn schwer treffen. Sehr schwer.«

Dorothy griff nach Annas Hand und drückte sie.

»Ich schäme mich, Dorothy.«

»Warum? Wofür?« Dorothy schaute sie verwundert an.

»Weil ich Lou keine gute Freundin war.«

»Schmarrn.«

Anna musste wider Willen lächeln. »Ich habe sie vernachlässigt. Ich hätte mich mehr um sie kümmern müssen.«

»Du warst doch für sie da, Anna.«

Sie schüttelte den Kopf. »Nein, das war ich nicht. Ich hatte viel zu sehr mit mir selbst zu tun, mit meinem Leben.« Sie sah Dorothy an. »Mit unserem Leben.«

»Das kannst du dir nicht vorwerfen.«

Mit hängenden Schultern ging Anna zur Tür. »Hoffen wir, dass Papa es nicht allzu schlimm aufnimmt.«

»Hast du schon gepackt? Du wolltest wärmere Sachen mitnehmen«, erinnerte Dorothy sie.

»Noch nicht. Das mache ich später.«

»Wir machen am Sonntag einen langen Spaziergang, das wird dir guttun.«

Vor ein paar Jahren hatten sie ein kleines Bauernhaus südlich von Wien gekauft, das sie als Wochenend- und Ferienhaus nutzten. Sie hatten es nach und nach aus- und umgebaut, zogen im Garten Gemüse und ernteten Obst und Beeren. Für Anna war das Haus die Erfüllung eines lang gehegten, sehnlichen Wunsches und ein Ort des Friedens und der Behaglichkeit.

Sie erinnerte sich noch gut an den Tag, als sie dort eingezogen waren. Dorothy hatte die Tür aufgeschlossen, in der ein kleines rautenförmiges Fenster von einer geschnitzten Efeuranke umschlossen wurde. »Bitte treten Sie ein, meine Dame.« Sie machte einen Knicks und lachte, als Anna mit einer huldvollen Geste die große Diele betrat, wo sich bereits ihre Kisten und Koffer stapelten.

»Schön haben wir's, nicht wahr, meine Liebe?« Dorothy nahm Annas Hand. »Komm, wir wollen sehen, wie die neuen Tapeten in der Stube ausschauen.«

Hand in Hand waren sie von Zimmer zu Zimmer gelaufen, hatten jedes Möbelstück, jeden Teppich bestaunt und sich gegenseitig zu ihrem »hervorragenden, unverwechselbaren Geschmack« beglückwünscht.

»Hier möcht ich alt werden«, hatte Anna gesagt. »Uralt. Zusammen mit dir.«

Bis heute fiel zwischen ihnen niemals ein böses Wort. Wenn sie uneins waren, sprachen sie darüber und schafften die Sache aus der Welt. Es fühlte sich so einfach an, dass Anna anfangs misstrauisch gewesen war, doch es blieb unkompliziert und harmonisch. Sie verbrachten viel Zeit in ihrem Häuschen, schafften sich Gänse und Hühner an und kamen sich wie waschechte Bäuerinnen vor. Wenn sie nach Wien zurückmussten, hatten die Nachbarn, ein reizendes älteres Ehepaar, ein Auge auf das Haus.

Als Anna nun den düsteren Wohnungsflur entlangging, musste sie kurz innehalten. Ein sonderbares Gefühl beschlich sie. Etwas kam auf sie alle zu, etwas, das sich nicht aufhalten ließ. Etwas ganz und gar Furchtbares. Es kroch durch die Gassen und durch das ganze Land wie ein unheilvoller, pechschwarzer Schatten, der nicht abzuschütteln war.

Die eiskalte Faust im Nacken, seit einiger Zeit ihr treuer, Angst einflößender Begleiter, war zu einer Kralle geworden, die ihr das Herz zusammendrückte. Anna hielt den Atem an und ließ ihn langsam entweichen. Kopfschüttelnd wollte sie auflachen und sich selbst eine Närrin nennen. Seit wann neigte sie zum Unken?

Doch ihr blieb das Lachen im Hals stecken.

33

Wien, Rudolfsplatz 5, im Frühjahr 1938 – ein Jahr später

Anna kniete in der Krippe auf dem Fußboden und schaute der zweijährigen Sofie zu, die versuchte, aus Holzklötzen ein Schloss zu bauen. Bisher war es schon dreimal eingestürzt, aber das Mädchen gab nicht auf. Es war beeindruckend, mitanzusehen, mit wie viel Eifer und Ausdauer die Kleine dabei war. Hin und wieder blickte sie zu Anna, als erwarte sie Hilfestellung oder wenigstens einen Rat.

Schließlich verließ Anna ihren beobachtenden Posten, rutschte etwas näher an Sofie heran und nahm ihr sacht einen Bauklotz aus der Hand. »Der ist zu klein, versuch es mit einem größeren, längeren. Er muss das Dach stützen, verstehst du?«

Die Kleine sah Anna mit großen braunen Augen an und nickte zögernd. Neben ihr auf dem Fußboden lagen die restlichen Holzklötze. Sie schob sie auseinander und schien zu überlegen, welchen sie nehmen sollte.

»Ein großer, länglicher«, erinnerte Anna sie.

Das Gesicht der Kleinen hellte sich auf, und sie zeigte strahlend auf einen Holzklotz. »Der?«

»Probier's aus«, schlug Anna vor.

Die Kleine legte den Klotz auf, schob ihn zurecht und betrachtete ihr Werk mit zur Seite geneigtem Kopf.

In diesem Moment schlug der Wind eine Tür im Haus zu, und sie zuckte zusammen. Ängstlich schaute sie zu Anna, die ruhig sitzen geblieben war.

»Das war nur ein Windstoß, Sofie.« Anna stand auf, um aus dem Fenster zu schauen.

Draußen tobte ein heftiger Sturm, dicke Regentropfen prasselten an die Scheiben. Die Fensterläden ächzten in den Scharnieren. Der Winter hatte noch nicht aufgegeben, auch wenn die letzten Tage sehr frühlingshaft gewesen waren.

Der anderthalbjährige Oskar kam breitbeinig angewatschelt und streckte die Ärmchen aus. Anna hob ihn hoch, und er vergrub sein marmeladenverschmiertes Gesicht in ihrer Halsbeuge. Sie lächelte. Den Kleinen hatte sie ganz besonders ins Herz geschlossen. Oskar war das jüngste Kind einer siebenköpfigen Geschwisterschar, deren Eltern zu den ärmsten Menschen im Stadtteil gehörten. Im vergangenen Herbst hatte Anna ihnen regelmäßig frisches Obst und Gemüse gegeben, das sie aus ihrem Gärtchen in Hochrotherd mitgebracht hatte.

Aenne, eine junge Mitarbeiterin, die für die Kinder kochte, kam angelaufen und blieb vor ihr stehen. »Anna? Du sollst sofort ans Telefon kommen.«

»Wer ist am Apparat?«

»Das weiß ich nicht, er hat seinen Namen nicht gesagt. Nur, dass ich dich auf der Stelle holen soll.«

Während sie zum Telefon lief, überkam es sie heiß und kalt. Hoffentlich war mit Dorothy alles in Ordnung. Sie war im vergangenen Jahr schwer an Tuberkulose erkrankt, schon so manches Mal hatte ihr Leben am seidenen Faden gehangen. Vollständig erholt hatte sie sich noch immer nicht.

Anna griff nach dem Hörer. »Hier spricht Anna Freud.«

»Ihre *Einrichtung* …«, der Mann sprach es abfällig aus, als handelte es sich um etwas Anrüchiges, »… wird mit sofortiger Wirkung geschlossen, Fräulein Freud.«

»Was? Wer spricht da?«

»Haben Sie mich verstanden?«

»Ja, ich …«

Der Mann legte auf.

Anna starrte den Hörer in ihrer Hand an.

Josephine Stroß, die als Kinderärztin in der Krippe arbeitete, kam aus dem kleinen Büro und schaute sie fragend an. »Was hast du denn, Anna?«

»Ein Mann …« Anna schluckte. »Er sagte, dass unsere Krippe sofort geschlossen wird.«

»Was? Aber warum? Was ist denn passiert?«

Aenne gesellte sich zu ihnen. »Hitler ist passiert.« Sie zog die Lippen zu einem dünnen Strich zusammen. »Mein Vater sagt …« Sie schüttelte den Kopf, ihre Augen glänzten. »Nein, das will ich nicht wiederholen.«

Anna legte benommen den Hörer auf. Die Klaue um ihr Herz drückte fester zu. »Dann sollten wir alles veranlassen«, sagte sie ruhiger, als ihr zumute war. »Aenne, sorg dafür, dass die Kinder nicht mit leerem Magen heimgehen.«

Aenne nickte. Ihr war anzusehen, was in ihr vorging, wie sehr sie um Fassung rang.

»Ich helfe dir, Anna.« Josephine legte die Hand auf Annas Rücken und schob sie sacht vor sich her. »Meine Mutter sagt immer, nichts wird so heiß gegessen, wie es gekocht wird.

Aber ich glaube, dieses Mal…« Sie verstummte. »Ihr solltet Wien verlassen.«

»Papa will nicht.«

Josephine hielt ihr die Tür zum Büro auf. »Vielleicht will er jetzt.«

Als Anna später, es wurde bereits dunkel, durch die Straßen lief, kamen ihr Menschen mit Koffern und Handkarren entgegen. Die meisten hielten den Blick gesenkt, nur einzelne hoben den Kopf, um sie anzusehen und ihr knapp zuzunicken. Sie flüchteten aus der Stadt, wohin auch immer.

Anna eilte über den Tandlmarkt, wo ein verlassener, umgekippter Stand lag. Sie musste an Samuel und seine Familie denken. Ging es ihnen gut?

Ihr Magen krampfte sich zusammen.

Im Treppenhaus kamen ihr Menschen entgegen, schoben sie beiseite, drängelten sie weg, und sie drückte sich an die Wand.

»Die Mathias' sind schon weg«, rief ihr jemand zu, sie wusste nicht, wer.

Auf Beinen schwer wie Blei stieg sie die Treppe hoch und schloss die Wohnungstür auf.

Paula kam ihr entgegen, rannte sie beinahe um. »Gott sei's gelobt! Fräulein Anna, endlich!«

»Ist etwas mit meinem Vater?«

Paula schüttelte den Kopf. »Er sitzt im Wohnzimmer mit Ihrer Frau Mutter. Und er sagt kein Wort. Vorhin hat jemand angerufen, ein Mann. Er hat seinen Namen nicht genannt, nur gebellt, dass morgen der Hitler kommt.«

Anna schwankte leicht, als sie aus ihrem Mantel schlüpfte.

»Ob er wohl gemeint hat, dass der Hitler morgen hierherkommt? In die Wohnung, meine ich?«

»Bestimmt nicht, Paula. Was soll er hier bei uns?« Er wird Wichtigeres zu tun haben, als uns Angst einzujagen, dachte sie.

Sie ging ins Wohnzimmer. Die Eltern saßen eng nebeneinander auf der Couch und blickten auf, als sie hereinkam.

»Ich hab's nicht glauben wollen, Anna.« Ihr Vater nickte zum Radio hinüber, das auf dem Nussbaumschränkchen stand. »Eben kam es in den Nachrichten: Schuschnigg hat abgedankt. Erst hab ich's für ein Gerücht gehalten. Aber dann …« Er seufzte schwer. »Es stand auch in der Zeitung.«

»Es stimmt also.« Anna sank auf einen Stuhl.

»Finis Austriae.«

»Papa …« Sie schluckte. Es war so eng in ihrem Hals, dass sie am liebsten aufgesprungen wäre, um das Fenster zu öffnen. Aber es regnete in Strömen, und der Wind warf nasse Blätter an die Scheiben.

»Sprechen wir's doch aus, Anna. Aber ich werde nicht gehen.«

»Papa, wir sollten wirklich darüber nachdenken, Wien zu verlassen.« Nachdenken! Sie schnaubte innerlich. Dazu war keine Zeit mehr, sie sollten handeln, und zwar schleunigst.

»Ich werde meine Heimat nicht verlassen.« Ihr Vater verschränkte die Arme vor der Brust.

»Sigmund, ich glaube, Anna hat recht«, warf ihre Mutter leise ein. »Sei doch vernünftig.«

Er schwieg beharrlich, und sie kannte ihn gut genug, um zu wissen, dass es vollkommen zwecklos war, weiter auf ihn einzureden.

Anna hatte sich die ganze Nacht im Bett herumgewälzt und keinen Schlaf gefunden. Im Morgengrauen stand sie auf und stellte sich ans Fenster. Auf der Straße herrschte schon jetzt reges Treiben; Menschen liefen umher, Kinder klammerten sich an ihre Mütter, und Väter hievten Koffer und Kisten auf Handkarren. Ein alter Mann humpelte auf einen Stock gestützt den Bordstein entlang, in der freien Hand einen Koffer, aus dem ein Wäschestück herausquoll.

Und dann sah sie es: Eine Handvoll uniformierte Männer sprangen aus einem dunklen Automobil und begannen, am Schuhgeschäft im Haus schräg gegenüber eine Hakenkreuzfahne anzubringen.

Es klopfte zaghaft an der Tür. »Fräulein Anna? Sind Sie schon auf?«

»Ja, Paula, ich bin auf«, erwiderte sie leise.

Paula schob die Tür einen Spaltbreit auf. »Telefon für Sie. Es ist Mrs Burlingham.«

Annas Hand zitterte leicht, als sie den Hörer aufnahm. »Dorothy?« Ihre Stimme klang brüchig.

»Hast du schon aus dem Fenster gesehen?«

»Ja.«

»Du musst mit deinem Vater reden, Anna. Ihr müsst Wien verlassen. Ihr könnt nach England oder Frankreich gehen. Bitte, Anna!«

»Frankreich.« Anna lachte unfroh auf. »Mein Vater lässt sich lieber aus der Wohnung tragen, als nach Frankreich zu gehen.«

»Was hat er gegen das Land?«

»Gegen das Land an sich hat er nichts, aber die Analyse hat dort einen schweren Stand. Man würde ihm nicht gerade den roten Teppich ausrollen.« Anna hatte leise gesprochen.

»Dann eben nach England oder in die Schweiz. Hauptsache, ihr verlasst Österreich.«

Paula lief an ihr vorbei und murmelte etwas von Zeitung. Kurz darauf war die Wohnungstür zu hören.

Aus dem Augenwinkel sah sie ihren Vater in sein Arbeitszimmer gehen. Er war also auch bereits auf den Beinen. Wahrscheinlich hatten sie alle in der Nacht kein Auge zugetan.

»Ich muss auflegen, Dorothy«, flüsterte sie.

Die Chow-Chow-Hündin drückte sich winselnd an ihr Bein. Lün wollte nach draußen, doch der Gedanke daran, die Wohnung zu verlassen und mitansehen und -anhören zu müssen, wie ganz Wien in Aufruhr war, schnürte Anna den Hals zu.

»Soll ich kommen und Lün holen?«, fragte Dorothy. Vermutlich hatte sie das Winseln gehört.

»Ich kann mir gerade nicht vorstellen…«, begann Anna mit schwerer Zunge.

»Ich bin in ein paar Minuten da. Rede mit deinem Vater.« Dorothy legte auf.

Anna ging in die Küche, wo Leni, das Stubenmädchen, an der Spüle stand und sie mit geröteten Wangen und weit aufgerissenen Augen anstarrte. »Ist es das Ende, Fräulein Anna? Meine Großmutter hat die ganze Nacht geweint und gejammert, dass es das Ende ist. Hat sie recht, Fräulein Anna, ist es das Ende?«

»Natürlich nicht.« Anna schnalzte mit der Zunge.

»Aber ganz Wien ist auf den Beinen, alle wollen raus

aus der Stadt. Ich möchte auch weg, Fräulein Anna.« Leni begann zu schluchzen, und Anna ging zu ihr und legte ihr beruhigend die Hand auf den Unterarm.

»Wenn Sie gehen wollen, gehen Sie, Leni. Wir werden Sie nicht aufhalten.«

»Aber ich kann doch nicht…«

»Doch, das können Sie.«

Die Wohnungstür wurde zugeworfen, und kurz darauf stand Paula in der Tür, in der Hand die Tageszeitung. »Überall hängen sie Hakenkreuze auf, und die Straßen sind voll mit uniformierten Männern, die jubeln und grölen, als hätten sie eine zweite Sonne am Himmel gesehen.« Sie wedelte mit der Zeitung. »Sie bringen sich um, Fräulein Anna, die ersten Leute bringen sich um. Das ist das Ende, nicht wahr?«

»Jetzt fangen Sie auch noch damit an! Seien Sie so gut und kümmern sich um das Frühstück.«

Paula zeigte auf Leni, die ihre Schürze ausgezogen hatte. »Was tust du da?«

»Ich gehe fort, Paula. Das solltest du auch tun.«

»Und den Herrn Professor alleinlassen? Ganz sicher nicht.« Paula schnaubte. Sie reichte Anna die Zeitung. »Hier, lesen Sie selbst, Fräulein Anna.«

Anna ging mit der Zeitung zum Arbeitszimmer des Vaters und trat ein, nachdem sie kurz angeklopft hatte. »Hast du etwas schlafen können, Papa?«

Er stand mit dem Rücken zu ihr am Fenster. »Ja, ja. Mach dir keine Sorgen.«

»Ich habe Leni gesagt, dass sie gehen kann.«

»Wir halten niemanden auf.« Er hatte sich noch nicht zu ihr umgedreht.

»Sie hat furchtbare Angst.« Anna legte ihm die Zeitung auf den Schreibtisch.

»Wie ich sagte, Anna: Wir halten niemanden auf.« Er räusperte sich, ging zu seinem Schreibtisch und setzte sich. »Und Paula? Was ist mit ihr?«

»Sie ist uns … dir treu ergeben. Sie wird bleiben.«

Er nickte, nahm die Zeitung und schlug sie auf.

Kurz darauf sagte er unvermittelt: »Egon Friedell hat Suizid begangen.« Er ließ die Zeitung sinken und starrte vor sich hin. »Er soll aus dem Fenster gesprungen sein.«

»Was? Um Himmels willen!« Anna erinnerte sich noch gut an den stattlichen Mann mit der kräftigen Stimme, von dem ihr Vater damals im Theater so begeistert gewesen war.

Sie setzte sich auf den Stuhl, der in der Ecke stand. »Wir sollten auch gehen, Papa. Ich kann alles in die Wege leiten.«

»Was willst du in die Wege leiten?«

»Ich rufe Jones an und bitte ihn …«

»Nein, Anna, ich werde bleiben«, erklärte ihr Vater bestimmt und las weiter.

Nach einer Weile stand sie auf und verließ das Zimmer.

Das Frühstück kam ihr vor wie eine Henkersmahlzeit, obwohl es so war wie immer. Es gab weich gekochte Eier, geröstetes Weißbrot und Konfitüre und für ihren Vater Tatar.

Die Uhr auf dem Sekretär tickte so laut, dass Anna versucht war, aufzustehen und sie auszustellen. Das war ja nicht auszuhalten.

»Morgen spricht Hitler im Radio.« Ihr Vater hatte nicht aufgeblickt.

»Das werde ich mir ganz bestimmt nicht anhören!«, erklärte ihre Mutter.

Paula stand am Tisch, um frischen Kaffee einzuschenken. »Ich werde bei Ihnen bleiben, Frau Professor, komme, was wolle.«

»Danke, Paula.«

Entweder Paula war so unerschrocken, wie sie sich gab, oder sie bemühte sich eisern, Hoffnung und Stärke zu verbreiten.

»Sie arbeiten für Juden, vergessen Sie das nicht.« Annas Vater streute Salz auf sein Ei. »Sie könnten große Schwierigkeiten bekommen.«

Paula reckte das Kinn. »Das ist mir bewusst, Herr Professor, aber lieber sterbe ich, als Sie zu verlassen.«

Anna war nicht sicher, ob Paula mit »sie« die Familie oder nur ihren Vater meinte.

Er sah gerührt aus, doch er schwieg.

Anna, die kaum einen Bissen gegessen hatte, nahm die Zeitung und überflog einen Artikel. »Es gibt auch viele Österreicher, die den Anschluss an das Deutsche Reich bejubeln.«

»Irrgänger gibt's immer«, murmelte ihr Vater.

»Sigmund.« Ihre Mutter faltete die Serviette und legte sie auf den Teller. Offenbar versagte ihre Stimme, denn sie musste sich mehrmals räuspern. Sie sah müde und niedergeschlagen aus. »Lass uns fortgehen, ich bitte dich, ich flehe dich an. Sie werden vor nichts zurückschrecken, sieh dir doch an, was schon alles passiert ist. Sie ziehen wie eine Horde Geisteskranker durch die Straßen.« Sie schien über ihre eigenen Worte zu erschrecken und blickte sich um, als könnte jemand sie gehört haben.

»Und wo sollen wir hin, Martha?«

»Wir können nach Frankreich gehen zu Oliver.«

»Frankreich? Nein, Martha, kommt nicht infrage.«

»Dann nach England. Jones könnte etwas für uns tun, ganz bestimmt. Er ist ein alter, so treuer Freund, und er hat Kontakte. Ich flehe dich an, Sigmund!« Sie schluchzte auf.

Er schwieg einen Moment, dann erhob er sich schwerfällig. Etwas von »Tränen« brummend verließ er den Raum.

Anna blieb mit ihrer Mutter und Paula zurück. Sie schauten einander abwechselnd betreten und hilflos an.

Bis ihre Mutter schließlich sagte: »Ich verstehe ihn ja, er müsste alles aufgeben.« Sie begann zu weinen. »Aber wir doch auch.«

34

Anna hatte wieder grauenvoll geschlafen und war erst im Morgengrauen in einen Dämmerschlaf gefallen.

Sie wurde von einem merkwürdigen Geräusch wach und setzte sich verwirrt auf. Das Haar klebte ihr am Kopf, und ihr Gesicht fühlte sich feucht an. Hatte sie geweint?

Da war das Geräusch wieder! Sie horchte und schwang die Beine aus dem Bett. Jemand war an der Tür.

Sie zog ihren Morgenmantel über und schlüpfte in die Pantoffeln. Vielleicht war Dorothy schon auf und hatte Neuigkeiten.

Doch während sie den Flur entlanglief, hörte sie männliche Stimmen, wütende Stimmen. »Aufmachen! Sofort aufmachen!« Fäuste hämmerten an die Tür.

Anna erstarrte. Was sollte sie tun?

Paula war bereits zur Tür gelaufen und wollte sie nur einen Spaltbreit öffnen. Sofort war ein Fuß zu sehen, der sich in den schmalen Spalt drängte, und gleich darauf stürmten fünf SA-Männer in die Wohnung. Paula war so erschrocken, dass sie sich an die Wand drückte. »Ich rufe den Herrn Professor!«, brachte sie hervor.

»Tun Sie das«, meinte einer der Männer und blickte sich neugierig um. »Sieh an, nett haben Sie's hier.«

Ein anderer Mann war in der Tür stehen geblieben, offenbar war er der Wachtposten.

In diesem Moment kam Annas Mutter aus dem Esszimmer, erhobenen Hauptes und mit gemächlichem Schritt. »Meine Herren? Darf ich fragen, was Sie hier wollen?«

Die Männer lachten, als hätte sie einen derben Scherz gemacht. »Wir sehen uns nur ein bisschen um, *gnädige Frau.*« Die letzten beiden Worte hatte er beinahe ausgespuckt.

Ihre Mutter ging zu dem Mann, der in der Tür lehnte. »Nehmen Sie doch im Vorzimmer Platz. In meinem Haus ist es unüblich, Besucher stehen zu lassen.«

Für einen Augenblick schienen die Männer so irritiert, dass sie sich ansahen und schließlich die Schultern zuckten.

Anna kannte ihre Mutter gut genug, um zu wissen, wie ungeheuer beherrscht sie gerade war. Anna hatte noch nie erlebt, dass sie aus der Haut gefahren war. Sie selbst bezeichnete sich gern als kühle Hanseatin, nun aber war sie vermutlich alles andere als kühl und gelassen. Doch sie brachte es fertig, sich nichts anmerken zu lassen, und spielte die höfliche Gastgeberin. Als wären die Männer zu Kaffee und Kuchen vorbeigekommen.

Einer von ihnen, er schien der Anführer zu sein, nickte dem Wachposten zu. »Wenn die Dame des Hauses dich so nett bittet …« Dann folgte er ihrer Mutter ins Wohnzimmer.

Dort leerte sie ihr Portemonnaie auf dem Tisch aus. »Bitte, bedienen Sie sich.«

Anna, die ebenfalls mitgekommen war, sah, wie er grinsend das Geld einsammelte. Ein anderer Mann kam herein und bat sie – er ließ es tatsächlich wie eine nette Bitte klingen, nur an seinem Gesichtsausdruck war zu erkennen, dass er es keineswegs so meinte –, ihm den Panzerschrank zu zeigen. »Sie werden so etwas haben, nicht wahr?«

Anna hatte keine Wahl. Also ging sie mit ihm nach nebenan und öffnete den Panzerschrank. Der Mann stieß ein erfreutes Zischen aus und stopfte sich das Geld in die Taschen.

Als sie voll waren, nickte er ihr zu. »Besten Dank auch, mein Fräulein.« Er machte einen krummen Diener.

Anna drehte den Kopf zur Seite, damit er ihre Angst, ihren Zorn und Abscheu nicht sehen konnte. Würden die Männer wieder verschwinden? Oder würden sie sie mitnehmen?

Sie hörte Schritte, langsame, schlurfende Schritte. Ihr Vater.

Sie wollte zu ihm laufen und dafür sorgen, dass er wieder in sein Arbeitszimmer ging.

Doch er kam bereits den Flur entlang. »Was ist hier los?«

Er war kreidebleich und sah krank und eingefallen aus, aber auch er strahlte eine verblüffende Ruhe und Würde aus. »Würden Sie die Güte haben und mir verraten, was hier gerade geschieht?«, fragte er einen der Männer. Er konnte nicht wissen, dass es der Anführer war. Oder hatte er das auf einen Blick gesehen?

»Herr Professor, nehme ich an?« Es klang abfällig, höhnisch.

»So ist es.«

Der Anführer winkte seine Männer heran.

Anna war auf alles gefasst, doch die Männer gingen zur Wohnungstür. Sie zogen ab! Sie verschwanden!

»Wir kommen wieder!« Damit knallten sie die Tür hinter sich zu.

Anna ließ zischend und keuchend den Atem entweichen. Sie hatte nicht mal bemerkt, dass sie ihn angehalten hatte.

Erst Stunden später erfuhren sie, dass zeitgleich die Räumlichkeiten des Psychoanalytischen Verlags durchsucht worden und Annas Bruder Martin, der den Verlag inzwischen leitete, verhört worden war. Die SA-Männer hatten vor allem wissen wollen, wie es um die Finanzen des Verlags stand.

Am Abend bat der Vater Anna und ihre Mutter ins Wohnzimmer, auch Paula sollte dazukommen. »Ich fürchte, das wird nicht der letzte Besuch der SA gewesen sein«, sagte er nach einer kleinen Weile.

»Sie haben es ja auch laut und deutlich angekündigt«, entgegnete ihre Mutter mit bebender Stimme.

»Paula?«

»Ja, Herr Professor?«

»Ich habe eine kleine Aufgabe für Sie.«

Paula rutschte nervös auf ihrem Stuhl hin und her. »Wenn Sie mir wieder nahelegen wollen, dass ich die Stadt verlassen soll …«

»Nein, Paula, das ist es nicht. Ich möchte, dass Sie, sobald wieder jemand bei uns auftaucht, Mrs Burlingham anrufen und ihr Bescheid geben.«

Paula nickte eifrig. Ihre Augen leuchteten. »Über die Hausleitung, meinen Sie? Gewiss doch, Herr Professor, das will ich wohl tun.«

»Mrs Burlingham hat mit dem amerikanischen Botschafter vereinbart, dass er sich dann zu uns aufmacht«, erklärte er ihr. »Ein zufälliger Besuch, nichts weiter. Sie hat auch Jones in London über die Lage, unsere Lage, informiert.«

Anna hatte am Nachmittag lange mit Dorothy darüber gesprochen. »Ich werde tun, was ich tun kann«, hatte ihre Freundin gemeint. »Hoffen wir, dass es reicht. Aber ihr müsst von hier fort, Anna. Unbedingt und so schnell wie möglich. Jones kann alles veranlassen. Geht nach London, Anna. Rede mit deinem Vater.«

»Wir sollten nach England gehen«, sagte Anna nun und schaute ihren Vater eindringlich an.

Er machte nur »Hm« und blickte an ihr vorbei zum Fenster, auch wenn es nichts zu sehen gab. Es war bereits dunkel.

»Papa?«

»Nicht jetzt, Anna.«

»Wann dann? Es bleibt keine Zeit mehr, um es vor sich herzuschieben.« Sie bemühte sich, ruhig zu bleiben. In ihr tobte und rumorte es. »Ich weiß, dass du eigentlich zu schwach und zu krank bist, aber es wird nicht anders gehen.«

»Anna hat recht«, schaltete sich ihre Mutter ein. »Ich bitte dich, Sigmund ...«

»Herrschaftszeiten«, brummte er unwillig und schaute weiterhin in die Dunkelheit hinaus.

»Was muss erst geschehen, damit du aufwachst, Sigmund?« Ihre Mutter hatte geflüstert, trotzdem hörte Anna die Worte so laut, dass sie sich gern die Ohren zugehalten hätte.

Nun, es geschah noch allerlei. Ernest Jones kam aus London, um mit ihrem Vater zu reden. Stundenlang saßen sie in seinem Arbeitszimmer und sprachen miteinander.

Dann und wann schlich Anna auf Zehenspitzen zur Tür und schrak so manches Mal zurück, wenn Jones' laute, ungehaltene Stimme zu hören war. »Ich weiß, dass es schwer ist, Herr Professor. Aber es muss sein. Es wird noch schlimmer werden, oder glauben Sie ernsthaft, wir hätten schon alles hinter uns?«

»Wir?« Ihr Vater hatte aufgelacht. »Sie sind in Ihrem London in Sicherheit, Ernest.«

»Dann willigen Sie endlich ein und kommen auch nach London. Ich werde dafür sorgen, dass Sie eine Einreise- und Aufenthaltsgenehmigung erhalten. Ich stehe in engem Kontakt mit dem Innenministerium, Herr Professor. Es kann sofort alles in die Wege geleitet werden.«

Irgendwann am späten Abend war er dann aus dem Arbeitszimmer gekommen, mit hängenden Schultern und müden Augen. Und mit einem bedauernden, resignierten Kopfschütteln. »Es hilft alles nichts, ich habe mit Engelszungen geredet, Anna. Ich verstehe ihn ja, aber er kann doch hier nicht ausharren. Worauf wartet er?«

Anna hatte ihren Vater in Schutz genommen. »Er ist krank und fühlt sich zu schwach für eine solche Unternehmung«, sagte sie.

Jones war kaum wieder abgereist, als Marie Bonaparte aus Paris kam. Anna wusste, wie sehr ihr Vater die Prinzessin schätzte. Er hielt sie für eine Frau mit kritischem und scharfem Verstand. Die beiden hatten nach den Analysesitzungen ausführliche und oft auch recht persönliche Gespräche geführt.

Anna war von daher sicher, dass die Prinzessin die richtigen Worte finden und der Vater ihr Gehör schenken würde.

Doch auch sie kam mit resigniertem, niedergeschlagenem

Gesichtsausdruck aus seinem Zimmer. »Er hat mir geduldig zugehört«, sagte sie zu Anna, die sie zur Tür brachte. »Er hat sich mein Flehen und Bitten angehört, und ich hatte die Hoffnung, dass er es einsieht, dass er nachgeben wird.« Sie legte Anna die Hand auf den Arm. »Reden Sie noch mal mit ihm, Anna. Vielleicht hört er auf Sie.«

»Wenn er auf Sie nicht hört, dann bestimmt auch nicht auf mich. Aber ich danke Ihnen trotzdem, Prinzessin. Ich danke Ihnen sehr.«

Marie Bonaparte lächelte flüchtig. »Da gibt es nichts zu danken, meine liebe Anna. Ich würde mir noch ganz andere Argumente einfallen lassen, aber ich fürchte, ich bin am Ende mit meinem Latein.« Sie senkte die Stimme. »Hofft er wirklich, dass sich noch alles zum Guten wendet? Dass Hitler eine Kehrtwendung macht und morgen die Fahnen von den Gebäuden verschwinden?« Sie seufzte. »Das kann er doch nicht wirklich glauben, Anna. Ihr Vater ist doch ein intelligenter Mensch.«

»Er will daran glauben, Prinzessin.«

»Mit gesundem Menschenverstand ist das aber nicht mehr möglich.« Die Prinzessin ging aus der Tür und schlug den Kragen ihres Nerzmantels hoch. »Ich bin im Grand Hotel, noch bis morgen Mittag. Sollte Ihr Vater zur Vernunft kommen … Verzeihung, das hatte ich so gar nicht sagen wollen.«

»Schon gut, Prinzessin. Ich weiß, wie Sie es gemeint haben.« Anna nahm ihre Hand und drückte sie. »Ich denke nicht, dass es Sinn macht, wenn Sie noch bleiben. Fahren Sie heim, Prinzessin.«

Marie Bonaparte schüttelte entschieden den Kopf. »Auf gar keinen Fall, Anna. Ich bleibe.«

Ein paar Tage darauf klingelte es wieder an der Tür.

Es war früher Vormittag, Paula bereitete gerade das Essen vor, auch wenn vermutlich kaum jemand etwas hinunterbringen würde. Sie kam aus der Küche gelaufen, als auch Anna ihre Stube verließ. »Könnte das ein Patient meines Vaters sein?«

Sie schüttelte den Kopf. »Nein, er erwartet erst am Nachmittag jemanden.«

Das Klingeln hatte aufgehört, stattdessen klopfte es erst, dann wurde an die Tür gehämmert. »Sofort aufmachen!«

Paula sah Anna angsterfüllt an. »Die SA, Fräulein Anna. Was sollen wir nur tun?«

»Öffnen Sie«, wisperte Anna. Ihr Herz klopfte laut und schnell, und sie legte die Hand darauf.

»Nein.« Paula schüttelte so energisch den Kopf, dass ihr dunkles Haar hin- und herflog. »Ich werde nicht aufmachen.«

»Seien Sie nicht närrisch, Paula«, zischte Anna.

»Nein, ich mache nicht auf.«

»Dann werde ich es tun.« Anna wollte sie beiseiteschieben, doch sie stand breitbeinig wie ein Fels in der Brandung da, beide Hände am Türblatt.

»Wenn Sie nicht sofort aufmachen, treten wir die Tür ein!«

»Da hören Sie es«, flüsterte Anna. »Öffnen Sie, Paula!«

Paula stieß ein verzweifeltes Fauchen aus und machte die Tür auf. Aber nur so weit, dass sie durch den Spalt lugen konnte.

»Gehen Sie beiseite!«

»Nein.«

»Sie unverschämtes Frauenzimmer, Sie!« Der Mann trat gegen die Tür, und Paula fiel beinahe in Annas Arme.

Zwei Männer in dunklen Ledermänteln und mit Schlapphüten traten ein, beide warfen Paula einen vernichtenden Blick zu. Hinter ihnen hatten sich drei Polizisten formiert, alle bewaffnet mit einem Gewehr und aufgepflanztem Bajonett.

Anna wollte erschrocken die Hand vor den Mund pressen, schaffte es jedoch, es nicht zu tun. Sie behandeln uns wie Schwerverbrecher, übelste Kriminelle, bei denen Fluchtgefahr besteht, dachte sie.

Paula schrie und heulte, als sei sie von Sinnen. »Gehen Sie, und lassen Sie uns in Ruhe!«

Anna zog sie an sich und hielt ihr den Mund zu. »Seien Sie, um Himmels willen, still«, zischte sie ihr ins Ohr. »Sie bringen uns in Teufels Küche.«

»Da sind wir doch bereits.« Paula schluchzte.

Hinter ihnen war ein Geräusch zu hören. Annas Vater erschien im Flur. »Lassen Sie die Herren herein, Paula.« Seine Stimme klang wie immer, ruhig und abgeklärt. Und genauso wirkte er auch: abgeklärt.

Paula schluchzte wieder auf. »Herr Professor, ich …«

»Schon gut, Paula. Lassen Sie nur. Die Herren hätten sich ohnehin Eintritt verschafft, nehme ich an.«

Die Männer taten etwas sehr Verwunderliches: Sie nahmen ihre Hüte ab. Einer von ihnen meinte: »Wenn Sie tun, was wir wollen, passiert Ihnen nichts.«

»Das ist gut zu wissen.«

Anna warf Paula einen raschen Blick zu. Hatte sie ihn bemerkt? Und hatte sie verstanden? Laufen Sie, Paula, und geben Sie Mrs Burlingham Bescheid!

Aber Paula reagierte nicht, sie stand nur reglos da, die

Fäuste geballt, und schaute von den Männern zu Annas Vater.

»Sie werden eine Geldkassette haben, nicht wahr?«, wollte einer der Männer wissen.

»Noch mehr Geld?«, wollte Anna bissig fragen, sie konnte sich gerade noch zurückhalten. Es war erstaunlich, die Männer im Ledermantel hatten ihr einen ordentlichen Schrecken eingejagt, trotzdem mochte sie nicht klein beigeben. Sie wollte aufrecht vor ihnen stehen und es ihnen nicht leicht machen.

»Anna, wenn du so lieb sein willst…«, bat ihr Vater.

»Nicht nötig, Anna.« Ihre Mutter war aus dem Esszimmer gekommen. »Meine Herren.« Ein knappes Nicken, das so viel Stolz und Würde ausstrahlte, dass Anna sprachlos war. »Kommen Sie.«

Die beiden Männer im Ledermantel folgten ihr.

Anna ging ihnen nach, sie wollte ihre Mutter nicht mit den Männern allein lassen. Sollte sie sich deren Unmut einfangen, konnte sie es verwinden. Woher nahm sie nur den Mut? Sie wusste es selbst nicht. Sie hatte nur das dringende Verlangen, ihre Eltern zu beschützen.

Ihre Mutter stellte die Geldkassette auf den Tisch, und einer der Männer – ein grimmig ausschauender mit hellblauen Augen, die so gar nicht in sein finsteres Gesicht passen wollten – nahm die Scheine heraus, zählte sie sorgsam zweimal hintereinander nach und händigte ihrer Mutter anschließend eine Quittung aus. Eine Quittung! Für Geld, das er ihr gestohlen hatte. Es war nicht zu fassen.

Ihre Mutter steckte die Quittung mit unbeweglichem Gesichtsausdruck in die Tasche ihres Rockes und nickte kurz.

Laufen Sie, Paula, und rufen Sie Dorothy an. Machen Sie schon!, flehte Anna im Stillen.

Die Männer blieben mitten im Zimmer stehen, als warteten sie auf etwas. Wollten sie nicht auch ins Arbeitszimmer ihres Vaters? Gingen sie nicht davon aus, dass es dort eine Menge Antiquitäten und andere Schätze gab? Schließlich war ihr Vater ein reicher Jude, ein Mann, der zeit seines Lebens das Geld mit vollen Händen gescheffelt und andere selbstverständlich betrogen hatte. Genau das glaubten sie doch bestimmt.

Anna presste die Lippen aufeinander.

Ihr Vater kam ins Zimmer, hinter ihm zwei Polizisten. Er sah so grau und ausgemergelt aus, dass sich ihr Herz vor Sorge und Mitgefühl zusammenzog. Was musste er durchmachen!

»Herr Professor? Wenn Sie uns dann begleiten wollen.«

Anna glaubte, nicht richtig gehört zu haben.

Ihr Vater runzelte die Stirn. »Wie bitte?«, fragte er verwirrt.

Sie war sicher, dass er nicht nur so tat, er war wirklich verwirrt. Vielleicht glaubte er auch, sich verhört zu haben.

»Sie werden uns zum Hauptquartier begleiten.«

Anna wurde von einer Schreckenswoge erfasst, die sie fortzuspülen drohte. Als würde sie in einem tiefen, schwarzen Strudel ertrinken. Doch sie hatte sich rasch wieder im Griff. Hoffentlich hatte man ihr nichts angemerkt.

»Meine Herren«, sagte sie mit kräftiger Stimme, die sie selbst verblüffte. »Mein Vater ist krank, er kann die Stiegen nicht mehr bewältigen. Ich gehe an seiner Stelle.«

35

Als Anna wenig später neben einem der Männer auf der Rückbank eines schwarzen Automobils saß, das in Richtung Morzinplatz fuhr, wusste sie, dass sie sich für den Rest ihres Lebens an diesen Tag erinnern würde. Dass er tiefgreifend sein würde. Gleichgültig, was noch in ihrem Leben passierte, dieser Tag würde jedes Ereignis verdecken, überschatten.

Sie fasste vorsichtig in ihre Rocktasche, und als sie das kleine, kühle Röhrchen spürte, atmete sie auf.

Vor ein paar Tagen hatte der Hausarzt ihrer Familie ihr das Röhrchen gegeben, und sie hatte es verständnislos angesehen. »Veronal? Was soll ich denn damit?«

»Legen Sie es ins Nachtschränkchen«, hatte er erwidert. »Sie schlafen zurzeit sicher sehr schlecht. Eine halbe Tablette wird vermutlich reichen. Nimmt man mehr davon, wirkt es narkotisierend.« Dabei hatte er sie mit einem Blick angeschaut, den sie nicht zu deuten gewusst hatte.

Jetzt konnte sie es. Dr. Max Schur hatte eins und eins zusammengezählt und war davon ausgegangen, dass sie über kurz oder lang erneut Besuch von der SA oder der Gestapo bekommen würden. Und weil er sie gut kannte, hatte er geahnt, dass sie sich vor ihren Vater stellen würde.

Das Auto rumpelte durch ein Schlagloch, und sie wurden hin und her geworfen. Anna war fast auf den Mann neben ihr gerutscht, der laut lachte und »Hoppla!« rief.

Sie biss die Zähne zusammen, auch wenn der Angststrudel sie wieder mit sich reißen wollte.

Einige Zeit später hockte Anna auf einem Stuhl, die Hände im Schoß, die Augen auf den Tisch vor sich gerichtet. Ihr war, als wäre sie schon einen ganzen Tag hier. Sie hatte Fragen über Fragen beantwortet, teilweise kreuzdumme, alberne Fragen, über die sie im Stillen den Kopf geschüttelt hatte.

Nachdem sie im Hauptquartier angekommen waren, hatte sie darauf bestanden, auf der Stelle verhört zu werden. Anna hatte entsetzliche Angst, dass man sie irgendwohin verschleppte. Wahrscheinlich würde man ihrer Familie kein Sterbenswort davon sagen, sie im Unklaren lassen, belügen.

An die Autofahrt erinnerte sie sich nicht mehr, nur noch daran, wie ihre Finger das Tablettenröhrchen in ihrer Rocktasche umklammert hielten.

Als sie die ersten Fragen beantwortet hatte, hatte sie höflich gefragt, ob sie die Toilette benutzen dürfte.

»Schwache Blase?« Der Mann, der sie befragt hatte, hatte schallend gelacht.

Sie hatte fieberhaft überlegt, wie viele Tabletten sie nehmen sollte. Was hatte Schur gesagt: *Nehmen Sie eine halbe Tablette, wenn Sie nicht schlafen können.* Wann würde die Wirkung einsetzen? Wie würden sie überhaupt wirken? Was, wenn die Dosis zu hoch war und ihr Kopf vornüber auf die

Tischplatte fiel und sie einschlief? Vor dem Mann, der sie befragte?

Ihre Hände hatten so gezittert, dass ihr die ersten Tabletten heruntergefallen waren. Sie hatte schließlich anderthalb genommen und das Röhrchen zurück in die Rocktasche geschoben.

Mit eingezogenen Schultern war sie in den Verhörraum zurückgekehrt, einen kargen, schmalen Raum ohne Fenster, in dem nur ein kleiner Tisch und drei Stühle standen. Ein Stuhl war eine Zeit lang leer geblieben, bis ein zweiter Mann hereingekommen war, den sie nicht kannte. »Na, wen haben wir denn da? Das Fräulein Freud. Oder soll ich Sie Fräulein Professor nennen?« Wiehernd hatte er gelacht.

Na, wo ist denn meine kleine Lün? Wo ist sie denn?, hatte sie plötzlich Paulas Stimme im Ohr.

Anna schüttelte den Kopf, der sich anfühlte wie mit Watte ausgestopft.

»Wieso schütteln Sie den Kopf? Ich habe Sie noch gar nichts gefragt.«

Sie blinzelte. »Nein, ich …« Sie verstummte wieder.

Wie lange war sie schon hier? Wie viele Stunden? Einen Tag? Länger?

Ihr wurde schummerig. Ihr Magen krampfte sich zusammen, und sie schluckte gegen die aufkommende Übelkeit an.

»Was waren das für Schriften, die der Verlag herausgegeben hat?«, wollte der Mann wissen. Nicht zum ersten Mal.

Warum fragte er sie das wieder und wieder? Wollte er sie zermürben? Ging es nur darum?

»Das sagte ich Ihnen bereits«, antwortete sie mit leiser und brüchiger Stimme.

»Ich glaube eher, dass es terroristische Schriften waren.«

»Terroristisch?« Sie lallte ein bisschen. Begann das Veronal zu wirken, oder war sie nur so erschöpft? »Nein, mit Terrorismus hat das nichts zu tun, ganz und gar nicht. Es ging, es geht nur um Psychologie, Psychoanalyse, nichts anderes.«

»Nichts anderes?« Er beugte sich vor und stierte sie an.

»Nichts anderes.« Hätte sie Ja gesagt, hätte man ihr genauso ein Strick daraus drehen können, als wenn sie Nein gesagt hätte. So oder so würde man sie hier schmoren lassen.

»Was ist mit dieser …?« Der Mann blätterte in einem Stapel Papier, das vor ihm lag. »Diesem Psychoanalytischen Verein?«

»Vereinigung«, korrigierte sie leise.

»Vereinigung«, wiederholte er und blickte ihr kalt lächelnd in die Augen. Sie wollte sich entschuldigen, kam aber nicht dazu, weil er gleich weiterredete. »Also? Was ist damit, Fräulein Freud?«

»Es ist eine … Vereinigung.« Was sollte sie auch sonst sagen? »Und völlig unpolitisch.«

»Unpolitisch?« Er lachte auf. »Sie wollen mir allen Ernstes erzählen, dass dort nicht über Politik gesprochen wird?«

Anna überlegte, ob sie nicken oder den Kopf schütteln sollte. Sie war vollkommen durcheinander, wusste nicht mehr, was richtig oder falsch war.

»Nun?« Er wedelte mit der Hand vor ihrem Gesicht herum. »Ich warte.«

»Es geht dort nicht um Politik. Wir bemühen uns um rein wissenschaftliche Themen.«

Er lachte erneut auf. »Sie *bemühen* sich?«

Anna begann zu schwitzen. Hatte sie einen Fehler gemacht, sich falsch oder nicht klar genug ausgedruckt?

»Wir reden nicht über Politik«, wiederholte sie. »Es geht ausschließlich um Wissenschaft, um die Psychologie.«

»Wissenschaft.« Er schnaubte.

Sie fühlte sich schläfrig, benommen.

»Sind dort *ausschließlich* …«, er betonte das Wort überdeutlich, »jüdische Mitglieder?«

Sie schwitzte noch mehr. Hätte es Konsequenzen, wenn sie Nein sagen würde, wie es der Wahrheit entsprach? War es besser, wenn sie lügen würde? Sie wusste gar nichts mehr.

»Ich höre, Fräulein Freud.«

»Nein.« Sie hielt den Kopf gesenkt.

Als sie wieder aufblickte, saß er entspannt zurückgelehnt auf seinem Stuhl, die Arme verschränkt. »Was sind das für Menschen, die Patienten Ihres Vaters?«

»Menschen, die seine Hilfe brauchen.«

»Wobei?«

Wieso fragte er das? Es war eine vollkommen überflüssige Frage. Es war, als würde er eine Gebärende fragen, warum sie in den Kreißsaal wolle. »Bei psychischen Problemen.«

»Welche zum Beispiel?«

»Eine Neurose, ein Zwang, eine schwere Depression.«

Er kniff die Augen zusammen. »Neurose? Wenn ich ständig mit dem Kopf gegen eine Wand laufe, ist das dann eine Neurose?« Der andere Mann wollte sich ausschütten vor Lachen.

»Das würde man eher einen Zwang nennen.« Ihre Zunge wollte ihr nicht mehr recht gehorchen.

»Nennen Sie mir ein paar Namen, Fräulein Freud.«

»Namen?«

»Von den Patienten Ihres Vaters.«

»Das ist streng vertraulich.«

»Vertraulich.« Er grinste, und der andere lachte wieder. »Hier bei uns ist nichts, aber auch gar nichts mehr vertraulich, mein Fräulein.« Er lächelte sie liebenswürdig an. »Also?«

Ihr Hirn wollte nicht mehr recht mitmachen. Schnell, dachte sie verzweifelt, ein erfundener Name wird dir doch einfallen.

»Und verkohlen Sie mich ja nicht, Fräulein Freud.«

»Wilhelm Bergthaler.«

»Wer soll das sein?«

»Ein Patient meines Vaters. Danach fragten Sie doch.«

Der Mann sah sie verblüfft an, als wäre er tatsächlich überrascht, dann warf er dem anderen Mann einen merkwürdigen Blick zu. »Weiter.«

»Johann Zimmerer.«

»Weiter.«

»Martin Ambach.«

»Kamen nur Männer oder auch Frauen?«

»Gertrud Hofbichler.«

Sämtliche Namen waren frei erfunden.

Der Mann machte »Hm« und kippte auf seinem Stuhl nach hinten. »Keine berühmten Menschen, he?«

Anna zuckte die Schultern. »Schon möglich. Davon weiß ich aber nichts.«

»Nehmen Sie mich auf den Arm?«

»Natürlich nicht.« Sie hielt seinem kalten Blick stand.

»Noch mal von vorn, Fräulein Freud.« Er schaukelte vor und zurück, die Arme verschränkt. »Was ist das für ein Verlag?«

Stunden – oder Tage? – später kämpfte Anna immer mehr mit einer schweren Müdigkeit, die sie so lähmte, dass sie die Kiefer fest zusammenpresste. Das Gesicht ihres Befragers verschwamm zusehends, bis er zu einem seltsamen Gebilde wurde.

Nicht einschlafen! Halte durch!

Der Mann ihr gegenüber hatte sich auf dem Stuhl zurückgelehnt und die Arme vor der Brust verschränkt. »Sie arbeiten auch als …«, er tat so, als müsse er über ihren Beruf nachdenken, »Analytikerin, oder?« An der Art, wie er das Wort aussprach, mehr ausspuckte, merkte sie, was er davon hielt.

Sie nickte matt.

Er blätterte in einem Stapel Unterlagen, der vor ihm lag. »Hm … Ah, da haben wir's ja. Sie sind Kinderanalytikerin.«

Wieder nickte sie.

Er beugte sich wieder vor. Auf seinem Gesicht erschien ein breites Grinsen. »Und wie soll ich mir das vorstellen? Legen Sie die Kinder auf die Couch, und dann müssen sie gestehen, dass sie in ihre Mutter verliebt sind? Oder in ihren Vater?« Er lachte lauthals.

»Nein.« Anna schluckte. Sie würde vom Stuhl kippen, das wusste sie sicher. Es war nur eine Frage der Zeit.

»Nein? Wie dann?«, wollte er wissen.

Irgendwo klingelte ein Telefon, und wenig später kam ein junger Mann herein, taxierte Anna kurz und winkte den zweiten Mann zu sich. Der stand auf und verließ den Raum.

Nach einer kleinen Weile kam er zurück und flüsterte dem anderen etwas ins Ohr. Der hob die Augenbrauen und sah ihn fragend an. Schließlich seufzte er und stand auf. »Bin gleich wieder da. Nicht weglaufen.«

Anna hörte die beiden draußen auf dem Flur lachen.

Würde man sie jetzt wegschaffen, fortbringen? Würde man sie womöglich töten und ihre Leiche irgendwo verscharren?

Es dauerte einige Zeit, bis ihr Befrager zurückkam. Stumm setzte er sich, betrachtete sie nachdenklich und gab ihr schließlich einen Wink. »Sie können gehen.«

»Was? Ich...« Anna war aufgesprungen, obwohl ihre Beine sie kaum tragen konnten.

»Nun verschwinden Sie schon.«

Sie taumelte zur Tür, stolperte über ihre eigenen Füße und wäre beinahe hingefallen. Sie schwankte weiter.

Auf der Treppe rutschte sie aus, konnte sich gerade noch am Geländer festhalten. In ihren Ohren rauschte es, sie spürte ihren Herzschlag dumpf und schwer am oberen Rippenbogen. Raus hier! Nur raus!

Auf der Straße blieb sie abrupt stehen, plötzlich sicher, das alles nur geträumt zu haben.

Ein dunkler Wagen stand vor dem Haus, darin ein Mann, der eine Zigarette rauchte. »Wohin so eilig?«, fragte er sie durchs heruntergekurbelte Fenster.

»Nach Hause«, murmelte sie.

»Da war eben jemand, der Sie abholen wollte.« Er schnippte Asche auf den Gehsteig. »Eine Frau.«

Dorothy? Oder womöglich ihre Mutter? Nein, das war schwer vorstellbar.

»Auf Wiedersehen, Fräulein Freud.« Der Mann im Auto lachte.

Anna lief rasch weiter, so schnell, wie sie es ihren Beinen zumuten konnte. Die ganze Zeit stellte sie sich vor, wie ihr jemand folgte, um sie kurz vor ihrem Wohnhaus festzuhalten und an die Wand zu drücken. »Nicht doch. Sie glauben, es ist schon vorbei? Ist es nicht.« Sie spürte sogar seinen Zigarettenatem auf ihrem Gesicht.

Als Anna schließlich vor dem Haus stand, lehnte sie sich für einen Moment an die Tür. Im Hausflur waren Stimmen zu hören.

Sie schob die Haustür auf und hörte gerade noch, wie Frau Marthaler, ihre Nachbarin aus dem ersten Stock, zu Herrn Cornelius aus dem Erdgeschoss sagte: »Man hat ihn auf offener Straße verhaftet.«

Anna betrat den Flur und drückte sich an die Wand. Ihr war schwindelig geworden. Um wen mochte es gehen?

»Anna.« Frau Marthaler schaute sie besorgt an. »Du siehst ganz elend aus.«

Sie wollte etwas entgegnen, fragen, wen man verhaftet hatte, doch es kam kein Ton über ihre Lippen. Ihre Beine zitterten, und ihr wurde übel. War sie wirklich gerade verhört worden? Von Männern, die ihr eine solche Angst eingejagt hatten, dass sie sogar jetzt noch am ganzen Leib zitterte?

Hatte sie bis gerade eben noch in einem abgeschotteten Raum gesessen und Todesangst gehabt?

Oder war das alles nur ein schrecklicher, unbegreiflicher Albtraum?

»Ich muss … Ich sollte …«, stotterte sie endlich und zwang ihre Füße, weiterzugehen.

»Komm, Anna, ich bringe dich hinauf.« Der alte Herr Cornelius, der selbst nicht gut zu Fuß war, legte ihr die Hand auf den Arm und führte sie nach oben zur Wohnung. Schritt für Schritt, Treppe für Treppe.

Als sie angekommen waren, sagte er: »Am besten, du legst dich hin und ruhst dich aus.«

Anna konnte nur ein leises »Danke« murmeln, bevor sie an die Tür klopfte. Kurz befürchtete sie, das Gleichgewicht zu verlieren. Sie hatte sogar vergessen, dass sie einen Schlüssel besaß.

Die Tür öffnete sich, und Paula rief: »Fräulein Anna! Dem Herrgott sei's gedankt! Sie sind wieder da. Das Fräulein Anna ist zurück!« Sie nahm Anna Hut und Mantel ab. »Der Herr Professor ist ganz außer sich vor Sorge. Ich hab ihn noch nie so erlebt, wirklich wahr. Meine Güte, wie Sie zittern! Sie beben ja richtig.«

Ihr Vater stand plötzlich vor ihr, breitete die Arme aus und zog sie an sich. »Anna.« Er hielt sie fest. Noch nie hatte sie ihn so erlebt. »Gott sei's gedankt!« Er küsste sie aufs Haar.

Und sie ließ es geschehen.

Nach einer Weile, die er sie stumm und tief bewegt festgehalten hatte, gab er sie frei und sah sie ernst an.

»Jakob Silbermann ist verhaftet worden, Anna.«

Das Blut rauschte ihr in den Ohren, und ihr Kopf fühlte sich doppelt so schwer an.

»Nein!«, flüsterte sie. »Was … was ist mit seiner Familie?«

Die eigene Stimme kam ihr fremd vor.

»Man soll sie weggebracht haben.«

Anna schluckte und spürte, dass sie weinen musste. Sie biss die Zähne aufeinander.

Samuels Gesicht tauchte vor ihr auf, sein breites schelmisches Grinsen, seine dunklen, funkelnden Augen. *Ich hätt noch ein Paar Hosenträger da.*

Ihr wurde speiübel.

»Papa, ich …« Sie lehnte sich an seine Brust und schloss die Augen.

»Wir werden Österreich verlassen, Anna. Wir gehen nach England.«

Und Anna nickte, zu mehr war sie nicht fähig. Auf wackligen Beinen stakste sie in ihre Stube. Dort setzte sie sich so vorsichtig, als stünde der Stuhl in Flammen, und legte die Hände in den Schoß. Ihr ganzer Körper bebte, und endlich gestattete sie sich zu weinen. Es war wie eine Befreiung.

36

Ein paar Tage waren vergangen; Tage, die Anna wie in Trance erlebte. Abends ging sie früh zu Bett, obschon sie wusste, dass sie keinen Schlaf finden würde. Morgens stand sie in aller Herrgottsfrühe auf, stellte sich fröstelnd ans Fenster und sah zu, wie die Stadt sich veränderte.

Dorothy war vor zwei Tagen mit ihrem jüngsten Sohn Michael, der noch bei ihr lebte, in die Schweiz ausgereist. »Von dort aus kann ich ganz anders tätig werden, sollte doch noch etwas Unvorhergesehenes passieren«, hatte sie zu Anna beim Abschied gesagt. »Ich werde dich jeden Tag anrufen, immer um dieselbe Zeit.«

Sie hatten sich lange in den Armen gehalten. Anna hatte mühsam versucht, ihre Tränen zurückzudrängen, während Dorothy leise schniefte. »Ich wünschte, ich könnte bleiben, aber es ist besser so. Nicht traurig sein, Anna.«

Es war viel mehr als Traurigkeit. Anna hatte sich gefühlt wie erschlagen und innen ganz ausgehöhlt. »Ich weiß. Aber du wirst mir schrecklich fehlen.«

In diesem Moment war ihr wieder bewusst geworden, dass Dorothy wirklich der einzige Mensch war, bei dem sie die

Anna sein konnte, die sie war. Bei ihr musste sie sich nicht verstellen, ihr nichts vorspielen. Bei ihr musste sie auch sich selbst nichts beweisen.

»Ich sollte dir öfter sagen, was du mir bedeutest…«, begann sie etwas unbeholfen. Sie war furchtbar schlecht in diesen Dingen. Sie konnte stundenlang über Kinder reden, aber nicht über ihre eigenen Gefühle.

»Das ist nicht nötig.« Dorothy hatte die Hand an ihre Wange gelegt. »Ich weiß es, Anna. Und du bedeutest mir genauso viel. Wir sehen uns in England. Vielleicht bin ich schon da, wenn ihr ankommt. Dort wartet ein neues Leben auf uns. Alles wird gut werden, ich weiß es einfach.«

Wenn ich das doch auch nur glauben könnte, hatte Anna gedacht und sich wie eine Verräterin gefühlt.

Jones rief fast täglich aus London an und sprach lange mit ihrem Vater. Es wurde alles für ihre Ausreise vorbereitet.

An diesem Morgen – Anna wusste nicht, wie lange es her war, dass sie verhört worden war – saß sie allein am Frühstückstisch, vor sich eine Tasse Kaffee und eine Scheibe Weißbrot mit Marillenkonfitüre. Bisher hatte sie beides nicht angerührt.

Paula stand mit der Kaffeekanne hinter ihr, um nachzuschenken. »Sie müssen was essen, Fräulein Anna.«

»Ich hab keinen Appetit.«

»Aber essen ist wichtig. Herrje, ich hör mich schon an wie meine Mutter.«

Anna hatte inzwischen erfahren, dass es Paula gewesen war, die zum Morzinplatz gekommen war, um sie abzuholen. Sie war sprachlos gewesen, wie viel Mut Paula aufbrachte.

»In einem Wagen an der Straße saß ein Mann und rauchte, als ich ankam«, hatte sie Annas Vater erzählt. »Er blaffte mich an, was ich hier zu suchen hätte, und als ich sagte, dass ich das Fräulein Anna abholen wollte, hat er laut gelacht. Die habe es sehr bequem, hat er gemeint und noch mehr gelacht. Ihr würde schon nichts passieren, und ich solle wieder verschwinden.«

Anna erhob sich und strich ihren Rock glatt. Er gehörte längst in die Wäsche, aber es gab im Moment Wichtigeres. »Ich mache einen kleinen Spaziergang.«

Paula stellte die Kanne ab und begann, den Tisch abzuräumen. »Es regnet wie aus Kübeln.«

»Ich bin nicht aus Zucker, außerdem habe ich einen Regenmantel«, erwiderte Anna müde. In der Tür blieb sie stehen und drehte sich zu Paula um. »Ich möchte Ihnen danken, Paula.«

»Wofür denn? Ich mache doch nur meine Arbeit, Fräulein Anna.«

»Nein, Sie tun weit mehr, Sie sind für uns da.«

Paula wurde glühend rot und senkte verlegen den Kopf.

»Sie könnten in Sicherheit sein, bei Ihrer Familie. Stattdessen bleiben Sie bei uns. Dafür danke ich Ihnen. Ich habe mich auch noch nicht dafür bedankt, dass Sie mich abholen wollten, als man mich … zu diesem fürchterlichen Verhör gebracht hatte.« Sie schluckte, weil die Erinnerungen kurz wieder aufflammten, und das wollte sie nicht zulassen. »Danke, Paula.«

Damit ließ sie das einstige Stubenmädchen, das inzwischen ihre Haushälterin war, allein, zog ihren Regenmantel über, nahm die Wohnungsschlüssel und rief nach Lün, die an der Tür zum Arbeitszimmer ihres Vaters kratzte. Als er öffnete, kam sie angelaufen und sprang an Anna hoch.

»Wohin gehst du, Anna?«, fragte ihr Vater. Es klang beunruhigt.

»Ich brauche frische Luft, Papa.«

Er nickte, sichtlich erleichtert. »Gut. Ich werde dann mal … ein bisschen weiterarbeiten.« Er schloss die Tür.

Anna leinte die Hündin an, zog die Wohnungstür hinter sich zu und blieb wie angewurzelt stehen.

Im Hausflur auf der oberen Treppenstufe, gleich vor ihrer Wohnung, saß die Prinzessin. Gekleidet in einen schwarzen Nerzmantel, auf dem Kopf ein schickes Hütchen, die Krokodillederhandtasche auf den Knien. »Anna!« Sie war aufgesprungen.

»Was tun Sie denn hier, Prinzessin?«

Sie lächelte flüchtig und druckste herum. »Ich … ich warte.«

»Und worauf?«

»Auf … Ihren Vater.« Sie sank wieder auf die Treppe.

Anna lachte ungläubig. »Und da sitzen Sie hier auf den kalten Treppenstufen? Wieso klingeln Sie nicht und warten in der Wohnung?«

»Weil ich …« Sie räusperte sich und zupfte an ihrem Mantel. »Nun ja, ich warte lieber hier draußen.« Sie streichelte Lün, die neugierig an ihr schnüffelte. »Und Sie, meine liebe Anna? Sie wollen einen Spaziergang machen?«

»Sie könnten mich begleiten.«

»Nein, es ist besser … Ich bleibe lieber hier.«

Anna band die Hündin am Geländer fest und setzte sich neben sie. »Sie halten Wache, nicht wahr?«

Die Prinzessin lachte nervös. »Wenn Sie es so nennen wollen …«

»Sie sitzen vor unserer Wohnungstür und halten Wache.« Anna schüttelte fassungslos den Kopf. Sie kannte Marie Bonaparte lange und gut genug, um zu wissen, dass sie es ihr nicht ausreden konnte. Genauso gut könnte man versuchen, einen Fuchs davon abzuhalten, den Hühnerstall aufzusuchen.

»Verraten Sie mich nicht bei Ihrem Vater, Anna«, bat die Prinzessin mit leiser Stimme. »Es ist mein freier Wille und mein Wunsch, etwas für Ihre Familie zu tun. Und ich werde bleiben. Man wird mich schon davontragen müssen.« Sie zwinkerte Anna verschwörerisch zu. »Ich stehe auf ewig in der Schuld Ihres Vaters. Er hat so viel für mich getan. Jetzt möchte ich etwas zurückgeben. Ich bin unendlich froh und erleichtert, dass er sich doch noch entschieden hat, das Land zu verlassen.«

Anna legte die Hand auf ihren Arm, fühlte den weichen Pelz und spürte eine Woge der Dankbarkeit aufwallen. »Danke, Prinzessin. Sie sind wirklich unglaublich.« Sie stand auf und ging zur Tür. Lün kläffte enttäuscht. »Ich bin gleich zurück, keine Sorge, du bekommst deinen Spaziergang.« Sie öffnete die Tür und rief nach Paula.

Die kam sofort herbeigeeilt. »Ist was passiert, Fräulein Anna?«

»Nein, nein, keine Sorge.« Sie senkte die Stimme. »Die Prinzessin sitzt vor unserer Tür. Sorgen Sie dafür, dass sie heißen Tee und etwas zu essen bekommt.«

»Die Prinzessin?«, fragte Paula ungläubig.

Anna wusste, dass Paula die Prinzessin sehr verehrte. »Sie

hält Wache«, wisperte sie. »Sagen Sie, um Himmels willen, meinem Vater nichts davon. Sie besteht darauf, hierzubleiben.«

Paula schlug die Hand vor den Mund. »Aber sie kann doch nicht …«

»Sie kann, Paula. Auch Sie sollten sie inzwischen so gut kennen.«

Ein breites Lächeln huschte über Paulas Gesicht. »Ja, Sie haben recht, Fräulein Anna. Die Prinzessin ist …« Was Marie Bonaparte ihrer Meinung nach war, sagte sie jedoch nicht.

»Ich weiß, wie sehr Sie sie mögen. Achten Sie darauf, dass sie immer etwas Heißes zu trinken hat, ja?«

Paula nickte eifrig. »Das werde ich, Fräulein Anna, versprochen.«

Anna zog die Tür wieder zu, machte Lün los, schenkte der Prinzessin ein dankbares Lächeln und verließ das Haus.

37

Ende des Monats rief Jones an, ein sehnsüchtig erwarteter Anruf. Dennoch wollte sich bei Anna keine rechte Erleichterung einstellen. Vermutlich lag es daran, dass sie vollkommen durcheinander war, weil ihr bis dahin geordnetes, ruhiges Leben vollständig auf dem Kopf stand. Ihre Emotionen befanden sich auf einer ständigen Berg-und-Tal-Fahrt, oft wusste sie morgens beim Aufstehen nicht, in welcher Verfassung sie sich gerade befand. Mal glaubte sie sich hoffnungsvoll, dann wieder mutlos und resigniert. An manchen Tagen war sie wie gelähmt vor Angst, an anderen voller Tatendrang, mit dem festen Willen, das Beste aus der Situation zu machen.

Als Ernest nun sagte: »Die Einreisegenehmigung ist ausgestellt. Jetzt fehlt nur eure Ausreiseerlaubnis«, seufzte sie verhalten.

»Dr. Indra verhandelt die Bedingungen. Es ist schwierig, Ernest. Manchmal kommt mir alles so sinnlos vor.«

»Ich weiß, Anna.« Er seufzte ebenfalls. »Aber du darfst die Hoffnung nicht aufgeben. Wieso sollten sie euch festhalten?«

»Weil sie die Möglichkeit dazu haben?«, erwiderte sie

müde. »Und weil sie ihre Macht in vollen Zügen genießen wollen.«

»Sie haben anderes zu tun«, gab er zurück.

Anna lachte unfroh auf. Seit zwei Wochen lief sie fast täglich zur Auswanderungsbehörde und füllte Formular um Formular aus, beschaffte Unterlagen, beantwortete Fragen und versuchte eisern, sich nicht anmerken zu lassen, wie erniedrigend diese Gänge waren. In der Behörde ließ man sie und andere Juden, die dort warteten, mehr als deutlich spüren, was man von ihnen hielt. Am Fahrstuhl hatte man ein Schild angebracht: *Nicht für Juden.* Als Anna es zum ersten Mal gesehen hatte, war sie zurückgeprallt, als wäre sie gegen eine Wand gelaufen.

»Haltet durch, Anna«, meinte Jones nun. »Und ruf mich an, sollte irgendetwas sein.«

»Versprochen.« Sie legte auf und ging zu ihrem Vater, der am Schreibtisch saß, den Federhalter in der Hand, und vor sich hin starrte. »Ernest hat angerufen. Die Einreisegenehmigung ist ausgestellt.«

Er hob den Kopf und nickte flüchtig.

Anna setzte sich auf den Stuhl vor seinem Schreibtisch. »Vielleicht sollten wir uns einfach umbringen.« Sie verfluchte sich, dass sie es ausgesprochen hatte. Vermutlich wäre sie zu so einem Schritt gar nicht fähig, aber daran gedacht hatte sie in den vergangenen Tagen mehrmals.

Umso erstaunter war sie, als ihr Vater sagte: »Darauf warten sie doch nur.«

Sie nickte. »Du hast recht, so leicht wollen wir es ihnen nicht machen, nicht wahr?«

»So ist es.«

Sie tauschten ein flüchtiges Lächeln, dann stand Anna auf und verließ das Zimmer.

Den ganzen April verbrachten sie damit, auf die Ausreisegenehmigung zu warten. Die Gestapo verlangte, dass eine Reichsfluchtsteuer entrichtet wurde, und der Wert des Psychoanalytischen Verlages wurde geschätzt. Die Bücher dort waren angeblich drei Millionen Reichsmark wert.

Annas Vater lachte laut, als er es hörte.

»Wie kannst du lachen, Sigmund, angesichts dieser ungeheuren Behauptung?« Ihre Mutter schüttelte fassungslos den Kopf. »Sie wollen uns demütigen, das ist alles.«

»Natürlich wollen sie das«, erwiderte er. »Und es liegt an uns, ob wir das zulassen oder nicht. Sie bekommen die dreiunddreißigtausend Reichsmark, die sie verlangt haben.«

»Was ist mit unserem restlichen Geld?«, fragte ihre Mutter bange und schaute sich rasch um, als hätten sie unwillkommene Lauscher.

»Die Prinzessin wird es über die Schweiz transferieren. Keine Angst, Martha, wir werden nicht mittellos bleiben.«

»Und wenn sie uns alles abnehmen?«

»Das werden sie nicht, glaub mir.«

So sicher war Anna sich da nicht, und ihre Mutter sah ebenfalls nicht sehr zuversichtlich aus.

»Gedenkst du, dein Praxisjubiläum zu feiern, Papa?«, fragte Anna.

Er schüttelte matt den Kopf. »Nein, ich glaube nicht.« Er hob die Hand. »Und bitte, ich möchte dieses Jahr auch keine Geburtstagsfeier. Mir ist nicht nach Feiern zumute. Euch etwa?«

»Nein«, sagten sie und ihre Mutter wie aus einem Mund.

»Hoffen wir, dass wir in einem Jahr alles nachholen können.«

»Das wird sich bestimmt ausgehen, Papa.« Anna wollte ihm ein Lächeln schenken. Doch es wollte nicht recht gelingen.

Anfang Mai waren alle Ausreiseformalitäten geklärt, und – o Wunder – die Gestapo verlangte erneut Geld. Weil ihr restliches Vermögen aber bereits in der Schweiz war, zahlte die Prinzessin die verlangte Summe.

Anna besorgte die Zugfahrkarten. Sie wollten mit dem Orientexpress über Paris reisen, wo sie zwei Tage bei der Prinzessin wohnen würden. In London hatte Annas Bruder Ernst ein Haus für sie gemietet.

Nun begannen die Vorbereitungen für die Ausreise.

Ihrem Vater wurde nicht gestattet, seine komplette Büchersammlung mitzunehmen, mehr als achthundert Bücher musste er zurücklassen. Schweren Herzens ließ er einen befreundeten Buchhändler kommen, der sich der Bücher annahm.

Anna hatte tagsüber bemerkt, wie er sich hin und wieder ans Herz fasste, und am Abend sprach sie ihn darauf an. »Das alles ist zu viel für dich, Papa. Du brauchst dringend mehr Ruhe. Lass mich für alles sorgen.«

»Was willst du denn noch tun?« Er lag auf seiner Couch, die Augen geschlossen.

»Ich schaffe das schon.«

»Ja, ich weiß, Anna, du schaffst alles.« Er wischte sich über die Stirn. »Ich habe dich noch nicht ein Mal jammern hören, dass du hier alles aufgeben musst.«

Sie biss sich auf die Unterlippe. Es stimmte, aber das lag daran, dass sie sich solche Überlegungen nicht gestattet hatte und es auch in Zukunft nicht tun würde. »Ich lasse nicht zu, dass mich meine eigenen Gedanken traurig machen.«

Er öffnete die Augen und sah sie an. »Dachte ich mir«, sagte er schließlich.

Sie schwieg.

»Wir werden uns schon eingewöhnen«, durchbrach er die Stille nach einer ganzen Weile.

»Das werden wir, Papa.« Sie stand auf und ging zur Tür. Dort drehte sie sich noch mal um.

Er griff sich wieder ans Herz und verzog leicht das Gesicht. Bestimmt dachte er, dass sie es nicht gesehen hatte.

»Brauchst du das Nitroglyzerin?«

Er verzog erneut das Gesicht.

»Ich weiß, du hast gehofft, dass ich's nicht gesehen habe.«

»Manchmal wünschte ich, du würdest deine spitze Zunge etwas im Zaum halten. Es geht mir gut, Anna, wirklich.«

»Wie du meinst.« Sie öffnete die Tür und ging hinaus.

Wie gut, dass Dr. Schur sie nach England begleiten würde. Sonst hätte sie wohl keine ruhige Minute mehr.

Mitte Mai wurden ihre Pässe freigegeben, und kaum hielten sie die Papiere in ihren Händen, tauchte die Gestapo wieder auf. Annas Vater solle freundlicherweise quittieren, dass alles ganz vorschriftsmäßig und selbstverständlich auch vollkommen rechtens abgewickelt worden sei. Er unterzeichnete ohne jegliche Gemütsregung, begleitete die Männer zur Tür und wünschte noch einen schönen Tag.

Als sie gegangen waren, stieß Anna ein lautes Zischen aus.

Sie hatte die ganze Zeit wie erstarrt im Zimmer gestanden, die Fäuste in den Rocktaschen versteckt und stumm gebetet, dass die Männer endlich wieder verschwanden.

Ihr Vater kam ins Wohnzimmer zurück und sank in einen Sessel. Er bedeckte das Gesicht mit den Händen, und für einen Moment fragte sie sich erschüttert, ob er womöglich weinte. Doch als er das Gesicht freigab, war es trocken, nicht mal seine Augen glänzten. »Es ist vorbei.«

»Meinst du?«, fragte ihre Mutter, die ihm gegenübersaß.

»Was können sie jetzt noch von uns wollen? Sie haben uns gedemütigt und schikaniert, sie haben uns verhört...« Er warf Anna einen langen Blick zu. »Sie haben uns unser Geld genommen, und sie haben versucht, uns unsere Würde und unseren Stolz zu nehmen. Was kann es jetzt noch geben, was sie nicht längst haben?«

An den folgenden Tagen regnete es beinahe unaufhörlich. Man konnte ganz griesgrämig werden. Dabei war es im Grunde egal, wie das Wetter war, weil kaum noch Zeit blieb, die Wohnung zu verlassen. Es war so viel zu tun. Alles musste zusammengeräumt und verpackt werden.

An diesem Vormittag saß Anna an ihrem Schreibtisch und blätterte in den Patientenunterlagen, die sie mitnehmen wollte.

Es klopfte, und Paula trat ein. »Die Post ist da, Fräulein Anna.« Sie legte ihr einen Stapel Briefe auf den Tisch und verließ das Zimmer.

Anna sah die Briefe durch und verharrte bei einem. Er war von einer gewissen Karoline Berger. Anna glaubte, die Schrift zu kennen, aber der Nachname sagte ihr nichts.

Sie öffnete den Umschlag und faltete den Briefbogen auseinander.

Liebes Fräulein Freud,
ich hoffe, Sie und Ihre Familie sind wohlauf.
Vielleicht erinnern Sie sich noch an mich. Sie waren gut zu mir und haben mir sehr geholfen, dabei habe ich Ihre Hilfe damals nicht einmal annehmen wollen.
Ich bin froh, dass ich es dann doch getan habe.
Wie Sie an meinem Nachnamen sehen, habe ich geheiratet, mein Mann und ich erwarten unser zweites Kind.
Ihnen wünsche ich alles erdenklich Gute.
Mit herzlichem Gruß
Ihre Karoline

Und ob sie sich an Karoline erinnerte! Lächelnd faltete Anna den Brief zusammen und legte ihn in die Schublade. Ein kleiner Lichtblick in dieser düsteren Zeit. Sie würde Karoline noch heute zurückschreiben.

Es läutete an der Tür, und kurz darauf klopfte es.

Paula kam wieder herein. »Da ist ein junger Mann mit einem Fotoapparat, Fräulein Anna.«

»Was will er denn?«

»Er sagt, Herr Aichhorn hätte ihn geschickt, damit er alles fotografiert.«

»Was alles?«, fragte Anna zerstreut.

»Die Wohnung und vor allem das Arbeitszimmer vom Herrn Professor.«

Anna stand auf und streckte ihren Rücken. Sie hatte viel zu lange gesessen. »Ich komme, Paula.«

»Ein fescher Mann«, flüsterte Paula ihr zu, während sie nebeneinanderher ins Esszimmer gingen.

Dort stand ein Mann mit dem Rücken zu ihnen am Fenster, in einer Hand ein Stativ. Er war gut gekleidet, trug einen dunklen Anzug mit passender Weste und blank geputzte Schuhe. Als sie hereinkamen, wirbelte er herum. »Fräulein Freud.« Er lupfte seinen Hut und verbeugte sich. »Mein Name ist Edmund Engelmann. Herr Aichhorn bat mich, herzukommen und Ihre Wohnung abzulichten, solange sie noch nicht ausgeräumt ist. Er möchte, dass sie für die Nachwelt erhalten bleibt.«

Aichhorn hatte sie nicht informiert, aber möglicherweise wusste ihr Vater Bescheid und hatte nur vergessen, ihr davon zu erzählen. »Mein Vater ist nicht da«, sagte sie zögernd.

Dann traf sie blitzschnell eine Entscheidung. »Aber fangen Sie ruhig an, Herr Engelmann.«

Er verbeugte sich erneut. »Vielen Dank, Fräulein Freud. Für einen kurzen Moment hatte ich schon befürchtet, Sie könnten mich für einen Gauner halten.«

Engelmann fotografierte alles, hauptsächlich aber die Räume ihres Vaters. Viele der Statuetten waren bereits verpackt, und er ordnete die verbliebenen auf dem Schreibtisch an.

Anna stand währenddessen in der Tür und sah ihm zu. Gelegentlich bat er sie, ein Möbelstück anders hinzustellen oder eine Vase neu zu arrangieren.

Als er sie bat, sich für ein Foto ans Fenster zu stellen, schüttelte sie den Kopf. »Die Nachwelt wird nicht interessieren, wie ich traurig am Fenster stehe. Und lächeln werde ich nicht. Danach ist mir nicht zumute, Herr Engelmann.«

Er errötete. »Verzeihung, Fräulein Freud, das war unsensibel von mir.«

»Schon gut.«

Als er fertig war, packte er Kamera und Stativ zusammen, bedankte sich vielmals und verabschiedete sich.

An der Tür lächelte er Anna an, es war ein trauriges Lächeln. »Ich bin ein großer Bewunderer Ihres Vaters. Würden Sie ihm das ausrichten?«

Sie versprach es.

»Auf Wiedersehen, Fräulein Freud. Passen S' auf sich auf.«

»Vielen Dank, Herr Engelmann. Passen auch Sie auf sich auf.«

Als sie die Tür hinter ihm schloss, war ihr, als wäre ein weiterer Lebensabschnitt vergangen, als hätte sich auch in dieser Hinsicht eine Tür geschlossen.

Die Londoner Jahre

1938-1939

38

London, Elsworthy Road,
im Sommer 1938

An einem herrlichen Morgen Ende Juli stand Anna im Garten des Häuschens im Londoner Stadtteil St. John's Wood, in dem sie vorübergehend wohnten. Sie war aufgestanden, noch bevor die ersten Sonnenstrahlen auf das Dach fielen. Nichts hatte sie noch im Bett gehalten. Erfüllt von einer unbändigen Tatkraft war sie in ihre Strickjacke und die Hausschuhe geschlüpft und hatte sich auf die kleine Bank gesetzt, die sie vor einer der Hortensien aufgestellt hatten.

Dort saß sie, bis Paula in den Garten kam und sie verdutzt anschaute. »Fräulein Anna? Was tun Sie denn hier?«

»Nachdenken und mich am Sonnenschein erfreuen. Dabei war ich eigentlich viel zu kribbelig, um nur dazusitzen. Ich hätte so gerne etwas getan.« Sie zuckte mit den Schultern. »Aber es gibt im Moment so viel zu tun, dass ich nicht wüsste, wo ich anfangen soll.« Sie war selbst ganz erstaunt, dass sie Paula all das erzählte. Aber es stimmte, sie fühlte sich seit Tagen rastlos und lief so manches Mal durchs Haus, ohne recht zu wissen, weshalb. Sie hätte sich furchtbar gern häuslich eingerichtet, nur befand sich ihr gesamtes Mobiliar noch in Wien oder irgendwo zwischen London und Wien.

Ausharren und warten zu müssen hatte sie noch nie gemocht.

»Wenn die Möbel erst mal da sind …« Paula blickte sich sehnsüchtig um. »Ach, der Garten ist so schön, nicht wahr?«

Paula hatte recht, der Garten war herrlich, aber Anna vermisste ihr Bauernhaus in Hochrotherd, und sie vermisste es, mit Dorothy dort zu wohnen und schalten und walten zu können, wie es ihnen beliebte.

Sie musste an die Geburtstage denken, die sie dort gefeiert hatten. Vor allem die Geburtstage der Kinder waren immer besonders aufregend gewesen, und nicht nur für die Kinder.

Tage vorher waren Anna und Dorothy mit Backen und Kochen beschäftigt gewesen, hatten Girlanden gebastelt und das Haus geschmückt. Tinky hatte es geliebt, ein zierliches Krönchen aus Goldpapier zu tragen, während Mabbie der Blumenkranz am liebsten war, den Anna geflochten hatte.

Auf dem Küchentisch stand ein Gugelhupf, der mit Schokoladenguss überzogen und mit brennenden Kerzen verziert war. Das Geburtstagskind musste sie auspusten und sich etwas wünschen. Michael hatte seinen Wunsch meistens laut hinausposaunt, und seine Geschwister hatten gekichert und ihn geneckt, dass sein Wunsch sich nun wohl leider nicht erfüllen würde.

Einmal hatte Anna Dorothy zum Geburtstag einen kleinen Marillenbaum geschenkt, den sie gemeinsam einpflanzten. Es hatte eine ganze Weile nicht geregnet, und der Boden war hart und ausgetrocknet. Sie keuchten und schnauften, als sie das große Loch aushoben. Gemeinsam setzten sie das Bäumchen ein und banden es an einem Holzpflock fest.

Anschließend lief Dorothy ins Haus und kam mit einer Flasche Obstler zurück. »Auf unser Marillenbäumchen!«

»Und auf die ersten Gläser Marillenmarmelade!«

Dorothy stellte die Flasche ab und begann, singend um den Baum herumzutanzen.

»Was tust du da?«

»Das ist ein Regentanz.«

Anna hatte so lachen müssen, dass sie Schluckauf bekam.

»Wie schön wir's doch hatten«, sagte sie jetzt leise vor sich hin.

Sie vermisste auch ihre Patienten – im Grunde vermisste sie ihr komplettes früheres Leben.

Aber sie sollte dankbar sein und demütig. Es hätte sie alle noch sehr viel schlimmer treffen können. Sie hatten die Möglichkeit bekommen, in England neu anzufangen, was den wenigsten vergönnt war.

»Warum schauen Sie denn so traurig aus, Fräulein Anna?«

Anna erhob sich und zupfte ihr langes Nachthemd unter der Strickjacke zurecht. »Ich weiß auch nicht, dann und wann überkommt es mich einfach.«

»Das kenne ich, Fräulein Anna.«

»Ist mein Vater schon auf?«

»Nein.«

Anna folgte ihr ins Haus und schlang die Arme um ihren Oberkörper. Mit einem Mal war ihr kalt geworden. Es lag daran, dass sie für einen winzigen Moment zugelassen hatte, dass die Erinnerungen sie einholten.

Sie sah sich und ihre Familie wieder im Zugabteil sitzen – ihren Vater mit unbewegtem Gesicht –, kurz vor dem Grenzübergang nach Frankreich. Sie hatte dem älteren Mann, der ihre Papiere verlangt hatte, wortlos alles gereicht und versucht, ihr wild pochendes Herz zu beruhigen. Würde es Komplikationen geben? Würde er verlangen, dass sie wieder ausstiegen? Und was geschähe dann mit ihnen?

Der Mann blätterte ihre Papiere durch, hob immer wieder den Kopf und sah sie nacheinander an. Ihre Mutter murmelte leise vor sich hin, wahrscheinlich betete sie.

Er hat die Macht über uns, dachte Anna. Er entscheidet, ob wir weiterfahren dürfen oder nicht. Und er liebt diese Macht.

Nach einer ganzen Weile – es war ihr fast wie eine Stunde vorgekommen – nickte er und gab ihr die Papiere zurück.

Sie war so angespannt, dass ihr zwei Pässe hinunterfielen und sie sich hinhocken musste, um sie aufzusammeln.

Es wird alles gut werden, beruhige dich …

Wenn doch nur Dorothy bei ihr wäre!

Sie saß kaum wieder, als die Abteiltür aufging und der Schaffner hereinkam. Was war denn jetzt? War er gekommen, um ihnen mitzuteilen, dass sie aussteigen sollten?

Nein, ganz bestimmt nicht, sagte sie sich, doch sie konnte die Angst nicht abstellen.

Der Schaffner nahm seine Mütze ab, kratzte sich am Kopf und sagte mit leiser Stimme zu ihrem Vater: »Ich wünschte, ich könnte mit Ihnen fahren, Herr Professor.«

Ihr Vater wollte etwas entgegnen, ließ es aber sein, weil ihre Mutter ihm einen flehenden Blick zugeworfen hatte.

»Die Herrschaften.« Der Schaffner nickte ihnen zu und zog rasch die Tür wieder hinter sich zu.

Ihr Vater starrte die geschlossene Tür an, als hätte er soeben eine sonderbare Erscheinung gesehen, und ihre Mutter schluchzte auf. Tränen liefen ihr übers Gesicht, Tränen, die sie lange zurückgehalten hatte.

Auch Anna spürte, dass sie weinen musste, konnte aber nicht. Irgendetwas in ihr hielt die Tränen zurück.

Dann setzte sich der Zug mit einem Ruck wieder in Bewegung, und sie vermieden, einander ins Gesicht zu schauen. Erst nach einigen Minuten seufzte ihr Vater auf. »Jetzt sind wir frei.«

In Paris holte die Prinzessin sie am Bahnsteig ab. Sie war nicht allein, auch der amerikanische Botschafter und einige Fotografen und Journalisten standen dort, es gab ein regelrechtes Blitzlichtgewitter. Annas Vater sah inmitten all der Menschen ganz verloren aus. Schwach, ausgemergelt und auf seinen Gehstock gestützt stand er blinzelnd in der Menge, die Mutter in einem verknitterten Mantel neben ihm. Ihre Tante stand etwas abseits, das Gesicht eingefallen, der Rücken gebeugt. Anna wünschte sich nur, alle würden schnell wieder verschwinden und sie in Ruhe lassen.

Strahlend schön wie eh und je war dagegen die Prinzessin: in einem eleganten Kleid, mit einem Zobel darüber und einem mit Margeriten geschmückten Hut auf dem Kopf. Vor dem Bahnhof standen zwei ihrer Autos, ein Bentley und ein Rolls-Royce. Die Chauffeure hielten ihnen die Türen auf, und als Anna endlich in einem der Wagen saß – sie wusste bis heute nicht, in welchem –, atmete sie so laut auf, dass Paula sie besorgt ansah.

In der Villa der Bonapartes war alles für ihre Ankunft vorbereitet. Im Garten stand eine Liege mit einer Wolldecke für ihren Vater, und Anna sorgte dafür, dass er sich sofort hinlegte und es gemütlich und warm hatte. Sie war sehr in Sorge, dass er die anstrengende Reise nicht überstehen würde. Doch er kuschelte sich erschöpft, aber vergnügt wie ein kleiner Junge unter die Decke und lauschte der Unterhaltung.

Nach dem festlichen Abendessen – es gab unter anderem Austern, die Anna scheußlich fand – setzten sie ihre Reise fort. Über Calais ging es nach Dover, und als die weißen Klippen in Sicht kamen, gingen sie alle an Deck. Die Klippen leuchteten im Mondschein, ein atemberaubender Anblick.

Anna war ganz eigenartig zumute, traurig, berührt und hoffnungsvoll zugleich. Und wieder wünschte sie, Dorothy wäre bei ihr.

An der Victoria Station wurden sie von ihrer Schwester Mathilde und deren Mann erwartet, und sie fielen einander in die Arme, unendlich erleichtert, dass es überstanden war.

»Fräulein Anna?«

Anna fuhr hoch.

Paula stand neben ihr am Tisch, die Kaffeekanne in der Hand. »Sie haben geträumt, stimmt's?«

»Ich musste an unsere Reise hierher denken«, gab sie zu.

»Wie herrlich die Prinzessin für uns gesorgt hat.« Paula schenkte ihr Kaffee ein. »Ich bin mir vorgekommen wie eine Fürstin.« Offenbar hatte sie das gar nicht sagen wollen, denn sie errötete und wandte sich rasch ab.

Die Tür ging auf, und Annas Eltern kamen herein.

»Guten Morgen, Herr Professor.« Paula knickste. »Frau Professor. Haben Sie gut geschlafen?«

Annas Mutter verzog das Gesicht. »Die Matratzen sind furchtbar, und unter unserem Fenster hat eine Katze gesessen und schreckliche Töne von sich gegeben.«

Anna musste lachen. Sie hatte das Tier auch gehört.

»Wäre Lün hier …« Ihr Vater setzte sich mit ihrer Hilfe an den Tisch. »Das arme Tier.«

Die Hündin musste noch bis Ende des Jahres in Quarantäne bleiben, die englischen Einreisebestimmungen für Tiere waren streng.

»Wirst du zum Kongress fahren?«, fragte er Anna, während er sein Frühstücksei pellte. Es fiel ihm schwer, seine Hände zitterten so sehr, dass er immer wieder innehalten musste.

»Soll ich Ihnen helfen, Herr Professor?« Paula stand bereits neben ihm.

»Nicht nötig. Aber danke, Paula. Anna?« Er sah sie fragend an.

»Ich denke schon«, erwiderte sie zögernd.

Die Wahrheit war, dass sie noch nicht darüber nachgedacht hatte. Der Kongress in Paris war so weit weg, dass er sie genauso hätte fragen können, ob sie vorhabe, demnächst zum Mond zu fliegen.

»Fahr nur, Annerl«, sagte er sanft. »Es wird dir guttun, mal wieder etwas anderes zu hören und zu sehen.«

»Vielleicht hast du recht.« Hatte sie vorhin noch vor Tatendrang gestrotzt, war sie nun in sich zusammengesackt, träge und lustlos.

Sie waren bereits fertig mit dem Frühstück, als ihre Tante hereinkam. Sie machte einen unausgeschlafenen, elenden Eindruck. Am Abend zuvor hatten sie und Anna bei einem Becher Tee in der Küche gesessen. Als sie zu Bett gehen wollten, hatte die Tante Anna nach einer Schlaftablette gefragt. »Seit wir aus Wien fort sind, schlafe ich grauenvoll. Ich wünschte, ich könnte mal wieder eine Nacht durchschlafen und erholt aufstehen.«

Anna stand auf und rückte ihr den Stuhl zurecht. »Hat dir die Schlaftablette geholfen, Tante?«

»Ein wenig.« Ihre Tante hielt für einen Augenblick ihre Hand fest. »Irgendwo im Garten saß eine Katze und hat gejault, als würde man ihr auf den Schwanz treten. Habt ihr das nicht gehört?«

»Doch, wir haben es alle gehört.«

»Ich wünschte, ich hätte irgendetwas gehabt, um es dem Tier auf den Schädel zu werfen.«

Paula gluckste und presste die Hand vor den Mund.

Annas Mutter schnalzte mit der Zunge. »Minna!«

»Ist doch wahr. Herrschaftszeiten sakra, das Tier hat mich fast um den Verstand gebracht.«

»Das scheint mir auch so«, erwiderte ihre Mutter trocken.

Zum ersten Mal seit langer Zeit sah Anna ein äußerst belustigtes Schmunzeln über das Gesicht ihres Vaters huschen, dann brach er in Lachen aus. Wobei er schnell die Hand auf den Mund legte, wie er es seit Jahren machte, damit niemand die »Kraterlandschaft« seines Kiefers, wie er es nannte, sehen konnte.

Anna betrachtete ihn und wurde von seinem lauten Lachen angesteckt. Es war schön, ihn so zu sehen. »Hast du heute einen Patienten?«, fragte sie ihn nach einer Weile.

»Nein, heute nicht.« Er hatte, genau wie sie, gleich nach ihrer Ankunft wieder zu arbeiten begonnen. Die britische Pychoanalytische Vereinigung hatte Anna sofort als Mitglied und ihren Vater als Ehrenmitglied aufgenommen.

»Ich auch nicht. Ich werde gleich zu Dorothy gehen.«

Dorothy und Michael wohnten nur ein paar Straßen entfernt. Anna wusste, wie zerrissen ihre Freundin sich fühlte.

Sie sehnte sich nach ihren anderen Kindern, die, inzwischen erwachsen, wieder in Amerika lebten, aber regelmäßig zu Besuch kamen und dann auch länger blieben.

Im Monat vor ihrer Einreise hatte Dorothy die Nachricht erhalten, dass ihr Mann sich in Amerika das Leben genommen hatte. Sie war erschüttert gewesen, auch wenn es sie nicht sonderlich überrascht hatte. »Irgendwann hat es so kommen müssen«, hatte sie zu Anna gesagt. »Er war ein so labiler Mensch und wusste keinen anderen Ausweg mehr.«

Anna hätte nicht sagen können, ob Dorothy um ihren einstigen Ehemann trauerte, in jedem Fall aber trauerte sie um den Vater ihrer Kinder.

Manchmal träumte Anna, dass ihre Freundin ein Schiff bestieg und nach New York zurückfuhr. Sie stand dann an Deck, gekleidet in ein bildschönes weißes Kleid, dessen Rock sacht im Wind flatterte, und winkte ihr mit trauriger Miene zu.

Und Anna, in einem schwarzen Kleid, stand am Hafen, unfähig, sich zu bewegen.

Oft schnürte es ihr vor Angst den Hals zu, Dorothy könnte wieder in Amerika leben wollen, nah bei ihren Kindern, und sie in England zurücklassen. Doch wann immer Anna sie darauf ansprach, bekam sie dieselbe Antwort: »Mach dir keine Sorgen, Anna, ich bleibe hier. Bei dir und deiner Familie.«

»Du bist auch meine Familie«, hatte Anna zu ihr gesagt und im Stillen hinzugefügt: Ich würde es nicht ertragen, dich zu verlieren.

Es schellte an der Tür, und Paula lief hin. Neuerdings lief sie eigentlich immer, das normale Gehen schien sie sich abgewöhnt zu haben.

Kurz darauf kam sie zurück, ganz außer Atem. »Schon wieder so viele Briefe und Telegramme für Sie, Herr Professor.«

Er war in London eine Berühmtheit, und es hatte sich rasend schnell herumgesprochen, dass die Freuds nun in der Stadt lebten. Sie waren kaum eingezogen, als die ersten Briefe und Karten kamen. Hin und wieder ließ es sich ein Londoner auch nicht nehmen und kam persönlich vorbei, um dem Herrn Professor die Hand zu schütteln und ihn willkommen zu heißen. Auch die Taxifahrer wussten längst, dass sich hinter der Adresse in 39 Elsworthy Road »Freud's place« verbarg, wie sie es nannten.

Vor einigen Tagen war sogar ein Mann gekommen und hatte ihrem Vater eine bronzene Statuette geschenkt. Er hatte gelesen, dass die Sammlung ihres Vaters noch immer in den Händen der Nazis war. Ob er sie jemals wieder zurückbekam, stand in den Sternen.

Anna wischte sich den Mund an der Serviette ab und stand auf. »Ich ziehe mich an und gehe zu Dorothy hinüber.«

»Ich dachte schon, das wäre der neueste Londoner Chic.« Ihre Tante grinste und deutete auf Annas Nachthemd, das unter der Strickjacke hervorlugte.

»Ach herrje, ich habe ja noch mein Nachthemd an.« Es war ihr tatsächlich nicht aufgefallen.

Wieder lachte ihr Vater laut auf, und sie legte ihm im Vorbeigehen die Hand auf die Schulter. »Bis später, Papa. Und ruh dich brav aus, ja? Ach, bevor ich es vergesse: Morgen werden Ernst und ich uns wieder nach einem geeigneten Haus umsehen.« Das Haus, in dem sie zurzeit wohnten, hatte er nur vorübergehend für sie mieten können.

»Grüße an Mrs Burlingham«, gab ihr Vater ihr noch mit auf den Weg. »Ich vermisse unsere gemeinsamen Ausflüge mit dem Automobil.«

Dorothy umarmte sie und gab ihr einen Kuss auf die Stirn, als sie wenig später vor der Tür stand. »Hast du erholsam geschlafen?«

Anna betrat den kleinen Flur. »Eigentlich nicht. Eine Katze war im Garten und hat fürchterliche Geräusche von sich gegeben. Bestimmt ein Kater, der auf der Suche nach einer Katzendame war.«

»Der Arme.« Dorothy ging voran in die winzige Küche. »Möchtest du einen Kaffee?«

»Besser nicht. Ich hatte schon zwei Häferl.« Sie blieb am Fenster stehen, weil die Küche zu klein war, um Tisch und Stühle aufzustellen.

»Lass uns in den Livingroom gehen«, schlug Dorothy vor und stellte Kaffeekanne, Milchkännchen und Tasse auf ein Tablett.

Seit sie in London waren, nannte Dorothy ihre Räumlichkeiten nur noch Livingroom, Kitchen, Bathroom und Bedroom.

Anna war ebenfalls bereits dazu übergegangen, für einige Begriffe nur noch die englische Bezeichnung zu benutzen.

Dorothy hatte sich bereits gemütlich eingerichtet, neue Möbel und Lampen gekauft und Pflanzen in die Fenster gestellt.

»Ich soll dir Grüße von meinem Vater ausrichten. Er vermisst eure gemeinsamen Autofahrten.«

Dorothy lächelte. »Wir könnten uns ein Automobil anschaffen und gemeinsam mit ihm durch London brausen.«

Anna erwiderte das Lächeln. »Das wäre schön, ja.« Sie hatte vor ein paar Jahren das Autofahren von Dorothys Chauffeur gelernt. »Ich habe mir übrigens überlegt, einen Hund für Papa anzuschaffen.«

Dorothy sah sie verblüfft an. »Aber er hat doch bereits einen.«

»Ja, aber Lün bleibt bis Dezember in Quarantäne, wie du weißt. Ich glaube, er würde sich über einen vierbeinigen Hausgenossen freuen.«

»Jetzt verstehe ich. Aber ich nehme nicht an, dass du den Hund im Dezember wieder weggeben wirst.«

»Natürlich nicht. Auf einen Hund mehr oder weniger kommt es nicht an. Du könntest mich begleiten, und wir suchen gemeinsam einen aus.«

»Das mache ich gerne.« Dorothy schwieg einen Augenblick, dann sagte sie leise und mit Wehmut in der Stimme: »Mir fehlt unser altes Zuhause. Unser kleines Bauernhaus, unser Gemüsegärtchen, die Obstbäume, unsere Gänse …«

Anna beugte sich vor und griff nach ihrer Hand. »Glaubst du, mir nicht? Ich kann oft nicht einschlafen vor Sehnsucht.«

»Ich auch nicht.«

»Wie geht es Michael?«, fragte Anna nach einer Weile, in der sie sich nur stumm angesehen hatten.

»Er vermisst seine Geschwister.« Dorothy seufzte. »Ich fürchte, auch er wird nach Amerika gehen.«

»Gefällt es ihm nicht in London?«

»Schon, aber … In der Tiefe ihres Herzens sind und bleiben sie nun mal Amerikaner, Anna.«

Anna wollte etwas entgegnen, ließ es aber bleiben. Wahrscheinlich hatte Dorothy recht. Michael war Amerikaner, und sein Herz schlug für sein Heimatland.

Und ich bin und bleibe Wienerin, dachte sie. Mein Herz wird immer für Österreich schlagen. Aber sie spürte schon jetzt, dass sie sich auch in London heimisch fühlen würde. Vielleicht, weil die Umstände eine besondere Anpassungsfähigkeit erforderten? Weil sie sich erstaunlich schnell eingelebt hatte? Oder weil sie in London beruflich gut aufgehoben war? Vermutlich von allem ein bisschen.

Als Dorothy ihren Kaffee ausgetrunken hatte, stand Anna schwungvoll auf und strich ihr Dirndl glatt. Sie blickte nachdenklich an sich hinab. Sollte sie künftig etwas anderes tragen als immer nur ihre geliebten und herrlich bequemen Dirndl? Sie gehörten eigentlich zu Wien und damit auch zu ihrem alten Leben.

»Was schaust du denn so?«, wollte Dorothy wissen und hakte sie unter.

»Ich dachte gerade, ich sollte mir vielleicht neue Garderobe anschaffen.«

»Ich kann mir dich in nichts anderem als einem Dirndl vorstellen.«

Anna machte »Hm«, und als sie kurz darauf die Haustür hinter sich zuzogen, sagte sie einer plötzlichen Eingebung folgend: »Ich werde mir einfach mal ein paar Kleider und Röcke anschauen.«

»Tu das.« Dorothy strich ihr eine Haarsträhne aus der Stirn. »Gleichgültig, was du auch trägst, ich werde dich immer furchtbar gern anschauen. Verrätst du mir etwas?«

»Und was?«

»Was ist dir durch den Kopf gegangen, als ich gesagt habe,

dass meine Kinder tief in ihrem Herzen Amerikaner bleiben?«

»Dass ich tief in meinem Herzen Wienerin bleiben werde.«

Dorothy nickte. »Du machst dir Sorgen, dass ich eines Tages auch nach Amerika zurückgehe.«

»Ja«, gab Anna ohne Umschweife zu.

Dorothy nickte wieder und legte den Arm um sie. »Das werde ich nicht. Und bevor du mich fragst: Ich weiß es einfach, Anna, weil ich nirgendwo sein will, wo du nicht bist.«

39

London, Maresfield Gardens, im Herbst desselben Jahres

Sie hatten ein geräumiges Haus im Norden der Stadt gefunden, in Hampstead, einem ruhigen Villenviertel. Anna hatte sich auf den ersten Blick in die Villa verliebt. Im Geiste richtete sie bereits die Zimmer ein – es waren sage und schreibe zwanzig.

»Ein eigenes Haus, ganz für uns«, sagte ihr Vater mit leuchtenden Augen. »Man könnte dem Führer glatt dankbar sein, dass es uns hierher verschlagen hat.«

»Sigmund!«, erwiderte ihre Mutter erschüttert. »Wie kannst du so etwas sagen?«

Kurz bevor sie die Villa beziehen konnten, traf auch Max Schur endlich in London ein und stattete ihnen gleich am ersten Tag einen Besuch ab. »Wien ist nicht mehr das Wien, das ich kannte«, sagte er und schüttelte betrübt den Kopf.

Anna mochte nicht weiter nachfragen, und auch ihr Vater schwieg. Sie lasen täglich die Zeitung und hörten Radio, das genügte ihnen völlig, um informiert zu sein und zu wissen, was aus dem Land geworden war, ihrer Heimat, die sie geliebt hatten.

Im Gegensatz zu ihrer Mutter verstand Anna genau, was

ihr Vater mit seiner Bemerkung über Dankbarkeit gegenüber Hitler gemeint hatte. Seine Äußerung war nichts als Hohn und purer Pragmatismus.

»Wir sind mit heiler Haut davongekommen.« Schur saß in einem Sessel, die Beine übereinandergeschlagen. »Was ist mit Ihren Schwestern?«, fragte er ihren Vater.

»Ich habe seit Wochen nichts von ihnen gehört.«

Sie alle warteten angespannt auf Nachricht von seinen vier in Wien verbliebenen Schwestern, die nicht mit ihnen hatten ausreisen dürfen. Marie Bonaparte hatte wieder versucht zu intervenieren und ihre Beziehungen spielen lassen, jedoch ohne Erfolg.

»Eine Tragödie.« Schur schüttelte den Kopf. Nach einer Weile, in der er gedankenversunken in seiner Kaffeetasse gerührt hatte, sagte er: »Wie steht es um Ihr Befinden, lieber Freund?«

»Bestens.«

»Ich habe mit keiner anderen Antwort gerechnet. Sie sollten sich unverzüglich gründlich untersuchen lassen.«

»Ich sagte doch: Mir geht es gut, lieber Schur.«

»Nein, Sie sagten, es gehe Ihnen bestens. Ich weiß, wann Sie zu Übertreibungen neigen. Wir kennen uns lange genug, nicht wahr?«

Ihr Vater seufzte. »Na schön, Sie geben ja doch keine Ruhe.«

»Darauf können Sie wetten, alter Freund. Und ich bestehe auch darauf, mein Honorar zu verringern.«

»Sie können bestehen, worauf Sie wollen. Wieso sollte ich darauf eingehen?«

»Weil sich die Situation geändert hat.« Schur beugte sich vor und sah ihn eindringlich an.

»Und wenn schon. Ich denke gar nicht daran, ausgerechnet bei meinem Leibarzt mit Sparen anzufangen. Schlagen Sie sich das ganz schnell wieder aus dem Kopf, mein lieber Schur.«

Der Arzt lehnte sich wieder zurück und brummte: »Alter Sturkopf.« Er trank einen Schluck Kaffee. »Und wie geht es Ihrer Schwägerin?«

Annas Tante war an einer schweren Lungenentzündung erkrankt.

»Es geht bergauf, wenn auch langsam.«

»So etwas braucht Geduld.« Schur stellte seine Tasse ab. »Dann sehen wir uns, sobald Sie einen Termin für eine Untersuchung gemacht haben.«

Anna, ihre Mutter und Paula begannen ohne den Vater, die Villa einzurichten. Er lag unterdessen in der Klinik und musste sich erneut operieren lassen, da bei der Untersuchung ein weiteres Krebsgeschwür entdeckt worden war.

Während Anna durch die vielen Räume des neuen Heims spazierte und überlegte, welche Möbel noch anzuschaffen waren, ging ihr durch den Kopf, wie froh sie war, diese vielen Zimmer nicht sauber halten zu müssen.

Paula dagegen schien es kaum erwarten zu können, endlich mit dem Staubwedel durch das große Haus zu wuseln. Mit Hingabe widmete sie sich dem neuen Arbeitszimmer von Annas Vater. Das Mobiliar und seine Bücher waren inzwischen eingetroffen, alle hatten aufgeatmet. Paula klopfte die wertvollen Perserteppiche aus und jubelte, dass sie endlich, endlich genug Platz hatten und nicht mehr, wie in der Berggasse, übereinanderliegen mussten. »Ständig ist wer gestolpert«, plapperte sie fröhlich, während sie in dem hellen, großen Zimmer kniete und über den Teppich strich. Anschließend begann sie, seine Bücher ins Regal zu räumen, und zwar exakt so, wie sie im alten Arbeitszimmer gestanden hatten.

Anna lehnte im Türrahmen und unterdrückte ein Lachen.

Aber Paula hatte recht, das Haus war nicht nur viel geräumiger, es war durch die großen Fenster auch heller und freundlicher. Vom Arbeitszimmer ihres Vaters führte eine Glastür direkt in den Garten, sodass er mühelos hinausgehen konnte. Anna war sicher, dass es ihm gefallen würde.

Außen war die Villa an drei Seiten mit Weinranken bewachsen, und es gab eine Terrasse und einen großen Garten. Eigentlich war es mehr ein Park mit Platanen und Pappeln und dazwischen Rosensträucher und Rhododendren.

Gemeinsam mit ihrem Bruder Ernst hatte Anna beschlossen, einen Fahrstuhl einbauen zu lassen, damit ihr Vater und die Tante sich auch in den oberen Räumlichkeiten aufhalten konnten.

Es war alles bereit, nun musste ihr Vater nur noch heimkommen.

Drei Wochen später war es so weit. Von Ernst und Paula ließ er sich auf einem Stuhl durch die Villa tragen. Er war zu schwach zum Gehen, konnte kaum sprechen. Die Operation hatte ihn außerordentlich mitgenommen, mehr als alle anderen zuvor. Er war ein Schatten seiner selbst.

Als man ihn in sein neues Arbeitszimmer brachte und dort absetzte, leuchteten seine Augen. Er ließ den Blick schweifen, betrachtete seine Statuetten, die Paula liebevoll und sorgsam so aufgestellt hatte, wie er es aus seinem alten Zimmer gewohnt war, und schließlich die Bücherregale. Dann nickte er, sichtlich bewegt. »Alles ist wieder da«, sagte er leise. »Nur ich nicht.«

Anna schluckte.

»Natürlich bist du da, Papa«, meinte Ernst. »Das wird schon wieder.«

»Lass gut sein, Junge.«

»Ich habe einen Fahrstuhl einbauen lassen. Soll ich ihn dir zeigen?«

Ihr Vater winkte matt ab. »Später vielleicht. Ich möchte … in den … Garten.« Das Sprechen fiel ihm schwer, und er hatte Schmerzen, das war deutlich zu erkennen, aber wie immer verlor er kein Wort darüber.

Sie trugen ihn durch die Glastür hinaus, und er stieß ein lang anhaltendes Seufzen aus. »Ist das herrlich!«

Er bat darum, sich auf die Liege legen zu dürfen, die Paula und Anna bereitgestellt hatten.

Anna deckte ihn zu, und er nahm ihre Hand und hielt sie eine Weile fest. Dabei sah er ihr unverwandt in die Augen, und sie war so ergriffen, dass sie befürchtete, weinen zu müssen. »Immer noch nichts von … meinen … Schwestern?«, fragte er so leise, dass sie sich zu ihm beugen musste. Traurig schüttelte sie den Kopf.

Der Pekinese, den Dorothy und sie aus dem Tierheim geholt hatten, kam aus dem Haus gerannt und sprang mit einem Satz auf die Liege. Ein Lächeln huschte über das Gesicht ihres Vaters, als der Hund ihn abschleckte. »Na, wen haben wir denn da?«, fragte er mit brüchiger Stimme.

»Das ist Jumbo, Papa. Er wird dir Gesellschaft leisten, bis Lün wieder da ist.«

Der Hund sprang wieder von der Liege und lief zurück in die Villa. Wahrscheinlich geradewegs zu Paula, die immer ein Leckerchen für ihn in der Kitteltasche hatte. Er hing mit ungestümer Zärtlichkeit und großer Liebe an der Haushälterin, die sich seit seiner Ankunft um ihn kümmerte. Das Spazierengehen hatte Anna übernommen, das Füttern Paula, und wo seine Prioritäten lagen, war unverkennbar. Anna würde ein ernstes Gespräch mit ihr führen müssen.

»Möchtest du jetzt ein bisschen schlafen, Papa?«

Er kniff die Augen zusammen und blinzelte in die herbstliche Sonne. Hatte er genickt?

Sie gab ihrem Bruder ein Zeichen und ging mit ihm zurück ins Haus. Im Wohnzimmer setzten sie sich.

»Wann ist seine nächste Bestrahlung?«, wollte Ernst wissen.

»Ich nehme an, gleich in der kommenden Woche.«

»Mathilde und Robert lassen fragen, ob sie heute noch herkommen und ihn besuchen können.«

»Besser erst morgen.«

Er räusperte sich. »Wenn es dir irgendwann zu viel wird …«

»Es wird mir nicht zu viel, Ernst«, gab sie zurück.

»Aber es wird noch anstrengender mit ihm werden«, raunte er und warf einen Blick zur Tür, als könnte ihr Vater plötzlich hereinspazieren.

»Das schaffe ich schon. Mach dir um mich keine Sorgen.« Anna hatte ihr Strickzeug aus dem Korb geholt, der neben ihrem Sessel stand. Sie hatte vor Tagen eine Jacke angefangen, wusste aber noch nicht, ob für sie selbst oder für Dorothy.

»Wie geht es Mrs Burlingham?«, erkundigte Ernst sich.

»Gut.« Dorothy hatte eine Wohnung nur ein paar Häuser weiter bezogen. So konnten sie wieder nah beieinander sein.

»Dann gefällt ihr die Wohnung?«

»Sie gefällt ihr sogar besser als das Haus zuvor. Sie findet sie gemütlicher, behaglicher.«

Ihr Bruder hob verwundert die Augenbrauen. Dann entschied er offenbar, dass sie genug geplaudert hatten, stand auf, nahm sein Jackett von der Sessellehne und ging zur Tür. »Ich sehe morgen oder übermorgen wieder nach euch.«

Damit ließ er Anna allein.

Und sie war froh darüber.

40

Wenige Wochen später empfing ihr Vater wieder Patienten, und auch Anna verbrachte mehr Zeit in ihrem neuen, wunderbar hellen Arbeitszimmer. Bislang hatte sie noch keine eigenen Patienten, doch das würde sich bestimmt bald ändern.

Einer der neuen Patienten ihres Vaters war der Schriftsteller Stefan Zweig, der bereits vor vier Jahren nach London emigriert war. Er hatte angekündigt, bei seiner nächsten Sitzung einen Freund mitzubringen, der ihren Vater skizzieren wollte.

Neugierig, wer dieser Freund war, hatte Anna in der Tür gestanden, als die beiden kamen.

Paula hatte wie immer geöffnet, sie starrte den Mann neben Zweig unverhohlen und sichtlich irritiert an. Anna hatte ihn längst erkannt: Es war Salvador Dalí.

Der Mann mit dem dunklen gezwirbelten Bart und dem mit reichlich Pomade geglätteten Haar schaute sich neugierig in der Villa um, nickte hier und da und spazierte, die Hände auf dem Rücken, durch die Räume. Als er Anna entdeckte, die sich gerade in ihr Arbeitszimmer zurückziehen wollte, rief er etwas auf Spanisch und machte einen Diener. »Miss Freud.«

»Mr Dalí.«

»It`s a beautiful home«, meinte er mit starkem spanischem Akzent und schenkte ihr ein breites Lächeln, das sie ein wenig verwirrte. Wenn der Mann immer so lächelte, wunderte es sie nicht, dass er gemeinhin als etwas verschroben und skurril galt. Sein lächelnder Mund reichte von einem Ohr zum anderen, und seine großen Augen fixierten sie.

Als er mit Zweig und ihrem Vater in dessen Arbeitszimmer verschwunden war, kam Paula zu ihr gelaufen. »Ganz gruselig schaut er aus, nicht wahr, Fräulein Anna? Wie er Sie angestiert hat!« Sie schnalzte missbilligend mit der Zunge. »Als wollte er Sie auffressen.«

»Paula, also wirklich.« Anna musste lachen. Doch insgeheim musste sie Paula recht geben. Dalí hatte sie angesehen, als hätte er nicht übel Lust gehabt, ein Stück von ihr abzubeißen und darauf herumzuknabbern. Keine sehr angenehme Vorstellung.

Am Abend erzählte ihr Vater, er und Dalí seien sich nicht unsympathisch gewesen, hätten aber nicht recht gewusst, worüber sie reden sollten. »Wir haben nur dagesessen und uns angestarrt.«

Sie lachte. »Und ich nehme an, dass er dir im Anstarren deutlich überlegen war.«

Ihr Vater grinste.

»Wie ist die Skizze geworden?«, fragte sie.

»Er wollte sie erst nicht zeigen, als ich ihn dann doch überreden konnte … Nun, ich bin ehrlich: Ich habe mich darauf nicht wiedererkannt.«

In dieser Nacht hatte Anna das erste Mal wieder ihren Schatten-Traum.

In diesem Traum saß sie in der Stube und strickte, als die Tür aufging. Doch niemand kam herein. Sie wollte aufstehen und nachschauen, spürte in diesem Moment jedoch hinter sich eine Bewegung. Es prickelte auf ihrer Kopfhaut, und anstatt sich umzudrehen, fragte sie laut und mit erstaunlich fester Stimme: »Papa? Bist du das?«

Dann ein Lachen. »Natürlich, Anna, wer sonst?«

Ein paar Tage darauf erzählte ihr Vater, dass Leonard Woolf, der Ehemann der Schriftstellerin Virginia Woolf, um einen Termin gebeten habe. Die Woolfs hatten vor Jahren einen Verlag gegründet, eine gebrauchte Druckerpresse angeschafft und unter anderem Virginias und auch die Werke von Annas Vater gedruckt.

»Meinst du, es wäre unverschämt, wenn ich Mrs Woolf zu einer Tasse Tee in meine Stube bitten würde?«, fragte Anna ihn. »Ich würde sie so gerne kennenlernen.«

»Unverschämt? Ganz und gar nicht, frag sie nur.«

Als Paula an diesem Nachmittag angelaufen kam und wisperte, die Woolfs wären nun da, ging Anna hin, um sie zu begrüßen.

Virginia Woolf war eine große, hagere Frau mit tiefgründigen, melancholischen Augen und einer leisen Stimme. Sie schüttelte Anna die Hand, und als sie gefragt wurde, was sie von einer Tasse Tee halte, lächelte sie und sagte, dafür sei genau die richtige Zeit.

Anna war aufgeregt, als sie sich kurz darauf gegenübersaßen.

Anfangs plauderten sie über das kühle Londoner Wetter und dann über die Einrichtung der Villa, die Mrs Woolf sehr gefiel.

»Sie haben es wirklich nett hier, Miss Freud.« Sie hatte die Beine übereinandergeschlagen und balancierte geschickt und ausgesprochen graziös ihre Tasse Tee auf dem Knie. »Gefällt Ihnen London?«

Anna nickte. »Ich musste mich gar nicht erst an die Stadt gewöhnen.«

»Aber Sie werden Ihre Heimat vermissen, nicht wahr?«

»Ja, das tue ich, aber nicht so, dass es mich schmerzt.«

Die Schriftstellerin lächelte wieder, ein trauriges Lächeln.

Anna wusste, dass sie unter Depressionen litt, die teilweise so schwer waren, dass sie bereits einen Suizidversuch unternommen hatte.

»Ich mag die Stadt auch«, meinte sie nun und rührte in ihrer Tasse. »Auch wenn ich sie manchmal nicht ertragen kann.« Sie blickte aus dem Fenster, schien aber nichts wahrzunehmen.

Anna schenkte Tee nach. »Ich habe *Mrs Dalloway* und *Orlando* gelesen.«

»Ach, wirklich? Und, wie haben sie Ihnen gefallen?«

»Sehr gut.«

»Welches mochten Sie lieber?«

Da musste Anna nicht lange überlegen. »*Orlando.* Welches mögen Sie selbst lieber? Oder ist das eine dumme Frage? Weil Schriftsteller all ihre Werke gleich gern mögen?«

»Oh, das glaube ich nicht, Miss Freud. Oder darf ich Anna sagen?«

»Natürlich.«

»Die meisten nennen übrigens Orlando, wenn ich sie frage. Wenn ich mich zwischen *Mrs Dalloway* und *Orlando* entscheiden müsste, würde ich wohl *Mrs Dalloway* sagen. Und wenn Sie mich nach dem Buch fragen, das mir von all meinen Büchern am liebsten ist, würde ich *Zum Leuchtturm* sagen.« Virginia trank einen Schluck Tee und stellte die Tasse auf den Tisch. »Sie arbeiten vorrangig mit Kindern, hörte ich.«

Anna nickte.

»Ist die analytische Arbeit mit Kindern eine andere als die mit Erwachsenen?«

»O ja. Kinder reagieren und verarbeiten ganz anders. Sie verschließen sich nicht schon im Vorfeld, so wie es viele Erwachsene tun. Wichtig ist, dass man ihr Vertrauen hat und sie spüren lässt, dass man ihnen helfen möchte.« Wie gern hätte sie auch Bob geholfen. Ihr Verhältnis war nach wie vor belastet. »Mir fehlt die Arbeit mit ihnen.«

»Dann haben Sie zurzeit keine Patienten?«

Anna schüttelte den Kopf. »Ich bin noch dabei, mich zu sortieren und meine neue Praxis aufzubauen.«

»Kennen Sie Melanie Klein?«

»Ja, wir kennen uns«, antwortete Anna ein wenig einsilbig. Über Melanie Klein wollte sie eigentlich nicht sprechen, weil sie wusste, dass es ihr hinterher schwer im Magen liegen würde.

»Sie mögen sie nicht«, konstatierte die Schriftstellerin mit einem flüchtigen, aber amüsierten Schmunzeln. »Sie können ruhig ehrlich zu mir sein. Alles, was wir hier bereden, wird unter uns bleiben, Miss Freud. Anna. Versprochen.«

Anna trank einen Schluck und lehnte sich zurück. »Nun, dann will ich ganz ehrlich sein, Mrs Woolf.«

»Bitte nennen Sie mich Virginia.«

»Virginia. Melanie Klein und ich teilen nicht dieselbe Auffassung, wie Kinder therapiert werden sollten. Mrs Klein behandelt auch Kleinkinder, ich dagegen bin der Meinung, dass Kinder ein gewisses Alter und damit genug Sprachfähigkeit brauchen, um sich ausdrücken zu können. Ich finde, man muss eine Mischung aus Lehrer und Spielgefährte sein. Man kann sie ja nicht auf die Couch legen und frei assoziieren lassen.«

Sie verschwieg, dass ihre frühere Freundin Eva, die bereits vor zwei Jahren nach England emigriert war, eine Analyse bei Klein begonnen hatte und sich mehr und mehr deren Theorien anschloss. Wie sehr Anna das kränkte, mochte sie sich selbst kaum eingestehen. Sie empfand Evas Verhalten als Verrat, war aber mit sich selbst uneins, ob sie diese Empfindung zulassen durfte.

Virginia nippte an ihrem Tee und schien über ihre Worte nachzudenken. Schließlich nickte sie. »Ich verstehe nichts von diesen Dingen, aber ich will auch ganz ehrlich sein, Anna. Ich glaube nicht an die Psychoanalyse, aber ich kann gut verstehen, dass sie für viele Menschen der letzte, der einzige Ausweg ist. Es ist gut, dass es Menschen wie Sie und Ihren Vater gibt.« Sie trank ihren Tee aus, warf einen Blick auf die Pendeluhr, die auf Annas Sekretär stand, und erhob sich langsam. Ihr dunkles Kleid raschelte dabei. »Meine Therapie ist mein Schreiben, mehr brauche ich nicht. Ich muss nun gehen. Goodbye, Anna.«

Anna begleitete sie zur Tür, wo ihr Mann bereits wartete.

»Es war sehr nett, mit Ihnen zu plaudern. Würden Sie mir die Freude machen und uns in unserem Haus besuchen?«

»Das will ich gerne tun, Virginia.«

41

London,
Anfang des Jahres 1939

Es war einer dieser Tage, an denen man am liebsten im Bett geblieben wäre. Ein eisiger Wind, der durch die Kleiderschichten drang, pfiff ums Haus, zerrte und rüttelte an den Fensterladen und wirbelte das Laub durch den Garten. Hinzu kam ein scheußlicher Nebel – etwas, woran man sich in dieser Stadt am besten schnell gewöhnte.

Anna war für ihre Verhältnisse spät aufgestanden, obwohl das Lärmen des Windes sie bereits im Morgengrauen geweckt hatte. Aber da war sie noch einmal eingeschlafen und hatte von Dorothys Mann geträumt, der in einem Trenchcoat, die Taschen voller Steine, in einen See gewatet war. Er hatte sich zu ihr umgedreht und sie niedergeschlagen angesehen.

»Tun Sie das nicht!«, hatte sie ihm zugerufen.

»Wieso sollte ich das nicht tun? Es gibt nur diese eine Möglichkeit.«

Eingemummelt in ihre Strickjacke und mit dicken Wollsocken an den Füßen saß sie am Frühstückstisch. Ihre Eltern und Tante hatten bereits gegessen. Paula wusch leise summend das Geschirr, Jumbo sprang um sie herum, und Lün, die endlich wieder bei ihnen war, lag lang ausgestreckt unter dem Tisch zu Annas Füßen.

»Noch Kaffee, Fräulein Anna?«

Anna fuhr zusammen. »Ja bitte, Paula.«

»Ihr Vater hat gleich einen Arzttermin«, sagte Paula, während sie ihr nachschenkte.

»Richtig! Das habe ich ja ganz vergessen.« Anna sprang auf und lief aus dem Zimmer. Wo war sie in letzter Zeit nur mit ihren Gedanken? So vergesslich und zerstreut war sie doch sonst nicht. Lün folgte ihr bellend, wahrscheinlich hoffte sie auf einen Spaziergang.

Als Anna an die Tür zum Arbeitszimmer klopfen wollte, ging diese im selben Moment auf, und ihr Vater stand vor ihr, gestiefelt und gespornt, den Hut in der Hand. »Papa, Gott sei Dank!«

Er runzelte die Stirn. »Was ist denn, Anna? Kommst hier hereingeschneit...«

»Bitte entschuldige, ich dachte nur, du wärst vielleicht schon unterwegs zum Doktor.«

»Hast du verschlafen?«

Sie nickte seufzend. »Neuerdings komme ich nur schwer aus den Federn.«

»Brütest du etwas aus?«

Sie schüttelte den Kopf. »Das glaube ich nicht. Es wird am Wetter liegen.«

»Hast du nicht heute einen neuen Patienten?«

Sie nickte wieder. »Einen dreizehnjährigen Jungen.«

Er setzte seinen Hut auf, als es an der Tür schellte. »Das wird das Taxi sein. Wo bleibst du denn, Martha?«, rief er laut und legte Anna die Hand auf die Schulter. »Ich glaube, du solltest dir ein bisschen Ruhe gönnen. Die letzten Monate waren anstrengend.«

»Für dich wohl weit mehr«, erwiderte sie.

»Auch du bist nicht unverwüstlich«, brummte er im Vorbeigehen. »Das solltest du dir hin und wieder bewusst machen.«

Ihre Mutter kam aus dem Wohnzimmer. Paula half ihr in den Mantel und reichte ihr den Hut. »Heute Mittag gibt's Kalbsschnitzel, Herr Professor. Die mögen S' doch so gern.«

Er nickte ihr zu und verließ mit gemächlichem Schritt, leicht vornübergebeugt und auf seinen Stock gestützt, mit der Mutter das Haus.

Anna blickte ihnen nach. Ihr war ganz schwer ums Herz geworden. Wie alt ihre Eltern geworden waren, und wie alt sie selbst sich plötzlich fühlte.

Anna kam gerade von Dorothy zurück – sie hatte ihr von dem Jungen erzählt, der unter starker Appetitlosigkeit und Angstträumen litt –, als ein Taxi vor der Villa hielt und ihre Eltern ausstiegen. Sie lief hin, um ihnen behilflich zu sein.

Ihr Vater erschien ihr noch um weitere Jahre gealtert.

»Was hat die Untersuchung ergeben?« Sie hakte ihn unter und führte ihn zur Haustür.

»Lass uns erst mal ins Haus gehen, Anna.«

Paula erwartete sie bereits an der Tür. Im Flur duftete es nach Kartoffeln und Bratfett.

Anna nahm ihren Eltern Mantel und Hut ab. »Wollen wir in den Livingroom gehen?« Sie hielt ihnen die Flügeltür auf.

»Geh, Anna, sei so gut und sprich Deutsch mit uns«, bat ihre Mutter.

»Wir leben jetzt in England, Martha«, sagte ihr Vater. »Es schadet sicher nicht, wenn wir uns an englische Wörter gewöhnen.«

»Ich denke ja gar nicht daran. Hier im Haus wird Deutsch gesprochen, Sigmund, ich bestehe darauf.«

Er winkte ab, als sei er zu müde, um zu diskutieren, und sank auf die Couch.

Anna legte eine Decke über seine Beine. »Und? Was sagt der Doktor?«

Ihre Mutter begann zu schluchzen. »Er sagt, es ist inoperabel.«

Sie schluckte. »Was? Ich verstehe nicht…«

Ihr Vater hatte die Augen geschlossen. »Der Professor sagt, der Krebs sei nicht mehr zu operieren. Ich werde mich damit abfinden, und das solltet ihr auch.«

Anna tastete hinter sich und ließ sich auf einen Stuhl fallen. »Inoperabel«, wiederholte sie mit rauer Stimme.

Es klopfte, und Paula stand in der Tür. »Das Essen ist gleich fertig. Möchten Sie hier essen, Herr Professor?«

Er schüttelte träge den Kopf. »Ich glaube, ich bekomme nichts hinunter, Paula.«

»Aber es gibt Kalbsschnitzel, Herr Professor.«

Anna stand auf wackligen Beinen auf und nahm sie beiseite.

»Mein Vater fühlt sich nicht gut, Paula. Seien Sie so lieb, und richten Sie ihm einen Teller mit einem kleinen Schnitzel, einer Kartoffel, etwas Gemüse und Soße an und bringen Sie ihn in sein Arbeitszimmer. Ich sorge dafür, dass er etwas isst.«

»Aber er kann doch im Livingroom essen«, warf Paula ein.

Es klang verzweifelt, so als hinge ihr Glück davon ab, dass der Herr Professor ihr liebevoll zubereitetes Essen im Wohnzimmer aß.

»Ich glaube, er möchte nicht, dass meine Mutter sieht, wie schlecht es ihm geht.«

Paula wurde bleich. »Hat der Doktor etwas gesagt, Fräulein Anna? Etwas Schlimmes? Mir können Sie es ruhig sagen, ich verkrafte das.«

»Er hat nur gesagt, dass mein Vater viel Ruhe braucht.«

Paulas Augen glänzten. Dann schien sie sich zusammenzureißen. »Gut, wie Sie meinen, Fräulein Anna.« Sie drehte sich um und verschwand in der Küche.

Anna ging zu ihren Eltern zurück und bat ihre Mutter, ruhig schon ins Esszimmer zu gehen, Paula werde das Essen gleich auftragen.

Als ihre Mutter sie allein gelassen hatte, setzte sie sich zu ihrem Vater auf die Couch. »Papa?«

Er öffnete die Augen.

»Sag mir die Wahrheit.«

»Die Wahrheit ist, dass ich nicht mehr operiert werden kann.«

Sie schauten sich an, beide mit unbewegter Miene.

»Ich war bei zwei Spezialisten, Anna«, sagte ihr Vater nach einer ganzen Weile und schloss die Augen wieder. »Sie sind sich einig.«

Sie nickte, auch wenn er es nicht sehen konnte. Die heißen Tränen, die hinter den Lidern drückten, blinzelte sie wütend und energisch weg. Sie musste ein paarmal schlucken, bis sie sich wieder so weit im Griff hatte, dass sie sprechen konnte. »Komm, ich bringe dich in dein Arbeitszimmer. Dort hast du es gemütlicher. Ich habe Paula gebeten, dir das Essen dorthin zu bringen.« Sie half ihm aufzustehen und umfasste seine Taille. Er wirkte wie ein Kind, das sie führen musste. Unter dem Anzug waren seine Knochen zu spüren.

Bis zu seinem Zimmer mussten sie dreimal stehen bleiben, weil ihn die Kräfte verließen, und als sie es endlich geschafft hatten, sank er mit einem leisen Stöhnen auf die geliebte Couch. Er ließ sich von ihr die Anzugjacke ausziehen. Dann legte sie ihm die Decke über die Beine und schob die Vorhänge zur Seite, sodass er aus dem Fenster schauen konnte.

Eine Amsel saß in der Platane vor dem Fenster und zwitscherte laut. Auf der Straße knatterte der Motor eines Automobils. Geräusche, die in eine andere Welt gehörten.

Paula kam leise herein und stellte das Tablett ab. »Fräulein Anna?«, flüsterte sie.

Anna drehte sich zu ihr um. »Lassen Sie es einfach so stehen. Danke, Paula.«

Es roch köstlich, und sie hoffte inständig, dass sie ihren Vater dazu bewegen konnte, etwas zu sich zu nehmen. Es lag nicht nur am mangelnden Appetit, das wusste sie, es lag vor allem daran, dass ihm das Essen an sich, allein das Öffnen des Mundes, große Schwierigkeiten bereitete. Die Prothese drückte nach wie vor, und oft bekam er den Mund kaum auf. Und wenn doch, fiel ihm so mancher Bissen wieder heraus. Er wollte es den anderen Familienmitgliedern nicht zumuten, ihm dabei zusehen zu müssen.

Doch Anna störte es nicht. Sie hatte ihm schon so oft geholfen, die Prothese einzusetzen und zurechtzuschieben, dass es selbstverständlich geworden war.

Sie nahm Teller und Besteck vom Tablett, zog sich den Stuhl neben die Couch und begann, ihren Vater zu füttern. Gabel für Gabel, Löffel für Löffel. Die meisten Bissen landeten auf der Couch oder seinem Hemd, und bei jedem Kauversuch verzog er leicht das Gesicht. Anna tat jedes Mal so, als würde sie es nicht sehen. »So ist's gut, Papa«, sagte sie, als er endlich ein paar Stückchen Fleisch, eine halbe Kartoffel in viel dunkler Soße zerdrückt und etwas Gemüse gegessen hatte. Es hatte fast eine ganze Stunde gedauert. »Möchtest du noch etwas Nachtisch?«

Er schüttelte den Kopf. Seine Stirn glänzte, und er war nass geschwitzt, so sehr hatte ihn das Essen angestrengt.

Anna tupfte ihm die Mundwinkel ab und sammelte die Brocken Fleisch und Gemüse ein, die ihm aus dem Mund gefallen waren.

Sie ließ sie auf den Teller gleiten und legte die Serviette darüber.

Es klopfte, und Paula kam wieder herein. »Es gibt Pudding zum Nachtisch, Herr Professor. Mandelpudding, den mögen Sie doch so gern.«

»Heute nicht, Paula«, nuschelte er schläfrig.

»Dann hole ich Ihnen etwas anderes.«

Anna wollte sie zurückhalten, doch sie war bereits wieder aus dem Zimmer gelaufen. Mit einem kleinen Glas Wermut kam sie zurück und sah Anna fragend an.

Anna nickte. Ihr Vater trank gern Wermut, der dafür sorgte, dass er besser schlafen konnte. Sie nahm Paula das Glas ab. »Danke, Paula, eine gute Idee.«

Die Haushälterin strahlte und verschwand wieder.

Anna hielt ihrem Vater das Glas an die Lippen, und er

trank schlürfend ein paar Schlucke. Anschließend öffnete sie einen Fensterflügel und ging leise hinaus. Ihr Vater war bereits eingeschlafen.

42

London, im Sommer 1939

Anna war in der Nacht aus einem furchtbaren Traum hochgeschreckt. Sie hatte von ihrem Vater geträumt, der bleich und reglos auf dem Krankenlager lag, die Hände auf der Brust gefaltet. Sie war zu ihm gelaufen und hatte ihn angesprochen, und als er sich nicht rührte, war sie in Tränen ausgebrochen. Dann plötzlich hatte er die Augen geöffnet und sie stirnrunzelnd angesehen. »Was machst du denn für ein Bohei, Anna? Mir geht es prächtig, das siehst du doch.«

Sie war aus dem Bett gestiegen und zum Fenster gegangen. Es war eine helle Vollmondnacht, kein Wunder, dass sie so eigenartig träumte. Weil sie nicht mehr einschlafen konnte, war sie in ihr Arbeitszimmer gegangen und hatte in ihren Patientenakten geblättert.

Sie musste daran denken, was die Mutter eines kleinen Mädchens, das bei ihr in der Analyse war, gesagt hatte, und zwar nicht zu ihr, sondern zu ihrem Vater: »Das Fräulein Freud möchte immer nur spielen. Das kann doch keine Behandlung sein.«

»Dann mache ich offenbar alles richtig. Die Mutter ist zu erwachsen, zu abgeklärt, um es zu begreifen.«

In diesem Moment musste sie auch an Hermine Hug denken, die das Spielen erstmals therapeutisch eingesetzt und deren Leben ein so tragisches Ende genommen hatte.

Nach dem Frühstück ging sie zu ihrem Vater, der auf der Couch in seinem Arbeitszimmer lag und schlief.

Leise machte sie wieder kehrt, doch er öffnete die Augen und winkte sie zu sich. »Setz dich einen Moment zu mir. Lass uns ein bisschen plaudern.«

Sie war erstaunt, das Wort »plaudern« gehörte nicht zu seinem üblichen Wortschatz. »Worüber möchtest du denn plaudern, Papa?« Sie lächelte.

Er erwiderte das Lächeln, und ihr fiel auf, wie sonderbar sein Blick war. Es war, als würde er nach innen schauen, anders konnte sie es nicht beschreiben.

»Ich hatte ein gutes Leben«, sagte er plötzlich. »Ich wünschte nur, ich hätte früher, sehr viel früher, mit dem Rauchen aufgehört.«

Er rauchte seit ein paar Wochen tatsächlich keine einzige Zigarre mehr, hatte sogar darum gebeten, dass man alle Aschenbecher aus dem Haus entfernte.

»Du wirst noch ein paar gute Jahre haben«, hörte Anna sich sagen und biss sich auf die Zunge. Was redete sie denn da?

Sie ahnte, wusste doch längst, dass es mit ihm zu Ende ging. Sie mochte es nur nicht aussprechen, noch nicht einmal denken.

Sie warf einen Blick auf seinen Schreibtisch, auf dem sich Papier türmte. Hatte er in der Nacht gearbeitet? »Hast du heute Nacht geschrieben?«

»Es ist das Einzige, was mich noch ablenkt.« Er räusperte sich und musste husten. »Ich schreibe an einer Abhandlung über Antisemitismus«, sagte er dann.

Es war unvernünftig, er sollte besser ruhen, aber es war zwecklos, ihn darauf hinzuweisen, zumal er es selbst wusste. Lün kratzte außen an der Tür, und Anna stand auf, um sie hereinzulassen. Sie lief zum Vater, stellte die Pfoten auf die Couch und sah ihn an. Dann wandte sie sich ruckartig ab und rannte aus dem Zimmer.

Anna wollte ihr nach, doch ihr Vater hielt sie zurück. »Lass nur, sie erträgt den Gestank aus meinem Mund nicht mehr.«

Anna wollte etwas wie »Schmarrn« entgegnen, doch sie tat es nicht. Weil er recht hatte.

Es schmerzte ihn vermutlich mehr als seine Krankheit, dass sein Hund sich von ihm fernhielt, aber auch darüber verlor er kein Wort.

»Hast du etwas gefrühstückt?«, wechselte sie das Thema.

Er schüttelte den Kopf. »Ich möchte nichts.«

»Aber einen Kaffee wirst du doch gehabt haben.«

»Einen kleinen. Er bekommt mir nicht mehr so.«

»Weil du zu wenig isst.«

Er ging nicht darauf ein, stattdessen bat er sie, das Fenster zu öffnen, damit er die Amseln hören konnte, die in den Bäumen saßen und um diese Tageszeit besonders laut und melodisch trällerten.

»Ich mache dir einen Vorschlag, Papa: Paula und ich tragen dich hinaus in den Garten. Dann kannst du die Amseln sogar sehen.«

Er lächelte wieder, und dieses Lächeln machte sie ganz froh. »Wenn ihr so gut sein wollt.«

Anna rief nach Paula, und gemeinsam hievten sie den Vater, der inzwischen erschreckend leicht geworden war, in die Hollywoodschaukel, die ihr Bruder vor ein paar Tagen aufgestellt hatte. Paula brachte eine Decke.

Es war bereits sehr warm, und Anna lachte, als ein Eichhörnchen den Stamm der Linde hinaufkletterte und ihnen einen kühnen Blick zuwarf.

»Hast du das gesehen?«, fragte ihr Vater mit einer Stimme wie ein kleiner Junge, der ein besonderes Geschenk ausgepackt hatte. »Es hat uns angesehen, als wollte es sagen: ›Das würdet ihr auch gern können, was?‹ Einen Baum in Windeseile hochklettern zu können muss herrlich sein.«

Nie hatte sie ihn so reden hören, und ihr wurde schwer ums Herz. Er beginnt, die Welt mit anderen Augen zu sehen, er betrachtet sie von innen heraus, ging ihr erneut durch den Kopf. Sie drückte seine Hand und fragte, ob er noch ein Kissen brauche, doch er verneinte.

»Alles ist gut, Annerl. Geh nur und kümmere dich um deine Arbeit.« Plötzlich verdunkelte sich sein Gesicht. »Reist heute nicht Dorothy ab?«

Anna nickte. Auch deswegen war ihr schwer ums Herz. Dorothy fuhr nach Amerika, um ihre Kinder zu sehen.

»Lauf nur und verabschiede dich. Ihr werdet euch eine ganze Weile nicht sehen.«

Die Tränen kamen mit brutaler Heftigkeit, und sie presste die Lippen aufeinander. Es war nicht das erste Mal, dass Dorothy nach Amerika reiste, doch diesmal machte es Anna erheblich zu schaffen. »Dann kommst du zurecht, Papa?«, fragte sie mit belegter Stimme.

»Nun lauf schon los.«

»Ich bin ja da, falls was ist, Fräulein Anna«, meinte Paula mit gewohnter Nüchternheit.

Anna lief in ihr Schlafzimmer, zog sich an und kämmte sich das Haar. Dabei fasste sie einen Entschluss: Von heute an würde sie im Arbeitszimmer ihres Vaters schlafen, wo auch er seit einiger Zeit die Nächte verbrachte.

43

London, im Herbst desselben Jahres

In dieser Nacht war Anna hochgeschreckt, wach geworden von der flüsternden, undeutlichen Stimme ihres Vaters, der gesagt hatte, dass er hungrig sei. Erst glaubte sie, geträumt zu haben, dann aber war sie mit einem Satz von der Matratze gesprungen und aus dem Zimmer gelaufen.

Sie kannte sich noch nicht so recht aus in der Küche und brauchte eine Weile, bis sie alles gefunden hatte. Dann schlug sie zwei Eier in die Pfanne und schnitt eine Scheibe frisches Weißbrot ab.

Paula kam herein, das Haar ganz wirr und die Wangen gerötet. »Was tun Sie denn da, Fräulein Anna?«

»Mein Vater möchte etwas essen.«

»Bist narrisch! Warten Sie, ich helfe Ihnen.« Sie warf einen Blick auf das Tablett, das bereits fertig gedeckt war, und hob die Augenbrauen. »Es ist ja schon alles erledigt.«

»Wenn Sie mir die Tür aufhalten würden …« Anna nahm das Tablett und ging an ihr vorbei. »Gute Nacht, Paula.«

»Wenn ich noch irgendwas tun kann …«

»Das wird nicht nötig sein. Versuchen Sie, noch etwas zu schlafen.«

Anna ging zurück ins Arbeitszimmer, stellte das Tablett auf den Schreibtisch und stopfte ihrem Vater zwei dicke Kissen in den Rücken. Es dauerte eine Ewigkeit, bis er endlich so saß, dass sie ihm das Brot in kleinen Häppchen, eingetunkt in Eigelb, in den Mund stecken konnte.

Er verdrehte die Augen, als hätte er nie zuvor etwas so Köstliches gegessen. Und sie war so froh, dass sie ihn am liebsten bei jedem Happen gelobt hätte. Doch das, was er tatsächlich aß, war so wenig, dass es auf dem Teller kaum auffiel. Dennoch war sie zufrieden. Ein bisschen war besser als rein gar nichts.

Er trank noch einen Schluck Wermut und machte die Augen zu.

Anna lag noch nicht unter ihrer Decke, als er bereits wieder eingeschlafen war.

Am nächsten Morgen saß Anna mit ihrer Mutter und ihrer Tante im Esszimmer beim Frühstück, im Hintergrund lief leise das Radio. Sie hatten alle ungewöhnlich lange geschlafen und beschlossen spontan, dass man das Mittagessen ausnahmsweise ausfallen lassen könnte.

Schur war bei ihrem Vater. Er kam inzwischen täglich, um nach ihm zu sehen.

Anna war unruhig und konnte sich nicht erklären, warum. Sie trank ihren Kaffee aus und wollte gerade aufstehen, als die Sirenen losgingen. Ihre Tante schrie auf, und Paula fiel vor Schreck der Teller aus der Hand, den sie gerade spülen wollte. Anna saß nur starr da.

»Stellen Sie das Radio lauter, Paula«, bat ihre Mutter und legte die Serviette auf den Teller.

Paula eilte zum Radio und drehte am Knopf. Kreidebleich lehnte sie am Schrank, das Spültuch an die Brust gepresst.

Die BBC vermeldete soeben die Kriegserklärung Englands an das Deutsche Reich.

»Es ist Krieg!« Schur kam hereingelaufen und blieb mitten im Raum stehen. Er zitterte wie Espenlaub.

Annas Mutter stand auf und ging zum Fenster. Sie warf nur einen kurzen Blick nach draußen, dann drehte sie sich um und sagte ruhig: »Mussten wir damit nicht rechnen?«

Anna war zu ihrem Vater gelaufen und hatte seine Hand genommen. Stumm lag er da und sah sie fragend an.

»Sie haben Deutschland den Krieg erklärt«, wisperte sie, und er nickte nur.

Schur kam zu ihnen. »Schnell, Anna! Wir sollten uns irgendwo in Sicherheit bringen!«

»Ich bleibe hier«, verkündete sie. Sie würde ihren Vater nicht allein lassen, und ihn irgendwohin mitzunehmen, wo sie vorübergehend in Sicherheit waren, schien unmöglich. Wie sollte das gehen?

Schur lief hin und her wie ein kopfloses Huhn. Ständig murmelte er etwas von Krieg vor sich hin.

»Gehen Sie und bringen Sie sich in Sicherheit, oder seien Sie so gut und setzen sich«, bat Anna ihn schließlich.

Die Tür ging auf, und Paula kam hereingestürmt. »Kein Fliegeralarm.« Sie war ganz außer Atem. »Ein Irrtum, sagen sie im Radio. Es war nur die Privatmaschine eines französischen … Wie nannten sie ihn?«

»Luftwaffenattaché«, vollendete Annas Mutter ihren Satz.

Sie war ihr gefolgt und in der Tür stehen geblieben. »Seine Privatmaschine ist unerwartet auf dem Radar erschienen und hat alle in Aufruhr versetzt.«

»Gott sei's gedankt!« Schur eilte zum Fenster und wieder zurück. »Und ich dachte schon, wir wären alle verloren.«

Wenige Tage später – wieder hatte Anna kaum geschlafen – saß sie an ihrem Schreibtisch und versuchte, sich auf ihre Arbeit zu konzentrieren. Bislang erfolglos, immer wieder schweifte sie ab.

Schur war bei ihrem Vater, der in der vergangenen Nacht furchtbare Schmerzen gehabt hatte und sehr unruhig gewesen war. Deswegen war sie immer wieder aufgestanden, hatte ihm mit einem kühlen Lappen die Stirn abgewischt und ihm Wermut eingeflößt. Schließlich hatte sie ihn gefragt, ob er nicht doch ein stärkeres Schmerzmittel einnehmen wolle – oder wenigstens ein Beruhigungsmittel, Schur hatte ihr ein Röhrchen dagelassen. Aber er hatte abgelehnt.

Es klopfte, und Paula schaute zur Tür herein. »Verzeihung, dass ich störe, Fräulein Freud. Der Herr Jones ist da und würde Sie gern sprechen.«

»Ernest?«, fragte Anna verwundert und nickte dann. »Lassen Sie ihn herein, Paula.«

»Ist gut.« Paula machte die Tür zu, und kurz darauf klopfte es erneut.

»Nur herein, Ernest.«

Er sah ein wenig erhitzt aus. »Ich hoffe, ich störe dich nicht.«

»Keineswegs. Setz dich doch.« Sie deutete auf den Stuhl

vor ihrem Schreibtisch. »Und leg ruhig dein Jackett ab. Es macht mir nichts aus, wenn du in Hemd und Weste vor mir sitzt.«

Ein vages Lächeln huschte über sein gerötetes Gesicht, während er das Jackett auszog und über die Stuhllehne hängte. »Es ist schwül draußen. Mir bekommt das Wetter nicht.«

Anna stand auf und rief nach Paula. »Seien Sie so gut, und bringen Sie eine Erfrischung für Mr Jones.«

Er grinste, als sie sich wieder setzte. »Mr Jones, so, so. Mir scheint, du bist in London angekommen.«

»Besser, man gewöhnt sich gleich an die Neuerungen. Was kann ich für dich tun, Ernest?«

»Du für mich? Gar nichts, Anna. Deswegen bin ich nicht hier.«

»Weswegen dann?«

Er schlug die Beine übereinander, und sein Blick huschte durchs Zimmer. »Nett hast du's dir gemacht.« Er deutete auf das smaragdgrüne Kanapee, das vor ihrem Bücherregal stand. »Hübsch.«

»Ich habe es nur neu beziehen lassen.«

Er strich sich über die Stirn. »Weswegen ich eigentlich hier bin …« Er räusperte sich. »Du siehst übrigens auch sehr hübsch aus, Anna.«

»Vielen Dank, Ernest.« Sie trug eins der neuen Kleider, die sie sich gekauft hatte, ein beigefarbenes mit schwingendem Rock, dazu feine weiße Strümpfe. Die Verkäuferin hatte gemeint, die seien gerade sehr angesagt. »Bist du gekommen, um mir Komplimente zu machen?«

»Nein, das nicht …« Wieder strich er sich fahrig über die

Stirn. »Ich habe gestern zufällig Schur getroffen und gehört, dass es deinem Vater nicht gut geht, und ich … hatte das Bedürfnis …«

Es klopfte, und Paula kam mit einem Tablett herein, darauf eine Karaffe mit Ingwerlimonade und zwei Gläser.

»Danke, Paula. Ist Schur noch da?«

Die Haushälterin nickte und verließ das Zimmer.

Jones trank gierig ein ganzes Glas Limonade, und Anna schenkte ihm nach. Er wischte sich über die Lippen. »Weswegen ich gekommen bin …«

»Seit wann neigst du zum Herumdrucksen, Ernest?«

»Seit heute.« Er stieß ein tiefes Seufzen aus. »Ich weiß nicht, was ich ihm sagen soll, Anna.«

»Wem? Meinem Vater?«

Er nickte und sah ganz unglücklich aus. »Ich verdanke ihm so viel, und ich würde ihm gern so vieles sagen, aber ich …«

Endlich fiel bei Anna der Groschen. Glaubte er, dass es sein letzter Besuch bei ihrem Vater sein würde? War er gekommen, um sich zu verabschieden?

Ihr Magen krampfte sich zusammen, und sie legte verstohlen eine Hand darauf. »Es ist schön, dass du gekommen bist, Ernest. Er wird sich darüber freuen.«

»Dir wollte ich auch etwas sagen, Anna.«

»Ernest.« Sie schüttelte den Kopf. »Das klingt, als wolltest du für längere Zeit verreisen.«

»Du hast noch immer Hoffnung, nicht wahr?«

Sie wusste nicht, was sie erwidern sollte. Sie war ein Mensch, der niemals die Hoffnung aufgab, gleichgültig, worum es ging.

»In Wien, kurz bevor dein Vater endlich in die Ausreise einwilligte, hatten wir ein längeres Gespräch«, sagte Jones nach einer Weile.

»Das ist mir bekannt«, erwiderte sie trocken. »Du hast auf ihn eingeredet, dass er der Ausreise zustimmen soll.«

»Das meinte ich nicht.« Er trank noch einen Schluck Limonade. »Es ging um dich, Anna.«

»Um mich?«, wiederholte sie ungläubig.

»Weißt du, warum er nicht nach Frankreich wollte?«

Sie nickte zögernd. »Weil die Analyse dort keinen guten Stand hat.«

»Für sich selbst hätte ihn das nicht gekümmert. Er wollte, dass du beruflich weitermachen kannst, Anna. Dass du eine Perspektive hast.«

Sie blinzelte und ließ ihn weiterreden.

»Es war ihm wichtig, einen Ort zu finden, an dem dir alle Türen offenstehen.« Jones sah sie ernst an. »Du wusstest nicht, wie viel er von dir und deiner Arbeit hält, nicht wahr?«

Nein, das hatte sie in der Tat nicht gewusst. Sie wusste gerade nicht einmal, ob sie nicken oder den Kopf schütteln sollte. Zu beidem schien sie nicht fähig zu sein.

»Er hält große Stücke auf dich, Anna, sehr große. Dein Vater platzt vor Stolz, glaub mir, das war bei jedem seiner Worte zu hören.«

Und warum hat er es mir nie gesagt?

»Er hat auch gesagt, dass er nicht weiß, wie er dir jemals danken soll. Du hast so viel für ihn getan, warst immer an seiner Seite, ohne dich auch nur ein einziges Mal zu beklagen.« Jones trank sein Glas aus und stand auf. »So, das wollte ich dir unbedingt sagen. Jetzt werde ich zu ihm gehen und …« Er räusperte sich wieder und zog sein Jackett an.

Anna saß da und starrte auf die Schreibtischplatte. Vor ihren Augen flimmerte es, und alles um sie herum verschwamm.

Sie war froh, dass Jones zur Tür ging und »Wiedersehen, Anna« sagte, ohne sich noch mal umzudrehen.

Die Tür fiel hinter ihm zu, und ihr ging auf, dass sie sich nicht mal bedankt hatte.

Einige Zeit später klopfte es erneut, und Schur kam herein.

»Ist Jones noch da?«, fragte sie leise. Das Sprechen bereitete ihr Mühe, sie fühlte sich unglaublich erschöpft.

»Nein, er ist gerade gegangen.«

Sie saß auf dem Kanapee, einen Brief in der Hand, der gerade gekommen war.

Schur trat näher, schien zu zögern. Dann setzte er sich auf den Stuhl in der Ecke und starrte einen Moment aus dem Fenster. »Es geht zu Ende, Anna«, sagte er leise.

Sie konnte nichts erwidern.

»Er weiß es auch. Er hat mich gebeten, mit Ihnen zu reden.« Er beugte sich vor und schaute sie eindringlich an. »Er hat mir vor einiger Zeit das Versprechen abgenommen, ihm zu helfen, wenn es zu Ende geht.«

Obwohl Anna wusste, was er damit meinte, schüttelte sie den Kopf.

Schur sprach gleich weiter. »Ich werde seiner Bitte, seinem dringenden Wunsch nachkommen.«

Sie presste die Lippen aufeinander, wollte nichts davon hören.

»Sie müssen ihn gehen lassen, Anna«, sagte er sanft. »Es ist nur noch Quälerei für ihn, wollen Sie das? Wollen Sie nicht auch, dass seine Qualen aufhören?«

Sie schluckte wieder und stand abrupt auf. Mit verschränkten Armen stellte sie sich ans Fenster und schaute in den Garten.

Schon wieder so trotzig, mein kleiner schwarzer Teufel?, hörte sie die Stimme ihres Vaters. Damals, vor ungezählten Jahren, als sie wütend auf ihre Geschwister gewesen war, die sie wieder einmal links liegen ließen.

Schur war ebenfalls aufgestanden und stellte sich neben sie. »Es ist sein Wunsch. Sie sollten ihn respektieren.«

»Ich habe Papas Wünsche immer respektiert«, stieß sie hervor.

Er nickte. »Ich weiß, und aus genau diesem Grund müssen Sie ihn jetzt gehen lassen.«

»Was ist mit meiner Mutter? Weiß sie es schon?«

Er schüttelte den Kopf. »Ihr Vater hat nur von Ihnen gesprochen.«

Anna legte den Kopf in den Nacken, um die Tränen zurückzuhalten, die ihr aus den Augen quellen wollten. Ihre Unterlippe bebte.

»Ich werde Ihrem Vater jetzt Morphium geben. Er wird das Bewusstsein verlieren und langsam hinübergleiten.«

Ihre Arme hatten sich so verkrampft, dass sie glaubte, sie nie mehr voneinander lösen zu können. In ihrem Kopf schwirrten so viele Gedanken, so viele Fragen umher, dass sie ihn am liebsten gegen die Wand geschlagen hätte.

Schur legte die Hand auf ihren Unterarm. »Kommen Sie.«

Mit hängenden Schultern betrat Anna das Arbeitszimmer. Die Fenster waren weit geöffnet, und die Vorhänge bauschten sich im leichten Wind. Sie sah, dass ihr Vater schlief, zumindest waren seine Augen geschlossen.

Sie nahm die Arme herunter, straffte die Schultern und ging zu ihm. »Ich bin da, Papa.«

Er machte die Augen auf, sah sie an und lächelte. Es war das Lächeln eines Kindes, heiter, fast gelöst.

Schur klappte seine Arzttasche auf, nahm eine Spritze und ein kleines Fläschchen heraus und warf Anna einen raschen Blick zu, als erwarte er ihre Zustimmung. Sie erwiderte den Blick ohne eine offensichtliche Regung. Sie war bereit, musste es sein. Für ihren Vater.

In diesem Augenblick sehnte sie sich so sehr nach Dorothy, dass es in ihrer Kehle brannte. Sie würde sich sicherer fühlen, aufgehoben, aufgefangen. So aber war ihr, als schwankte sie wie ein loses Blatt im Wind, das jeden Moment auf die Erde fallen und verdorren würde.

Schur setzte die Spritze, und Anna hörte ihre Mutter, die hereingekommen war und still am Kopfende des Bettes stand, leise aufschluchzen.

Ihr Vater hatte die Augen wieder geschlossen, seine Lider flackerten, als würde er träumen.

Anna setzte sich zu ihm auf die Bettkante und legte die Hand auf seine. Seine Finger bewegten sich, und sie strich sacht darüber.

Schur sagte leise – und er sagte es nur zu ihr: »Er wird jetzt einschlafen.«

Sie blickte zu ihm hoch. *Für immer?*, formten ihre Lippen lautlos, und er nickte unmerklich.

Anna nahm die Hand ihres Vaters und führte sie an ihren Mund. Es gab noch so vieles, was sie ihm sagen wollte. Er durfte noch nicht gehen!

»Papa, ich …« Ihre Stimme brach, und dann weinte sie.

Epilog

London, Maresfield Gardens,
im Winter 1979

Anna saß, dick eingemummelt in Mantel und Schal, eine Decke über den Beinen, im Garten ihres Hauses unter der Linde, die Augen geschlossen. Sie war ein paarmal eingedöst und jedes Mal hochgeschreckt, als dürfte sie sich die Ruhe nicht gönnen.

Vor drei Tagen hatte sie Dorothy beerdigt. Bisher konnte sie kaum eine Träne vergießen, nun jedoch flossen sie in Strömen, als habe sich eine Schleuse geöffnet.

Sie waren so viel füreinander gewesen, dass es Anna vorkam, als hätte Dorothy einen großen Teil von ihr mit sich genommen. Als läge dieser Teil, ebenfalls zu Asche verbrannt, mit ihr in der Urne.

»Fräulein Anna?« Paula war in den Garten gekommen, schwerfällig und mit langsamem Schritt. »Sie sollten nicht hier sitzen, Sie verkühlen sich noch. Kommen Sie.« Sie wollte Anna unterhaken und ihr von der Bank hochhelfen, doch dabei strauchelte sie, und um ein Haar wären sie beide hingefallen.

»Wir sind schon zwei alte Waschweiber.« Anna hatte lachen müssen, unter Tränen.

Paula sorgte für sie, und sie sorgte für Paula. Ein Abkommen, das sie wortlos getroffen hatten.

Gemeinsam gingen sie ins Haus, beide gebeugt und mit kleinen Trippelschritten. »Ich mag ein Waschweib sein, aber Sie doch nicht, Fräulein Professor«, sagte Paula und schnalzte mit der Zunge.

Sie geleitete Anna in ihr Arbeitszimmer, sorgte dafür, dass das Fenster geschlossen war, und ging mit einem »Essen ist bald fertig« hinaus.

Noch immer in Mantel und Schal setzte sich Anna an ihren Schreibtisch. Paula hatte vergessen, ihr beim Ausziehen behilflich zu sein. Nun, dann musste es eben allein gehen.

Es dauerte eine ganze Weile, bis sie es geschafft hatte. Den Mantel hatte sie über den Stuhl geworfen, der neben ihr in der Ecke stand.

Auf dem Schreibtisch stand eine Fotografie von Dorothy und ihr, und sie strich mit dem Finger über Dorothys lächelndes Gesicht. »Du fehlst mir. Ich wäre lieber vor dir gegangen.«

Davon hatte Dorothy nie etwas hören wollen. »Ich bin die Ältere, also werde ich vor dir gehen. Lass dir ja nicht einfallen, mich zurückzulassen.«

Neben der Fotografie stand ein Bild ihres Vaters. Es war aufgenommen worden, kurz nachdem er die furchtbare Diagnose erhalten hatte. Anna erinnerte sich seltsamerweise noch gut an den Tag. Ihr Schwager war aus Hamburg gekommen, um ihren Vater abzulichten. Doch so, wie sein Schwiegersohn es sich vorstellte, wollte er das Porträt nicht haben. »Ich werde nicht gemütlich rauchend auf meiner Couch sitzen, einen Arm auf der Lehne.«

»Aber so wollen die Leute dich doch sehen, Sigmund«, hatte Max entgegnet.

»Das magst du glauben, ich dagegen bin sicher, dass sie mich gern streng und ein bisschen einschüchternd sehen wollen. Und das sollen sie bekommen.«

Nachdem der Krieg ausgebrochen war – auch an diesen Tag erinnerte sie sich noch gut –, hatten Dorothy und sie ein Heim für Kinder gegründet, deren Familien der Krieg auseinandergerissen hatte. Sie sorgten dafür, dass die Eltern – oder wenigstens ein Elternteil – die Kinder jederzeit besuchen und sogar dort übernachten konnten. Die Mütter konnten als Haushaltskräfte mitarbeiten und so bei ihren Kindern sein.

Anna und Dorothy hatten sich der Aufgabe mit vollem Einsatz und viel Herzblut gewidmet. Für Anna war das Heim auch ein Beitrag im Kampf gegen Hitler gewesen und außerdem ein Dank an England, das sie und ihre Familie aufgenommen hatte.

Anna wünschte, ihr Vater hätte es noch miterlebt. Nach seinem Tod hatte sie begonnen, seine Briefe durchzusehen und die Manuskripte, die er nicht mehr beenden konnte. Sie hatte seine Korrespondenz zu Ende geführt und damit angefangen, seine gesammelten Werke durchzugehen, die sie herausgeben wollte.

Ihr Schatten-Traum hatte sie nie wieder heimgesucht.

Einige Monate nach dem Tod des Vaters hatte sie dann zum ersten Mal geträumt, sie säße an einem Schreibtisch, der auf einer Wiese stand. Überall summte und brummte es, und ein überwältigender Duft von Kamille und Schafgarbe lag in der Luft. Der Himmel über ihr war strahlend blau und wolkenlos, und sie streckte die Arme über dem Kopf aus und lächelte, als sich ein Schmetterling auf ihre Nasenspitze setzte.

Dorothy hatte den Traum Schmetterlings-Traum genannt.

»Du fühlst dich frei und leicht wie ein Schmetterling.«

Obwohl die Heizung eingeschaltet war, fror Anna. Neuerdings fror sie eigentlich ständig. Selbst im Bett trug sie seit einiger Zeit Wollsocken und ein Nachthemd aus Flanell.

Dorothy hatte sie immer damit aufgezogen.

»Fehlt nur noch eine Mütze. Soll ich dir eine stricken?«

Sie hatte im Gegenzug Dorothy geneckt, die erst in England begonnen hatte, Deutsch zu lernen. »Jetzt könntest du endlich wieder von früh bis spät Englisch sprechen und willst unbedingt Deutsch lernen.«

»Lass mich doch«, hatte Dorothy erwidert. »Es macht mir einfach Spaß, außerdem glaube ich, dass du dich im Grunde deines Herzens darüber freust. Du willst es nur nicht zugeben.«

So war es oft zwischen ihnen gewesen. Sie hatten einander gern gegenseitig hochgenommen und über die Marotten der anderen gewitzelt. Ernsthaft gestritten hatten sie nie.

Anna stand langsam auf und nahm die Strickjacke von der Stuhllehne. Sie schlüpfte hinein und schnupperte am Ärmel.

Ein Hauch von Dorothys Lieblingsparfüm, das sie nur dann und wann benutzt hatte, stieg ihr in die Nase. Die Jacke hatte sie ihr vor Jahren gestrickt. Damals hatten sie abends gern ferngesehen, nebeneinander auf der Couch, Annas Handarbeit zwischen sich und die Füße auf einem Hocker.

Wenn Dorothy laut lachte, hatte Anna mitgelacht, angesteckt durch Dorothys Heiterkeit.

»Wir haben ein gutes Leben gehabt, nicht wahr, meine liebe Dorothy?« Anna strich wieder über das Foto.

Genau das hatte ihr Vater kurz vor seinem Tod auch gesagt, und auch das hatte sie nie vergessen.

Paula kam herein. Das Anklopfen hatte sie sich abgewöhnt, nur hin und wieder dachte sie noch daran. Es gab auch nicht mehr viel, wobei sie Anna hätte stören können. Das Schreiben fiel Anna immer schwerer, und die Augen wollten schon lange nicht mehr. »Das Essen ist fertig, Fräulein Anna.«

Nicht abgewöhnt hatte sie sich dagegen, Fräulein Anna zu sagen. Dabei hatte Anna sie so oft gebeten, sie einfach Anna zu nennen. »Das käme mir komisch vor, Fräulein Anna. Sie sagen Paula zu mir und ich zu Ihnen Anna? Nein, das kommt nicht infrage.«

»Ich bin ja schon froh, wenn Sie mich nicht Fräulein Professor nennen«, hatte Anna trocken entgegnet, und sie hatte gekichert.

»Was gibt es denn Leckeres?«, fragte Anna nun.

»Rouladen mit Erbsen, Möhren und Kartoffelklößen.«

»Ein typisch englisches Essen, nicht wahr?«

Paula lachte. »Wenn's uns aber doch so gut schmeckt.«

Anna wurde ganz wehmütig. Dorothy hatte eine Schwäche für Paulas Rouladen mit Klößen gehabt. »Ich komme gleich, Paula. Ich möchte nur noch rasch…« Was genau sie noch vorhatte, ließ sie offen, wie so häufig.

Paula kannte das bereits. Sie drehte sich um, sagte: »Ist schon recht«, und verließ das Zimmer.

Anna blieb noch einen Moment sitzen. Vor ihr auf dem Tisch lag ein Brief, den sie vor zwei Tagen an Michael, Dorothys jüngsten Sohn, geschrieben hatte. Ein wenig war er auch für sie wie ein Sohn. Mit zittrigen Fingern schrieb sie seine Adresse auf den Umschlag und klebte eine Marke darauf. Sie starrte auf ihre Handschrift und schüttelte den Kopf. Nicht zum ersten Mal fiel ihr auf, dass ihre Schrift der des Vaters inzwischen verblüffend ähnelte.

»Ich komme, Paula!«, rief sie dann laut und stemmte sich aus dem Stuhl hoch.

Mit kleinen, schlurfenden Schritten ging Anna zur Tür. Hunger hatte sie nicht, auch kaum Appetit, aber sie wollte Paula eine Freude machen und wenigstens so tun, als ob.

Nachwort

Die Hampstead War Nurseries gab es bis 1945.

1953 gründete Anna Freud einen Kindergarten und eine Beratungsstelle für Mütter blinder Kinder.

1971 war sie erstmals wieder in Wien und eröffnete dort in der Berggasse 19 das Sigmund-Freud-Museum.

Im Jahr darauf erhielt sie ein Ehrendoktorat der Universität Wien und später eines der Harvard University.

1980 war sie das letzte Mal in Wien.

Dass Anna Freud das Handarbeiten liebte, habe ich mir nicht ausgedacht. Sie soll in ihrer Praxis sogar einen Webstuhl gehabt haben, der während ihrer Sprechstunden leise im Hintergrund klapperte. Ihre erste Patientin war tatsächlich ein Mädchen, das sich an einem Bonbon verschluckt hatte und danach eine Angstneurose entwickelte.

Nur wenige Personen in dieser Geschichte sind frei erfunden, so wie zum Beispiel der kleine Johannes auf dem Bahnsteig bei der Abreise nach Göttingen und Samuel, der Händler auf dem Wiener Tandlmarkt.

Den Amerikaner auf der Reise nach Rom, der den Apennin

mit dem Ural verwechselt, habe ich nicht erfunden, genauso wenig wie die Begegnung zwischen Freud und Einstein.

Ob Anna gern dabei gewesen wäre, ist nicht bekannt. Wahr ist, dass sie ihren Vater ursprünglich nach Berlin begleiten wollte, doch eine Entzündung am kleinen Zeh machte den Plan zunichte.

Nach dem Tod von Eva Rosenfelds Tochter Mädi hat Anna ihr in einem Brief geschrieben, sie wünschte, eine Tochter zu haben, die sie dann liebend gern mit ihr teilen würde.

Mich hat das sehr berührt.

Erstaunt hat auch mich, dass Lou Andreas-Salomé von Anna die handgeschriebenen *Elegien* von Rilke zurückgefordert hat. Ihre Beweggründe sind mir genauso wenig klar wie Anna.

Paula Fichtl soll sich tatsächlich vor die Tür geworfen haben, als die Gestapo davorstand.

Anna Freud wurde wenig später auch von der Gestapo verhört. Über das Verhör selbst konnte ich nichts herausfinden, bekannt ist lediglich, dass Schur ihr ein Röhrchen Veronal mitgegeben hat und sie nach einem mysteriösen Telefonanruf wieder freigelassen wurde.

Wahr ist auch, dass die Prinzessin Marie Bonaparte im Treppenhaus vor der Wohnungstür der Freuds gesessen und Wache gehalten hat.

Kurz vor der Ausreise kam tatsächlich der Fotograf Engelmann, um Freuds Arbeitszimmer für die Nachwelt abzulichten.

Auch die Begegnung zwischen Anna Freud und Virginia Woolf hat stattgefunden. Worüber sie sich unterhalten haben, ist allerdings nicht bekannt.

Dorothy Burlingham ist Ende August 1939 wirklich nach Amerika gereist, aufgrund des Kriegsausbruchs konnte sie erst im April 1940 nach London zurückkehren.

Sigmund Freud musste die Deportation und den späteren Tod seiner vier Schwestern nicht mehr miterleben.

Ernst, Annas Lieblingsneffe, studierte in London Psychologie, nahm den Namen Freud an und wurde, genau wie seine Tante und sein Großvater, Analytiker und später ein bekannter Säuglingsforscher.

Das Schulgebäude der Hietzinger Schule wurde im Zweiten Weltkrieg von einer Bombe getroffen und brannte nieder.

Eine offene Aussprache zwischen Eva Rosenfeld und Anna Freud hat nicht mehr stattgefunden. In einem späten Brief schreibt Eva Rosenfeld, dass Anna sich »ihr Leben mit Dorothy zimmern musste« und bezeichnet deren Beziehung als »uneinnehmbare Festung«.

Für diesen Roman habe ich die Briefwechsel zwischen Anna und ihrem Vater, ihr und Lou Andreas-Salomé, deren Verhältnis zum Ende hin etwas abgekühlt schien, und Annas Briefe an Eva Rosenfeld, herausgegeben von Peter Weller, gelesen.

Die Erinnerungen von Paula Fichtl, die der Journalist Detlef Berthelsen in dem Buch *Alltag bei Familie Freud* für sie niedergeschrieben hat, halfen mir, die privaten Freuds besser kennenzulernen.

Ich habe auch einen kurzen Film gesehen, den Marie Bonaparte im Garten ihres Pariser Hauses gemacht haben soll. Darauf sind Anna und ihr Vater zu sehen: Sie hat ihren Vater untergehakt und spaziert mit ihm umher. Dabei hat ihr gelöster Gesichtsausdruck dafür gesorgt, dass sich für mich eine wichtige Lücke schloss. Ich bin inzwischen davon überzeugt, dass sie nicht nur ganz selbstverständlich, sondern auch gern für ihren Vater da war. Tatsächlich soll sie sich nie beklagt haben – und er soll sich nie bei ihr bedankt haben.

Anna Freud starb am 9. Oktober 1982 an den Folgen eines Schlaganfalls. Ihre Haushälterin Paula Fichtl, die ihr bis zuletzt treu ergeben war – genau wie viele Jahre zuvor ihrem Vater –, fand sie tot in ihrem Bett.

Anna Freud und Dorothy Burlingham verbrachten mehr als fünf Jahrzehnte miteinander. Das Haus im Londoner Stadtteil Hampstead, in dem sie später zusammenwohnten, ist seit 1986 ebenfalls ein Museum.

Mein Dank geht an alle Mitarbeiter im Piper Verlag, die diesem Buch mit auf die Welt geholfen haben. Es war eine großartige, vielversprechende Zusammenarbeit. Ganz besonders möchte ich mich bei meiner Lektorin Anne Scharf bedanken, für ihre Wertschätzung, Feinfühligkeit und Inspiration.

Ich danke Uta Rupprecht für hilfreiche Tipps und den Feinschliff und meiner Kollegin Mara Lang, die in Wien zu Hause ist, für ihre Hilfe bei typisch wienerischen Ausdrücken und Redewendungen.